suncolor

SOUL SHIFTS

靈覺醒

活出生命質感的高振動訊息

Transformative Wisdom for Creating a Life of Authentic Awakening,
Emotional Freedom & Practical Spirituality

Barbara De Angelis 芭芭拉・安吉麗思／著　鄭百雅／譯

suncolor
三采文化

「如果你感到人生忙碌卻沉悶，生活充滿桎梏難行的阻礙，那一定要閱讀這本重塑生命的指導手冊。透過芭芭拉真誠溫暖的指引，讓你的靈魂開始轉變，一步步邁向幸福豐盛的生命之旅。」

——王仁慈醫師

「這是一本精彩又實用的權威著作，指引著讀者一步步走向高頻意識。本書作者是過去三十年來我最喜愛的同行友人，她在書中分享實際的靈魂轉化技巧，幫助人們以更覺醒的方式活著。我愛死了這本書，也愛死了這個有智慧的女人！」

——偉恩‧戴爾（Wayne W. Dyer），

紐約時報暢銷書《看見神性生命的奇蹟》

（*I Can See Clearly Now*）作者

謹以此書向我摯愛的老師們致敬，
獻上我至高無上的愛。

謹以此書向我摯愛的學生們致敬，
獻上我至高無上的愛。
我何其有幸成為他們的老師，
謝謝他們也教會了我許多。

謹以此書向那些勇於憶起的人們致敬，
獻上我至高無上的愛。

/目 錄 /
CONTENTS

PART1　通往真正覺醒的大門

PART2　**人生的轉化技巧**

● 從我心到你心

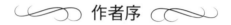

作者序

就是那道光，
跟隨指引到達至高處

「自我實現是你能為這世界帶來的最佳服務。」

——拉瑪那·馬哈希（Ramana Maharshi），*印度靈性大師*

我的高我（Highest self）歡迎你的高我來到這趟覺醒的偉大旅程！

我非常高興你記得我們彼此的約定。更重要的是，你守住了和自己的約定，也守住了開啟情緒自由與靈魂自由的約定。

為了你的到來，我已做了多年的準備。透過這本書，我為你打造了一個療癒、揭示和記憶的庇護之地。現在，這本書已經完成，所有的一切都已準備就緒。我終於能歡欣地把門打開，邀請你進來。

這就是老師們在做的事——我們把自己準備好為學生服務；然後，就靜靜等待學生到來。所以，當我們終於可以把多年來為你蓄積的一切傳遞出去時，將是一個值得歡慶的偉大時刻。我的老師們就是透過成就我的偉大而服務；我也深感榮幸，能夠有這樣的機會，為了成就你的偉大、你的自由和你的高我提供服務。

過去四十多年來，我的角色多元，包括作家、演講人、廣播與電視節目主持人，以及教學者等諸多角色；不過，我最主要的身分，是一個神祕學家。神祕學家是一個能夠了解、接觸，並描繪出我們內在那些隱形道路的人。從我小時候起，就在內在這些高速道路上自由穿梭，就像在外界的實際空間中移動一樣舒服自在。似乎每當有人決定跨過門檻，進入更有意識、更療癒、更覺醒的狀態時，我就會出現在他們的人生中。

　　過去四十多年來，教導人們蛻變的我，也曾經歷好幾次重大的典範轉移。每一次的外在轉變，都來自我自己根本上的靈性轉化（spiritual shifts）。這些靈性轉化是深具意義的內在蛻變，讓傳遞愛和智慧的我，成為更強大、更通透的管道，於是能把這些療癒能量有效地傳輸到學生身上，讓他們的振動得到提升，加速回到合一的旅程。

　　現在，我的人生處在一個坐擁成熟智慧果實的豐盛狀態。唯有經歷過深入思考、深刻的神祕經驗及個人體會，以及有過一段時間的沉澱，並且謹慎對以上三者進行述說，方能激盪出煉金術般的奧妙過程，進而使這般真正的智慧得以誕生。

　　想像一位探險家知道世上有個絕美的祕境，走一趟就必須費時多年，抵達後得再花幾年探索，最後還要再花幾年才能回到家。然而，這趟旅程必會帶來豐富的收穫，著實令人難以抗拒。於是，探險家毅然啟程，當他歸來後已判若兩人。我就是經歷了這樣一趟令人激動的探險之旅──過去八年，我完全沒有動筆寫作，幾乎全身心投入教學以及沉浸在自己的修煉之路上。這本書，就是這趟旅程的成果。

　　本書是我此生最重要的一部作品。它不僅為我帶來極大的轉變，也讓我的學生經歷重大的轉化；現在，我希望它也能以同樣的方式改變你。像這樣的智慧，有一種渴望被傳遞給他人的本質。**對一個真正的老師來說，當他悟出此般智慧時，不會急著表現出「看看我多厲害」，而是熱切地渴望去分享：「看看這個！看看這顆智慧的金球！看看這個洞悉一切的閃耀寶石！我希望你也可以擁有！」**

　　在人生中有緣跟我們相遇的書，就像是神祕小天使送來的禮物──不管你是從某個朋友、某篇文章或某封郵件中得知那本書的消息，或單純只是書店的陳列吸引了你的目光，然後你的心裡有某個聲音悄悄對你說：「你得讀讀這本書。」你感覺得到，其中有某些訊息和指引，是你一直在尋找的。它是你祈禱的回應，是你疑問的解答，或是你的渴望，尤其是那些你不允許自己真正承認或說出來的渴望。彷彿在理智能插手之前，你的靈魂就已做好決定；它能認出

這是你缺少的一塊拼圖，並且知道要牢牢抓著不放。

　　有些書為我們提供資訊，有些書帶我們踏上一趟旅程；而我對這本書的規畫是兩者兼具。在我寫這本書的時候，我的至高意圖是創造一個虛擬的「文字靜修院」，就像一個庇護所一樣，讓我的所有學生——過去的、現在的和未來的——都能從這本書中找到指引、靈感和實際的做法，幫他們步上自由、圓融的人生道路。

「果實需要時間慢慢成熟，但掉落只在一瞬間，並且永不復返。」
　　——尼薩加達塔·馬哈拉吉（Nisargadatta Maharaj），印度哲學家與悟道者

　　一九七一年，我二十歲。那年我參加了一個靜心教師訓練計畫，因此有幸和我的第一位靈性老師——聖者瑪哈禮希·瑪赫西·優濟（His Holiness Maharishi Mahesh Yogi）一起住在西班牙外海的馬約卡島（Marjoca），度過幸福喜悅的六個月。瑪赫西不僅是偉大通透的大師，更是一個閃閃發光的存在。每天晚上，他都會坐下來，和我們分享深刻且撼動人生的智慧。在那六個月裡，他說的話被我一字不漏地記錄下來，足足寫滿好幾本大筆記本。

　　就在昨天，有個念頭催著我把那些筆記本找出來。我一邊翻閱，一邊看到下面這個美麗的句子。這句話來自課程結束前一晚的夜間講話，隔天我們即將分道揚鑣，前往世界各地教授靜心課程。他說：

當果實掛在枝頭，樹就彎下了腰。

　　這個看似簡單卻充滿深意的句子，交織著許多不同層次的智慧。成熟的果實會為枝頭帶來一種歡欣熟潤的重量，使樹枝彎垂了下來，讓等著採收果實的人更輕易採摘。樹上掛滿果實，而樹卻不因此驕傲，反而對眼前的奇蹟感到敬

畏，因此謙虛地彎下了腰。

老師是以這句話在教導我們為師之道：永遠記得，教導是一種服務；不要覺得自己多麼了不起，反而要為自己日漸成熟的覺醒果實感到謙卑。他知道我們之中有許多人，在接下來的日子裡，都會經驗到這樣的覺醒旅程。

四十年後，現在掛在我枝頭上的智慧及覺醒果實確實讓我敬畏。我謙卑地彎下腰，由衷覺得感謝。我感謝自己擁有這樣的服務機會，能幫助他人走上自己的路，並成為療癒的管道。瑜伽行者帕拉宏撒‧尤迦南達（Paramhansa Yogananda）曾說：「樂器因流經它的音樂而受到祝福。」這本書就是我枝頭上成熟的果實，我以莫大的愛將它獻給你。我能成為傳遞這本書的樂器，讓我深感幸福；我榮幸且歡欣地將其中承載的禮物、指導和恩典遞獻給你。

身為一個有意識的存在、真摯的追尋者和地球的轉化者，
我們的責任，
就是讓自己一再不斷重生。

願本書中的靈魂轉化（soul shifts）技巧為你帶來幸福和自由，就如同它將為你所做的一樣。

謹以莫大的愛以及一顆為你的高我服務的心，獻上這本書。

芭芭拉‧安吉麗思（Barbara De Angelis）
二〇一四年八月於加州聖塔芭芭拉

前言

在開始之前，
請先善用這本書的指南

「真正睿智的思想，早已經過成千上萬次的淬煉；但要讓這些思想真正屬於我們，必須親自真誠地一遍遍去想，直到它根植在個人的經驗之中。」

——歌德（Johann Wolfgang von Goethe），德國思想家

在你讀一本書時，如果允許自己不只把它當成是休閒取樂的文字集錦，而是看成一艘強大的「振動太空船」，這艘太空船就會帶你踏上一趟奇妙的旅程，一個奧妙卻真實的魔幻經歷，讓你看見自己未曾知曉的內心世界。我想，到時候你應該可以宣稱，我是從事心靈交通業這一行！

對我來說，寫作是一個深刻、奧祕、神聖過程的最後一個階段，而把鮮活的創作漩渦轉化為豐沛能量的就稱之為「書」。我花了很多年的時間，去區分這些轉化能量的結構，並將它們分別歸入智慧、覺醒、洞悉及療癒等不同「房間」，就像帶著恭敬虔誠的心在設計或布置一個美麗的聖殿或靜修院，讓走進來的人能獲得提升與轉化。**不過，這艘由文字組成的太空船並不是你的目的地。這些文字只是一種能量載具，或說是進入點；它們是用言語打造的門戶，帶你進入這稱之為書的能量漩渦中，實際經歷它將為你帶來的蛻變。**

那麼，你將透過這本書獲得什麼呢？這本書包含兩種不同的內容：**資訊內容與振動內容**。本書提供的資訊內容，是我特意為了影響你的心智而設計的。一般來說，當你翻開一本類似這樣的書時，你會預期自己用以下的方式去接收訊息——書的內容傳達某些概念、想法或說明，讓你用一種新的方式了解自己及世界。

相反的，**振動內容不只是要讓你的大腦能夠理解，還能實際讓你的心和意識都能有所感受，進而在能量層次創造出真實且重大的影響**。這兩者的不同，在於一個是運用智力去蒐集關於特定主題的資訊（這是理性的碰撞）；而另一個，則是對該主題真的經歷到一種撼動心靈的體驗（這是振動的碰撞）。接下來你會透過本書的內容，對振動有更多了解；但簡單來說，振動內容的目的在於幫你從裡到外做個真正的轉化。

畢竟，聽別人提到冰淇淋有多美味，和你實際吃進嘴裡那種細密的口感當然不同。聽別人形容熱帶海洋有多碧藍多清澈，和你實際浮游在溫暖、寧靜的海水中，感受也大不相同。前者是聽起來很棒，而後者則是讓你感覺很棒。那麼，這跟你有什麼關係呢？答案是：當你讀這本書時，我最高的意圖是希望你不僅覺得這本書的內容聽起來很棒，而且也實際帶給你很棒的感覺；我希望你允許它為你帶來某些東西，並能盡責地將許許多多的轉化經驗傳遞給你。

不只是資訊，還要接收能量

希望你能敞開心胸來體驗這本書，不只把這本書當成資訊來源，也把它視為一個傳輸的管道。我已將許多東西織進這一頁頁的篇章當中，光靠大腦理解文字是無法察覺到的。或許你曾經在讀我本人或其他作者寫的書時，有過類似的經驗，那你應該就能明白，這種像煉金術一樣的體驗是怎麼回事；若你未曾有過類似的閱讀經驗，那麼，現在我想邀請你敞開自己，用不同的方式來經驗這本書，看看會發生什麼事。

當文字不是來自理性層次，
而是從作者或老師擴展的意識中誕生，獻給身為讀者的你，
這樣的文字不會是死氣沉沉的；
它們會富有生氣和活力，

並跟隨著一種蛻變和覺醒的實際頻率在振動。
當你明白這一點，就能在閱讀時
連接到這些文字所呈現的智慧、經驗及素養，
進而在你的內在激起同樣的體驗。

　　你還可以用這樣的方式閱讀這本書：把自己想成是一個電子裝置，就像把自己插進插座，接上電正常運作；或者，也像是接上無線網路，讓你能透過網路接收需要下載的訊息。

　　如果你想實驗看看，只要設定一個意圖，敞開自己迎接這本書的振動能量，就可以了。即便你現在不確定其中的意思也無妨。你可以想像，在閱讀這本書的時候，你的眼睛並不是只在肉體層次觀看這些文字，而是同時在吸收這些字句的能量；彷彿從書頁中流瀉出一波波閃爍的光芒，進入你眼裡。

　　你也可以讓自己覺知到，這不只是集結文字和觀念的一本書，而是你正親身拜訪的一個活生生的存在，它正帶著一股善良仁慈的能量進入你的生命，為你帶來指引、慈悲與愛。當閱讀這本書時，你可以想像這個充滿智慧的存在就靜靜坐在身邊，感受文字中閃爍的能量正緩緩注入你的心中。

　　你還可以想像有一條金線，把這本書與其中蘊藏的智慧跟你的心連結在一起。如果你喜歡，也可以想像這條金線從你的心連結到我的心。你會感覺到，有些深刻的事情發生了。

　　當然，你也可以什麼都不做，只是單純去讀這本書提供的資訊。我真心希望這些資訊能對你有幫助、啟發你的靈感，或讓你受到鼓舞。然而，這本書除了資訊之外，還有更多東西能為你所用；所以，要是你發現自己在閱讀時出現其他的感受，也別太驚訝。

為你打造的能量通道

這本書帶有實際的能量及振動通道，我會透過文字、詞語或概念流，在你的內心創造出一個「振動開口」（vibrational openings）。關於這個部分，後面我會做進一步說明。這些振動通道會在你閱讀時自然出現，所以請記得找找它們，並且允許自己穿過這些通道。

這要怎麼做到呢？你只需要在閱讀時，注意是否有什麼翻攪出你內在的情緒，或創造出一種擴展感、興奮感，甚至是被擾動的感受。一旦出現類似的情況，就表示你對這些文字出現了振動性的反應；也就是說，能量通道已出現在你面前：

> **本書中的文字，不只是文字——**
> **它們是一道道振動的橋梁，為了讓你跨越而設；**
> **它們也是一條條振動的通道，為了讓你穿越而生。**

我不希望你錯過任何一條通道。所以，通常我會在文字進入到我認為重要的通道時，特別用粗體字標示出來，以吸引你的注意。就像我在前面幾段文字所做的那樣。

我的建議是，當你感覺自己可能來到一條通道面前，請花點時間把這些段落讀出來給自己聽；或者，如果你是和朋友或心愛的人一起讀這本書，你們可以輪流把這些段落讀出來給對方聽。實際聽見自己讀出這些文字，能讓書中帶著智慧的振動注入到你的振動中，並讓你敞開自己去接受這些試圖進入你內心的能量。我還想邀請你視個人情況把這本書多讀幾次，以便深入體驗書中所要傳達的一切。你也可以在手邊準備一本筆記本，隨時把腦中閃過的念頭或想要記錄的內容寫下來。

就像所有的禮物一樣，這本書也不應該束諸高閣欣賞，而是應該拆開包裝、實際閱讀，並把它融入生活中。我將會在書裡提供許多練習和技巧，當你

開始運用這些技巧時，就能真正從內到外明白這些訊息，而不只是停留在心智層面的理解。**領悟和覺醒不會因為我的文字而出現，而是來自你將概念化為行動的親身經驗。**

靈魂轉化之旅

我盡可能為你把本書設計成一趟流暢、易懂、清晰且令人興奮的靈魂轉化之旅。書中的內容以系統性的方式編排，一層一層鋪展開來，一個個概念依序堆疊、環環相扣。因此，當你閱讀本書時，會感覺自己像在爬一道迷人的階梯，一步步帶你通向更高處。

我將這本書分成以下四大部分：

第一部：通往真正覺醒的大門

第一部就像是正式上路之前的行前準備，我們會在這裡拿到地圖、補給品，以及對接下來的旅程有個大概的了解。你將在第一部的內容了解到，為什麼唯有從內到外的轉化才算是真正的轉化，以及你的內在沒有任何匱乏──你早就一切俱足，為覺醒做好準備！意識就是你人生的控制面板，你將在第一部學到實際轉換意識的方法，好讓你不再試圖去控制及管理自己的人生，而是透過真正的駕馭，做自己人生的主人。

第二部：人生的轉化技巧

轉變不會無緣無故發生──事實上，有一種技巧可以讓它更快、也更容易發生，我把這個技巧稱為「靈性物理」（spiritual physics）。在第二部，你將學到不論是現代科學的研究結果或古代的靈性文獻，說的都是同一件事：實際上，你是一個振動體，發生在你身上的一切，都是一種振動的體驗。想轉變你外在世界的生活、你的想法和人際關係，都必須先從內在重新校準你的振動方

式；而校準的方法，就是我接下來要說明的靈魂轉化。你將學到如何培養真正的振動信用，這將為你的信心帶來深遠的影響，並從根本上改變你和身邊所有人的關係。

第三部：靈魂轉化實務篇

我將在本書第三部，把許多強而有力的靈魂轉化技巧提供給你，這些技巧將引導你時時刻刻（不是偶一為之）與你的高我連接，並以高我的面貌生活。你將會發現要如何落實第一部和第二部學到的內容，並透過這樣的方式，創造出真實、持續且全方位的改變。透過這些實用的靈魂轉化之道，你將意識到或許你正不知不覺破壞了自己的幸福；以及，無論發生什麼事、有什麼樣的感受，你都能立刻重新校準你的意識，回到最清明覺醒的自己。

第四部：活出充滿意義的人生

你該如何把每一天都過得有意義？你要怎麼做，才能在各種境遇下，都體驗到更多的愛和自由？在本書第四部，你將學到如何將靈魂轉化運用在生活中。你會了解到自己的「靈魂成就」，以及專屬於你的「宇宙課題」；同時，我會分享更多靈魂轉化的練習方法，幫助你把心盡量敞開，提升你的精神層次。這最後的幾個章節將會帶給你一些啟示，讓你明白自己不但可以，而且已經在以超乎想像的方式，為這個世界帶來改變。

全景式教學風格

想像你為了瞻仰一件盛名遠播的古代雕塑品，來到一間博物館。這件雕塑品非常巨大，如果你想要完整欣賞它，好好領略它的美，難道只會選好一個定點不動，只從一個角度去觀看這個作品嗎？當然不會，你會移動位置，從各個角度去觀看。

　　然而，大多數人卻用這樣的方式，只從單一角度來看待自己和自己的人生。他們一直站在同一個位置、用同一個角度來觀看自己——就像只從一個角度去觀看那件雕塑品一樣；就像你想去看山、眺望城市風景或某個風景區時，都把車停在固定的地點一樣。**我們都以為，能夠看到的一切已經盡收眼底了，並根據這樣的假設去建構出自己對真相的理解；但事實上，我們只是從單一的角度在觀看那件雕塑品、那座山，或我們自己。我把這稱為「用帶著自我議題的眼光去看待這個世界」。**

　　我把自己的教學方式稱之為「全景式」的教學風格。我會帶著我的學生、觀眾、聽眾或讀者，在感知或沉思時稍微「移開」幾公分，然後說：「現在，從這個位置看看自己，或看看這個情況。這樣的視野給了你一種完全不同的看法，不是嗎？」接著，我再創造另一個觀賞點，把學生「移」到另一個角度，邀請他們從這個角度再看一看。然後，帶著他們俯視整個事件或情境，進行一趟姑且可以稱為「直升機概念觀光之旅」的遊覽，我會說：「現在，從這裡往下面看看！」結束之後，我們再搭著電梯直直探向地底深處，深入去看看這個事件或議題的根本情況。

　　這種全景式的教學風格，就像是一趟鉅細靡遺的導覽，讓你看見自己和問題的全貌。你會看見有什麼東西以何種方式限制了你，也會找到早已經存在、等著帶領你從限制通往自由的道路。你會發現我在這趟「旅程」中，使用了各式各樣的譬喻來幫助教學，因為它們能在你看待同樣一件事情時，為你提供許多不同的角度。這些都是很好的工具，能幫你用實際的、理性的且能每天實踐的方式，建立起自己的原則，並更好地理解它們。

靈魂的共同目標

　　我個人在心靈成長和靈性修煉的旅程中，許多文化及宗教的智慧、象徵與故事都讓我深受啟發，因此我會在書中和你們分享這方面的心得。你會發現，

這些故事和影像，可能和我曾經接觸並研究的東方思想有關聯。但我想在此強調，這本書並不是立基於某種特定的修行來進行論述，也絕非只是要傳達某位上師的教導或哲理。這本書只在闡述我個人的體會與學習，是大家都能通用的，也是在邀請你進入一種恆久的覺醒狀態，而我相信，這樣的覺醒是所有靈修者的共同目標。

　　我寫這本書的目的，並不是希望你亦步亦趨地跟著我的步伐走，我只是誠心、謙卑地提供一些工具，希望它們能在你個人的道路上引領你，讓你更成功地踐行自己的信念。我的學生有各種不同的宗教背景，所有你想得到的，應該都包含在內——包括基督徒、猶太教、伊斯蘭教、印度教、佛教，以及不可知論者和其他信仰。多年來，很多學生都發現自己在信仰上更深入，更能從內心去經驗自己的信仰。所有能帶領我們通往高我的道路，我都致以十二萬分的敬意，無論你想用什麼字眼來稱呼這個高我。

允許自己深入探索

　　二十多歲的某個夏天，我剛結束在歐洲的一次靜修營，決定和朋友一起參觀當地的幾處聖地。在那次的旅途中，發生了一件讓我至今難忘的事。那時，我們聽說當地有個非常漂亮且隱密的修道院，因此特地前往一探究竟。到了修道院後，我和朋友決定分頭以自己想要的方式參觀。在那一小時中，我細細欣賞了許多小聖壇和靜謐的祈禱園，徹底沉浸在修道院久承數百年香火的神聖氛圍之中。

　　到了約定好的時間，我見到一臉容光煥發的朋友。「這裡實在太美了，對不對？」我問她：「我真高興我們來了這一趟。」

　　「美得不可置信，」她回答我：「我最喜歡的地方絕對是那個有巨大聖母像的燭光祈禱室。」

　　「有巨大聖母像的燭光祈禱室？妳在開玩笑吧！」我嘆了口氣：「我沒看

到有這個地方啊，我怎麼會沒看到呢？」

「就在樓梯最下面那一層，妳要走到最裡面。就在我們現在這個位置的樓下，有一個小小的門，從那扇門進去後，會看到一條窄窄的石階。一直往下走，就會走到整個修道院最神聖的地方。」

「我有下去過，但是我不知道還有另外一個樓梯可以再繼續往下走。」我失落地說。

朋友用同情的眼神看著我，說：「可能妳下去得不夠深吧。」

多年後，在我開始自己的轉化教學和作家生涯後，我曾經想起那心酸的一刻，以及那句富有深意的話：可能妳下去得不夠深。那時的我一定想像不到，這樣的頓悟後來會成為我傳遞給學生的重要訊息。現在，當我回想起那一天，我很清楚自己的確蒙受了聖母賜予的恩典！

當我們一起踏上這趟旅程，

容我用愛邀請你提起勇氣，和我一起深入探索——

深入這本書將帶你去到的內心深處，

深入我為你集結成冊的智慧，

深入在你心中那些隱蔽的恩典殿堂，

以及被掩埋深藏的真理聖壇。

這樣深入的探索、深度的敞開以及深刻的臣服，就是獲得真正療癒、轉化和覺醒所需要的條件。

這就是為你準備好的一切。

你值得擁有，分毫不差。

✾ ✾ ✾

PART **1**

GETWAYS TO AUTHENTIC AWAKENING

通往真正覺醒的大門

第1章

順著你的心，
跨過轉化的第一道門檻

「若老師擁有真正的智慧，就不會命令你進入他的智慧殿堂，而是引導你走向自己心靈的門檻。」

——紀伯倫（Kahlil Gibran）

在靈性修煉的道路上，每一種宗教最神聖也最奧祕的具體象徵之一，就是走進廟宇、神殿、禮拜堂、會堂、印第安帳篷或任何敬拜場所之前，需要跨過的那道門檻。門檻是不同世界之間的門戶，是平凡日常和神聖之地的玄妙分界，因此，這是一個充滿力量和恩典的所在。

大部分的東方文化都是以這樣的角度理解門檻的意義。因此，人們表達敬意的方式，就是絕對不直接踩在門檻上，而是跨過它，並把自己的鞋子留在外頭。在我的印度朝聖之旅中，經常見到廟方的引導員蹲坐在門檻旁，引導人們用正確的方式入廟，確保沒有任何人（尤其是那些不知情的西方遊客），一不小心就一腳踩了上去。

多年前，在我剛開始接觸靈性時就被提醒，無論是進廟或是有大師在的廳堂，在進入室內之前，都要彎下腰用右手碰觸門檻或入口，然後再用那隻手碰一下自己的心。他們還說，離開時也要再照做一次。沒有人告訴我這樣做有什麼重要的意義，但我還是做了，因為所有的人都這麼做——而且，我一直是個聽話的學生！

後來，當我親身體驗到，老師給我的是一份能讓我走進最深層意識的禮物時，我就明白了那個表示尊敬的動作是什麼意思，以及為什麼我的手要先碰一

下地板，再碰回我的心。對我來說，這個動作就像是在說：「願這間房裡等待著我的一切，在我跨過門檻後，能直接進入我的心。」當我離開時，做同樣的動作也彷彿在說：「感謝這神聖的空間給予我的一切恩典，願它在我內心完全綻放開來。」

對你這趟心靈成長和靈性轉化的旅程來說，跨過門檻這個比喻，就像是一面美麗的鏡子：**在你誕生於這個世界的瞬間，就已經踏上一條道路，而且你早已勇敢跨過了許多重要的門檻。**這是所有追尋者內在必經的道路，它隱而不可見，也無法明確測量距離，卻是所有人類旅程中最困難、也最具挑戰性的一條道路：從習慣性地轉身逃開，到堅持面對；從膽小畏縮地說著「我不想看見自己，我不想面對，也不想感受」，到終於勇敢無懼地宣稱「只要能得自由，我什麼都願意」。

我們跨過心中**抗拒**的門檻，回到**充滿信任**的神聖空間。

我們跨過心中**恐懼**的門檻，回到**帶來視野**的神聖空間。

我們跨過心中**困惑**的門檻，回到**呈現真理**的神聖空間。

我們跨過心中**遺忘**的門檻，回到**重新憶起**的神聖空間。

每一個大膽無畏的步伐，都將帶領我們朝著覺醒的自我靠近、再靠近，直到和完整的自我再次會合。

現在，你已站在通往靈性轉化之旅的門檻前，

在此，我歡迎你踏上自己的朝聖之旅。

你敬你是一個偉大的追尋者，

我為你獻上一個虛擬的花環，

以尊敬的態度掛上你的脖子，

就像迎接一個等待已久、終於抵達的貴客。

請進……

「當一個人意識到自己睡著了，當下的他已是半清醒狀態。」

——鄔斯賓斯基（P. D. Ouspensky），俄國哲學家

對所有人來說，人生就像是一連串的問題。想要更多是人的天性，我們總想知道自己該如何達成所願。打從我們會說話開始，這些問題就已存在，隨著我們日漸成長，問題也跟著進化。在我們還是孩子的時候，我們的疑問總是和自己的舒適和愉悅感有關：

「你可以抱著我走嗎？我可以再吃點糖果嗎？為什麼一定要刷牙？為什麼一定要上學？為什麼不能買那個玩具？為什麼我不可以熬夜看電視？」

成為青少年後，我們提問的焦點，便從自己的世界轉向身邊的世界：

「為什麼我不能在朋友家過夜？為什麼老師那麼討厭我？我要怎麼讓那個男孩喜歡上我？為什麼這個人要對我這麼壞？如果我加入那個社團，別人會不會覺得我是書呆子？我要怎麼做才能進入那所大學？為什麼我總是不滿意自己的樣子？長大以後我要做什麼？」

長大成人以後，心中的疑問會更需要深思熟慮，也更嚴肅：

「我想住在哪裡？這個人是對的人嗎？我要怎麼開創自己的事業？我們準備好共組家庭了嗎？我花錢花得太凶了嗎？為什麼兒子總是聽不懂我的意思？我應該辭職，重新再找新工作嗎？我為什麼就是減不掉這幾公斤？我現在存夠錢了嗎？」

有時候，我們問的是錯誤的問題，因為實際上它們不是問題，而是偽裝成問題的抱怨，因為我們並不是真的想得到答案。

「我為什麼這麼倒楣？為什麼他那麼混蛋？這一切什麼時候才會到頭？為什麼孩子就是不能乖一點？為什麼所有事都在跟我作對？為什麼每個人都讓我失望？為什麼大家就不能打起精神？」

想知道你是否真的已經開始了靈性之旅，其中一個辦法就是看看你腦中想

的問題是不是有所改變。當你步上追求靈性的道路，就會開始提出我稱之為「神聖問題」的那些大哉問，也就是說你關注的焦點，將從外在世界轉移到自己的內在殿堂：

「我這一生的目的是什麼？為什麼要我愛自己會這麼難，而接受別人的愛也這麼難？為什麼我不能活出自己？為什麼我明明知道這樣的做法不是來自我的高我，但還是用這樣的方式去回應他人，或處理某些情境？存在的真相是什麼？我要如何在內心找到平靜的庇護所？什麼是一切的本源，我要怎樣才能和祂連接？」

除此之外，還有一個最重要的問題：「我該如何找到這些問題的答案？」

你們當中，或許有些人和我一樣，終其一生都在思考這樣的問題；或許有些人在幾年前或是幾個月前，才剛開始思考這些面向。這些問題來自你的存在深處；不管你是否意識到，但當這些問題浮現，就表示你內在有某些深刻的轉變已經發生了。

**當你鼓起勇氣問自己一些神聖問題，
就表示你已成為真理的追尋者，
這也是一個極好的徵兆，
表示你的覺醒之旅已然啟程。**

該醒醒了：你預設的宇宙鬧鐘已經響起

這個讓我們認真踏上自我成長旅程的、勢頭強大的內在轉折，究竟是什麼呢？我把它稱為**宇宙鬧鐘**。彷彿有個鬧鐘在你內在突然響起，你驚覺到自己先前一直沉睡著，而現在你必須醒來。通常，覺醒的第一個反應是：「天啊——我一直在睡嗎？等等——我在這個星球上做什麼？我不是有些該做的事嗎？我感覺自己之前過得渾渾噩噩。我不能再浪費時間了！我現在就得趕快起床！」

　　宇宙鬧鐘是這樣的：一旦響起，無論你按多少次貪睡鍵，或試著想忽略，它還是會重複不斷地響起，直到成功引起你的注意為止。或許，你們之中有些人之所以現在會讀這本書，就是因為終於發現自己再怎麼狂按貪睡鍵，也是徒勞無功了！

　　於是，這把我們帶到下一個重要的問題：

究竟是誰設了這個鬧鐘？
答案當然是：你自己呀！

**　　是至高無上的那個你、你的靈魂為自己設好這個宇宙鬧鐘，以確保你能及時醒來，加入這個星球即將發生的巨大轉化。你早就約定了現在要起來，在這一世的這一刻，在許多人也同樣經歷覺醒的這個時刻，在還有許多人需要被叫醒的這個時刻。**

　　最近，在我自己的靈性研究中，我驚訝地發現一直以來我在教學中使用的這個「宇宙鬧鐘響起」的概念，其實早在九世紀的喀什米爾濕婆教（Kashmir Shaivism，一種起源於現在印度西北部喀什米爾地區的印度哲學思想）的文獻中就有記載。這些文獻已有千年以上的歷史，其中說到，靈魂在一生中可能會經歷一個意義深遠的時刻，此時，那個人就會突然冒出所謂「覺醒的念頭」：

　　「我應該更加了解生命的真相。我覺得我來到這裡是有目的的，我是要來做些什麼或尋找什麼。我必須找到答案。我需要老師的帶領。我需要智慧。我需要醒過來。」

　　文獻中提到，這些覺醒的念頭之所以出現，是**因為個人內在的覺醒已經自動發生了；這是一個發生在內在深處的宇宙事件，是一個讓你轉而朝向開悟、朝向智慧、朝向自由去發展的覺醒過程。**這個內在事件在你內心顯化出來，會成為你尋求真理的衝動，也會讓你真正付諸行動去尋求指引或老師，尋求靈性成長或信仰依歸，去閱讀、去學習，最終使你成就所求。

就像海洋深處的地震，
會在表面形成洶湧的海嘯，
靈魂深處的「地震」，也會突然激起
你的疑問、渴望及探求，
而且，最終你將尋得。

　　還記得，當我第一次聽人解釋這些古老的詩歌時有多麼興奮，因為它的意義實在令人震驚：文獻裡說到，你所有的相遇，包括和任何一個老師、協助者、神職人員、療癒者、或是一條道途、一樁轉化的事件，甚至是像這樣的一本書，都絕非偶然。若不是你的內在早已出現某種深刻的轉變，你便不可能接觸到這樣的經驗，即便你可能根本不記得或不知道自己內在發生了什麼事！就是因為你在靈魂層次已發生了內在的轉變，你才會被這些能幫助你更加覺醒的人物、老師、教誨或情境所吸引、引導，甚至是奇妙地被「帶領」過去。

如果你的外在表現已經開始出現覺醒的跡象，
那麼，你一定早已經歷了某種內在的覺醒。

　　我人生中第一次有意識地出現「覺醒的念頭」，是在很小的時候，我甚至都不知道是怎麼回事。記得那時我十歲或十一歲，正在寫一首優美但傷感的詩，在想人生究竟為何而活，在想能去哪裡找到一個幫助我發現真相的人；但同時，自己也覺得有點不對勁，因為身邊所有認識的人中似乎沒有一個人會像我一樣去思考這些事。

　　當時我天真地相信，只要學得越多，就能越快開悟。因此我每個禮拜都會去住家附近的圖書館，借十到十五本關於哲學的書回家看。每天晚上母親都以為我睡了，實際上我是打著手電筒在讀這些書。我到現在都還能聞到那些布面裝訂書的舊書味，還能看見借閱卡上手寫的書名與旁邊的日期章，還能感覺到第一次踏上探詢智慧之旅那令人沉醉的興奮感。即便在那樣年幼懵懂的歲月

裡，我依然極度渴望找到某些答案，雖然可能連自己想問什麼問題都無法好好說明白。

　　那是一九六〇年代初，沒有心靈成長的活動，沒有心理勵志書，沒有心靈轉化工作坊，也沒有任何在現代已成為普遍共識的大眾覺知。我的母親對我憂心不已，甚至把我送去兒童精神科看病。醫生當然無法理解我對靈魂的探索，只用一個「前青春期障礙」的說法草草帶過。**然而，內在的覺醒並沒有隨著時間消逝，而且也不會自己退縮回去**。四十多年後，因為讀到古典文獻而對這一切有更深一層的理解時，我在靈性道路上的追尋腳步，無可逃避地朝著早已設定好的宇宙神聖會合點前進。

　　一九六九年秋天，十八歲的我離家去威斯康辛大學就讀。入學不過兩個禮拜，我就在某個下午看到布告欄上貼著一張「學習靜心」的海報，海報上有一個穿白袍的俊美男子面露微笑。我當時完全不知道什麼是靜心，不知道那個男人是誰，也完全沒有接觸過任何東方思想。但是在那當下，我的心似乎已認出眼前的這張海報，就是我一直以來苦苦尋覓的答案；而我清楚知道，自己的靈性之旅將正式由此展開。

　　或許你還記得，第一次在腦海裡出現某個念頭，促使你走上了轉變的道路。對某些人來說，那可能是很久以前的事了，而你也從那時就開始有意識地轉變。或許有些人是最近才開始渴望更了解自己，渴望學習更多，或經歷更深刻的靈性體驗。我對人生意義的探尋之旅從五十多年前就開始了，而進入了二十一世紀的現在，有許多敞開的大門向追尋者招手，只要你願意走進去，就能開啟一趟探索之旅。這輩子讓我最有成就感的一件事，就是在一九八〇年代初期成為推廣心靈成長的帶領者之一；當許多人的內在宇宙鬧鐘響起時，我的書和電視節目早已等著他們取用。

　　我會去讀威斯康辛大學，會看到那張海報，然後決定去聽演講，進而遇見我的第一位靈性老師，讓他引領我進入深刻的靈性探索和覺醒之路，這一切都不是偶然。要是沒有這些際遇，現在你也沒有這本書可以讀了。假如你收到一封從某個心靈工作坊寄來的郵件，然後決定週末去參加，並且被引領上一條全

新的理解道路，也不會是偶然。又假設你正在和某個練習靜心的人約會，然後決定自己也來試試看，最後卻因此潛入深刻的自我探索，那也不會是偶然。如果你不小心傷了背，決定去參加教會開的瑜伽課，最後卻因此成了一名瑜伽老師，也不會是偶然。你現在讀著這本書，也不是偶然。

> 這是在你靈魂旅程中，
> 一個值得慶祝的重大時刻。
> 你的第一次，也是最重要的一次
> 靈魂轉化已然發生：
> 你想起之前約好了此時要記起。
> 而你守住了諾言！

花點時間真正去理解這些話，然後看看感覺有多美妙。這趟旅程最艱難的部分已經過去了，你醒來了！接下來，你只需要記起被遺忘的事情就可以了。

> 有些奇蹟般深刻的事，
> 已在你的內在發生。
> 這是一個無比重要的宇宙事件。
> 你之所以正在尋覓，
> 是因為你曾經發現過某些東西。
> 你的尋覓就是一種內在覺醒的體現。
> 出現覺醒的念頭，就表示你終於
> 走在回家的路上了。

我知道這些話強度很高，也很嚴肅，尤其這不過是我們的第一章！既然幽

默感永遠是幫助我們紮根的好方式，那就讀讀我為你寫的這則小笑話：

　　靈魂進到一副新的身體，馬上就忘了自己為何而來；從出生的那一刻起，他就一直在沉睡。

　　他長大成人、日復一日地奔波，善盡生而為人的義務，完全不覺得有哪裡不對勁。

　　七十五年之後，靈魂待在這個地球的時間該結束了。

　　負責護送靈魂回到「彼岸」的天使來到男人床前，把那仍舊沉睡的靈魂擁入懷中。

　　突然，靈魂睜開眼睛，看見眼前的天使。

　　「天啊，我睡死了，」他說：「我錯過什麼了？」

　　我希望所有人都能這樣回答：**我錯過的東西一天比一天更少。**

由內到外的靈魂轉化

「靈魂一旦醒來，探索之路就此展開，永遠不可能回頭。從那時起，一股特殊的渴望將使你熊熊燃燒，你無法再待在自滿和高不成低不就的低窪裡消磨時光。永恆會讓你感到迫切。」

—— 約翰・歐多諾修（John O'Donohue），愛爾蘭詩人

　　金色月亮在後灣（Back Bay）的水面上閃耀著光芒，我正準備坐上從旅館到孟買機場的車子。我剛結束在印度的一趟美妙旅程，準備回加州；雖然要回家令我很開心，但三十多個小時的長途飛行卻不怎麼好過。我把待在這個迷人城市的最後二十分鐘，全用來盡情眺望車窗外的風景。

　　突然間，我從沉思中驚醒，發現我們一直以將近其他車輛一半的速度在路

上行駛，距離早該抵達的地方還相當遙遠。要是繼續以這樣的速度前進，我將搭不上飛機。

「先生，你開得太慢了。」我說：「可以麻煩你開快一點嗎？」

「小姐，別擔心，」司機一派輕鬆地回應我：「請放鬆一點，我們終究會到的。」

「我知道，」我無奈地回答：「但是我不想要終究會到，我想要比終究更快點到。」

所有追尋者在一生當中，都會遇到這樣的關鍵時刻：我們已經在轉變的路上前進著，但我們就是想要走得快一點。原地踏步，或是一直以同樣的速度前進，我們會感到不舒服，甚至無法接受。我們知道自己已受到召喚，該去進行某些更重要、更真誠、更擴展的事，而就像在前往機場路上的我一樣，我們都想要比終究會到更快點抵達。在靈性上，我們失去了耐心。

當你處在這樣的關鍵時刻，需要的不是更多改變，而是更深刻的轉變。你需要的不是去調整外在的生活，而是從內在去重新定位。我們不是要把一個個碎片重新排列組合，讓自己暫時看起來似乎好了點。我們要的是重生，其餘免談。我們已經為靈魂轉化做好準備。

什麼是靈魂轉化（soul shift）？靈魂轉化是一種源自於高靈真相，根據其奧義所進行、具有轉變性質的內在行動。我們不是從外在重新調整或修正，而是學會如何從內在進行對自己有利的行為。針對內在的理解、感受和意識做出強大的轉化，讓我們的生命從內到外發生轉變。

這就是單純改變（changing）和實際轉化（shifting）的差別。許多人都會想要改變自己、改變某段關係或改變某種情況，然而，卻多半只從表象著手──去管理、控制或掩蓋自己所不樂見的事實。想要真正轉化，必須穿越外在表象，也就是越過生活中確實可見的事物，深入到事物的「根本」。所謂重

大且持久的轉變，必須源自內在、從內到外的徹底轉變。這麼一來，我們才不會再無時無刻對每件大小事緊盯著不放，而是真正透過駕馭最深層的自我——也就是靈魂層次——去運作自己的生命。

靈魂轉化不是調整想法或行為，

然後時時提醒自己要持之以恆。

靈魂轉化是一種根本性的振動變化，

源自你的內在，並且自然而然、無可避免地

去轉變和自己、他人及這個世界的連結方式。

　　什麼是創造靈魂轉化的「內在行動」呢？我會在後續做出詳細的解釋。不過，現在可以先用一個簡單的方式讓你有點概念：內在行動指的不是我們平常所理解的「行動」（action）；它不指涉行為——例如用行動表現出更多的關懷，它也不是一種心理上的行動，例如態度上的轉變、試著正面思考等等。

　　這種能帶來靈魂轉化的內在行動，是一種內在的選擇、一種悸動的感受，它們天生就帶著更高的頻率，因為這樣的內在行動符合至高的靈性原則。也因此，這些內在行動的振動是一種擴展的、盡情的、提升的、解放的能量，並且創造出一種情境，讓我們的能量場能夠深刻持久地被重新校準。

　　一旦學會如何創造出這樣的靈魂轉化，我們內在的立場或觀看角度就會出現位置上的轉換，我們看待自己、體驗人生的方式，也會自然而然從根本上有所不同。這種情形就像戴上新的太陽眼鏡後，所看見的自己和這個世界都會變得不一樣；這不是因為我們用不同的眼光去觀看，而是那就是我們現在親眼所見的景象！

　　突然間，當我們再次檢視工作、關係、外在世界和自己時，會發現這所有一切都已經完全不同了。那些我們曾經覺得被困住或遇到瓶頸的地方，那些我們深感疑惑的問題，都因為有了一種嶄新而鮮活的理解方式而變得再清楚不過。發現柳暗花明又一村，困境成了機會，死胡同裡也有出路，而挑戰則變成

一張驚心動魄的地圖，帶著我們前往熱血沸騰的新領域去闖蕩。這一切，都是因為我們的靈魂轉化了。

你的人生已經歷過許多次的靈魂轉化，只是當下的你並不知情；內在的轉化（或稱為「內在行動」）會促使你的外在發生變化：

或許，在做了多年的控制狂之後，你被迫在某個情況下練習「放手」，並因此展開一條新的人生道路。

或許，你曾百般挑剔你深愛的人，總想著要對方改變，最後卻把自己弄得筋疲力竭。終於，你決定不再強迫對方改變，然後幾乎從那時候起，對方才開始願意深入去看看他自己。

或許，你不再試著說服自己熱愛工作，而是允許自己對現狀感到不滿意。然後，你突然就找到了一個從未想到過的解決方案。

在上述例子中，你內在的能量都出現了某種程度的轉化，那是某種無形的轉變，只有你自己清楚，外人無由得知，甚至有時連自己都沒意識到所發生的變化。有了這樣的內在轉化，重大的外在事件才會發生。

發生在你內在的靈魂轉化和轉變，

會體現於外在世界，

使你人生的各個層面都出現深刻的轉變。

這就是從內而外

真正駕馭人生的黃金公式。

什麼是神性不適感？

「永恆讓你感到迫切。」這句話出自已故詩人和牧師約翰・歐多諾修（John O'Donohue）。我們可以用之前討論的內容，把這句話說得更白話一點：當宇宙鬧鐘響起，你醒來、起身，然後你會發現自己急匆匆地想趕快履行

你此生的使命，並且去學習你來到人間需要學會的課題。打從我有記憶以來，就一直能感受到這種「神聖的迫切感」，並把這種迫切感稱為「神性不適感」（Divine Discomfort）。那是一種從內在感受到的壓力，你的內在有某種東西想要被鋪展在你的生命和外在世界中，然而在它竭力向外開展的同時，會和你內在的壁壘及障礙發生衝突。

那麼，什麼會造成神性不適感呢？我們所有人都是帶著我稱之為宇宙包裹的一綑綑貨物來到這個星球──一綑綑的智慧包裹、服務包裹、奉獻包裹和愛的包裹。我們答應要用此生把這些包裹派送出去，那是我們為這個星球所獻出的棉薄之力。然而，就像快遞員每天早上把當天該送的貨物裝上車一樣，他們知道在當天下午六點下班之前，必須把這一車的包裹都送出去，最後空車回來。同樣的，我們也是帶著「滿車」的包裹來到這個世界，然後承諾要在我們的「大限之日」到來之前，把這些包裹全送出去。

不過，這個送包裹的宇宙「任務」可不像聽起來那麼簡單。我們的「交通工具」會出問題；我們可能會因為在路上被耽擱了時間而垂頭喪志；我們會因外在的表象而分心，然後忘了自己有工作在身；我們可能把地圖搞丟，因此迷了路；我們也有可能累了倦了，只想睡個長長的午覺；我們還可能覺得沒有人重視我們送遞的貨物，於是決定罷工。

隨著年紀越來越大，宇宙日子也漸漸進入尾聲。有天突然發現，自己還有許多包裹沒有送出去。這些包裹開始越來越沉重、讓人有負擔，而我們內心的挫折感也越演越烈。我們知道自己進度落後了，同時又害怕無法在期限內完成任務。於是，就出現了嚴重的神性不適感。

每當我談到這種神性不適感時，觀眾或聽眾總會出現強烈的反應。有些人會哭出來，有些人則開始笑；有些人看起來就像把全世界的重量，從肩頭上卸了下來一樣；有些人會睜大眼睛，像張著兩個飛碟看著我。人們會有以上這些反應，是因為我把他們實際經歷過卻無以名狀的感覺說出來，甚至還給了個名字叫「神性不適感」。而後，人們給我的回應總是非常類似：

「我這輩子從來沒有如此抑鬱過，但最近我似乎沒辦法擺脫這種感受，我覺得內在有什麼東西卡住了。」

「我最近覺得自己快爆炸了，卻不知道為什麼。」

「我先生一直說我這是中年危機，但我知道，那不是我感覺不對勁的原因。我只是覺得內在一直有東西想要出來。難怪我一直在狂吃──因為這能麻痺我那種不舒服的感覺。」

「無論我多麼勤快地靜心和祈禱，都無法減少自己的焦慮，而我又一直搞不清楚，究竟是什麼讓我像個瘋子一樣。」

「我有個好老婆，還有優秀的孩子，工作、收入也很不錯，真的沒道理這麼不快樂。」

如果你懷疑自己也出現了神性不適感，千萬不要絕望，因為你不是唯一一人。我深信每個人都曾經或現在就處在一種神性不適感的流行病潮當中，尤其是那些已經有意識走上自我成長的道路，感受到壓力並認為自己必須立即把包裹遞送出去的人：

置身在這個加速的時代，它驅策著你，
要趕緊進入「遞送」的下一階段──
去服務、去貢獻、去助人，以及去愛。
還有許多人試圖要醒來，
他們需要拿到屬於自己的包裹。
你內在的宇宙能量與日俱增，
而內在的掙扎也因此越演越烈：
那些希望透過你展現出來的一切，
卻被習慣、模式、過時的心理思維和淤積的情緒擋住前路。
想要往外冒的、擋路的，兩組人馬發生了衝突，
在你的內在製造出激烈的躁動不安，

這就是一種源於「神性」的不適感受。

如同許多老師和前輩，我也是在經歷過長期的神性不適感之後，才成為現在的這個我。這個不適的過程，讓我發展出強大的轉化技巧，而這些技巧則成為我現在透過工作「遞送」出去的包裹。在你手裡的這本書，就是我近期交出去的最新包裹之一，我非常高興能將它送到你手上。

這正是這本書背後的意圖：出於愛。我希望幫你以更優雅的方式度過自己的神性不適感，並把你內在等著開展的一切呈現到外在世界。這是一個邀請，希望在這個行星急速運行的時代，也能夠加速促成你在個人及靈性上的轉變，因為與高我合而為一，已是一種迫切的需求。

你可能認為一切隨緣，那些神奇和了不起的好事該來的總會到來，只是時間早晚而已；或是認為自己只能坐等外在環境的大事件帶來影響。但，其實不然。**你可以加速這個有意義的轉變過程，學習怎麼放開自己，放下自己對改變的抗拒，最後透過駕馭生命而得到自在。轉變，讓你創造一種全新的生活方式和愛的方式，並用完全超乎想像或預期的方式來為你的世界提供服務。**

來自鐘岩的啟示

「靈魂發展應該永遠被擺在第一順位。」

——愛德加·凱西（Edgar Cayce），美國預言家

要說地球上我最喜歡的地方，美國亞歷山大州的聖多娜城（Sedona）就是其一，我經常在此舉辦靜修營。聖多娜城景色殊麗，到處都是令人嘆為觀止的紅色巨岩，彷彿像是另外一個世界；同時，這裡也是一個超自然的療癒聖地，據說有神祕的力量會從振動漩渦中湧出。簡單來說，每一處漩渦都是匯集精微靈性能量的地方，這些能量會從地球表面發散出去，創造出一個有利於祈禱和

靜心的環境，並強化我們與高我連結的能力。

　　我在聖多娜城最喜歡的一處漩渦，是一個長得像堡壘一樣，人稱鐘岩（Bell Rock）的紅色岩石。我曾經多次造訪，總覺得自己就像連結到一個巨大的宇宙天線，從而像充電一樣接收到強大的靈性能量。那裡的振動十分強烈，不可能認錯，也不可能錯過。

　　最近，我在聖多娜城有一個課程，我決定在開課前先去鐘岩走一走。有條步道能通到山腳下，光是沿著那條路前行，就能明確感應到自己的精神被提振及擴展。就在那時，我看到一對夫妻朝著我走來。我會注意到他們，是因為在鐘岩很少會看到不開心的人，尤其他們已在回程的路上。男人看起來真的很生氣，似乎有許多不滿。他走在妻子身後大約三公尺處，緊皺著眉頭、不停搖頭嘆氣，嘴裡還發著牢騷；妻子則快步走在前面，每隔幾秒就緊張地回頭看兩眼。即便從我這麼遠的地方，也能清楚看出來，他一點也不喜歡鐘岩！

　　我們越走越接近，我聽見男人說了一些我永遠忘不了的話。

　　「我不懂這有什麼了不起的，」他抱怨著：「我一點感覺都沒有！」為了確保妻子聽懂他的意思，他又重複了一次：「妳聽到了嗎？我不懂這有什麼了不起的，我一點感覺都沒有！」

　　妻子經過我身旁時，知道我可能聽見了，給了我一個尷尬又充滿歉意的微笑。或許因為她注意到我的神色安詳，知道我也是那些想必有感覺到什麼的人之一！

　　就在那個瞬間，我突然理解到，雖然我壓根還沒開始往山上爬，但鐘岩的漩渦已經給了我一個深刻的教導：存在於地球的我們，就像一趟前往鐘岩的旅行。我們來了，準備往上爬，看看有什麼在等待著我們。在這個稱為地球的巨大靈性漩渦中，什麼事都有可能：絕美的景觀；不可思議、令人振奮的體驗；無數個喜樂的瞬間；以及深入療癒的機會。當人生走到盡頭，我們會離開漩渦準備下山。這趟旅程也就結束了。

　　當我們從代表此生的山頭往下走時，會說些什麼話呢？我們當中有多少人，因為不允許自己去看、去感覺、去體會或去感動，而錯過了人生中的一些

風景？我們當中有多少人，在旅程的最後，就像前面那位先生一樣，只覺得：「我不懂這有什麼了不起的，我一點感覺都沒有。生而為人到底好在哪裡？愛到底好在哪裡？擁有一副身體到底好在哪裡？為他人的生活帶來改變到底好在哪裡？這個地球到底好在哪裡？」

那天的我，非常同情那個不開心的男人。他來到了這裡，也期盼會發生什麼，卻沒能接收到明明就在那裡等著他的一切，這是因為他沒有打開自己去迎接將會發生的變化。許多人就是這樣度過自己的一生，他們只會被動地坐等機會上門，卻沒能敞開自己去迎接等待著他們前來的一切。

> 與其等待著機會上門，
> 不如先敞開你自己。
> 唯有敞開，你才有能力去接收
> 正在等你的所有一切。

敞開心，迎接為你準備好的一切

想像你內在有一個巨大的寶藏，你的記憶、力量及平和都在那裡，靜靜地等待被發掘。現在，再想像你內在還有一個偉大又睿智的老師——你的智慧、你的愛、你的完整性——也在那裡等待著你前來。

你該怎麼去找到這個寶藏或這個老師呢？心智告訴你去尋找、去查看、去追蹤每一個線索，沒有成功絕不放棄。**但如果我說，你根本不需要費心往外頭尋找，也不需要追著任何東西跑呢？你需要做的，就只是敞開自己去迎接等待你的智慧。**

試著花點時間，讓下面這句話停留在你的意識中：

> 我敞開心，迎接等待著我的智慧。

現在，深深吸一口氣，吐氣時盡量不費力地把這句話說出來：「我敞開心，迎接等待著我的智慧。」

繼續深呼吸，再次複誦這句話。重複幾次，然後放鬆。注意現在的你有什麼感覺。

「我敞開心」這幾個字對你的振動頻率有強大的轉換作用。當你說「我敞開」時，有一部分的你已經打開了。你的嘴巴打開了，你的能量打開了，你的心也打開了。在那一刻，你邀請療癒上門，也歡迎恩典到來。同時，你也推倒了內心代表恐懼、焦慮、質疑、抗拒和不信任的圍牆。你正在清出一條路準備接收。

「我敞開心，迎接等待著我的智慧。那智慧就是內在的高我。」一旦你這麼說出口，就是在召喚高我前來，這是你不需要苦苦追尋的智慧，也不是遙不可及的智慧，更不是不願來到你身邊的智慧，而是等待著被你打開、被你接收的智慧。

現在，我們的第一個靈魂轉化已經來到：

靈魂轉化
轉化：從「尋求」到「敞開」

不是你在等著智慧上門，
而是智慧早已在等著你。
不是你在等智慧出現在你面前，
它早就在那裡，只等著你對它敞開。

這本書的一個終極目標，就是要讓你盡早跟等待著你的東西相遇，包括你的智慧、你的愛及你的高我。所以，我們不必去尋找任何不屬於你的事物，而

是要試著想起來如何敞開自己去迎接它們。就像對鐘岩很失望的那個先生教會我們的：越是努力想看到什麼，越容易錯失一切。

當你讀這本書時，請時時記得：你不只要打開自己去接收智慧，同時更要對自己的智慧敞開大門。我在本書中提供的重點和指引，是要協助你打開早就存在於你內在的指引和啟示之門，同時找到那些早已等著被你發現，能讓你獲得自由的線索。

請允許這個新的理解帶領著你，穿梭在本書的能量漩渦之間：

告訴自己：現在你不需要做任何事，只要去接收字裡行間為你提供的一切。你不需要費力去理解，也不用因為覺得自己需要改進而費力學習，你甚至不需要努力去達到什麼成果。

只要敞開，然後接收。敞開，然後接收。

夜來香教會我的事

「宇宙間，只有一個角落是你確定可以改善的，那就是你自己。」

——赫胥黎（Aldous Huxley），英國作家

我非常喜歡花，而夜來香是我最愛的花種之一。細緻的白色花朵長在細長的莖幹上，散發出醉人的熱帶芬芳，香氣總讓我想起夏威夷或印度——正好都是我心目中最神聖的朝聖之地。我的學生總會充滿感情地為我戴上夜來香花環，我只要在聖塔芭芭拉看到夜來香，一定會在家裡擺得滿滿都是。

不過，關於夜來香，有件事一直令我感到困惑。我總覺得它們在戲弄我，因為每一枝莖幹上，只有幾朵花會真正綻放。我把它們買回家時，總會有幾朵花已經開了，但其他的許多小花苞卻怎麼也不開花。我實在不懂為什麼會這樣，只能用盼望的眼神眼巴巴地盯著那些花苞，一邊想著自己該怎麼做，才能讓花苞綻放開來。

有一天，我在住家附近的農夫市集，看到那個有名的夜來香達人，他身後的桌子擺著滿滿的夜來香。他的攤位，簡直就是美麗的夜來香花海。我很興奮，因為我要帶走的不只是幾枝花，而是好幾束，我要在家裡的每個房間都擺滿夜來香。

我簡單地自我介紹，也說了我對夜來香的情有獨鍾。他興致高昂地聽著，畢竟這和他的工作息息相關——他是專門在自家農場栽培夜來香的人。「我很高興能遇見一個真正欣賞它們的人，」他微笑說著：「我去選幾束品質特別好的給妳。」不久後，他帶著大約五十枝綑成一束的夜來香回來。「來，這些一定能讓妳滿意。」他驕傲地說著。

我看著他遞給我的花枝，試著掩飾失望的神色。它們看起來就像是我以前經常買的那種，每一枝只開幾朵花，剩下的花苞都緊閉著。他一定看到了我失望的表情，因為他開口問我：「有問題嗎？」

「抱歉，我好像很不知足。」我回答：「我以為你會給我更好的花枝，有更多的花已經開了。現在只有幾朵開花，而我知道其他的花苞根本不會開，那就表示我要的花香根本不夠。」

夜來香達人驚訝地看了我好一會。然後說：「妳不知道要怎樣讓夜來香開花，對吧？我把夜來香的祕密告訴妳吧。」

他從我手上拿走一枝夜來香，手指著其中的一個花苞：「看到這個花苞了嗎？它看起來像是閉著的，但事實上已經準備好要開了。這個白色花苞的頂端，已經有一塊變成粉紅色，這就表示這個花苞已經變得柔軟了。妳只要輕輕按一下，像這樣……妳看，花苞就開了。」

我興高采烈地看著他用手指把花苞一個個打開，簡直嘆為觀止。我的夜來香在我眼前一朵朵綻放了。

「妳只要稍微留意一下，然後在對的時間推一把，就能幫它們開花。」他向我解釋：「然後妳就能得到許多花了。不過妳得小心——要是它們還沒準備好妳就貿然動手，這些花苞就再也不會打開。事實上，它們會直接從花莖上脫落。所以，一切都跟時機有關；還有，永遠記得要溫柔以待。」

聽到這裡，我臉上的笑容越來越大，因此夜來香達人又繼續興奮地分享他的祕技。「還有一個祕密，」他說：「妳看到這些咖啡色、有點皺皺的花苞了嗎？這些花苞還在吸取花莖的能量與營養。妳要把這些沒有打開的老花苞摘掉，這樣花莖的汁液才不會繼續被吸走，新的花苞才能得到更多營養，然後才能綻放。」

「我完全不知道要做這些事。」

「這就是為什麼我們的人生會需要老師啊。」他一邊說，一邊對我眨了眨眼睛：「不過，我想大部分的人就只覺得我是個花農吧！妳剛才說自己就住在這附近，妳看起來是個善良的女士。我能問問妳從事什麼職業嗎？」

我回以微笑。「嗯……既然你問起，其實我是個老師。」我回答：「而且我想，你也可以說我是個花農。只不過，我種的花就是我的學生。還有你剛才教我對待夜來香的技巧，正好就是我一直以來教導別人綻放自己的方法。」

「妳說的話我得好好想想，不過聽起來很不錯。」夜來香達人說。

我付了錢，並熱切地表達我的感謝。道別時，我告訴他，從現在開始，我將會把他教我的夜來香開花技巧，分享給所有的學生，同時也寫進我的下一本書裡。我確實這麼做了。

那天，我終於明白為什麼自己一直偏愛夜來香，一定是我下意識知道在轉變方面，它們能給我強有力的教誨。

就連看似普通的花，也樂於成為我們的老師……

於是，再回到我們一開始討論的神聖問題：

我們該如何讓自己重生？我們要如何度過神性不適感？我們要如何把自己準備好，把宇宙包裹遞送出去？我們要如何在通往自由的道路上走得快一點，現在就出發，而不是隨緣等著它發生？而當我們醒來時，又要如何完整地綻放自己？

　　答案就在夜來香開花的智慧裡。我們需要把自己身上那些舊的、乾癟的、停止生長的部分摘除，因為它們只會耗光我們身上的能量與養分。**光有想要成長的意圖是不夠的──還需要學會找到在能量上不再適合我們的部分**，找到那些正在我們靈魂花園中吸取花蜜的老東西，然後除去它們。接著，我們需要重新引導生命力的能量，讓它流向需要的地方，流向等待著被滋養的部分，進而讓它們繁花盛開。

　　在我們放下的同時，也要幫助自己更加敞開。學會去尋找那些已經準備好要轉化的地方，就像尋找即將綻放的花苞一樣。這本書將教會我們如何望向高牆，直到看見其中隱藏的門戶；它也將教會我們如何輕輕按壓那些即將開展的部分；如何理解所謂的神聖時機，並且時時留意是否出現了轉變的跡象，讓自己和這樣的轉變密切合作，終至盛放開來。

智慧無處不在。
接收啟示的機會也無處不在。
靈魂轉化可以發生在任何地方，
只要我們敞開心，迎接等著我們的智慧。
我們越是清醒，就越能經歷到這種奇幻美妙的經驗：
萬事萬物和每一個人，似乎都偷偷地聯合起來，
為最終的覺醒而通力合作。

「昨日的我是聰明的，因此想要改變世界；今天的我是睿智的，因此想要改變自己。」

──魯米（Rumi），蘇菲派神祕主義詩人

　　無論是在充滿超自然力量的聖多娜山頂，或在午夜孟買的高速公路上，或

在聖塔芭芭拉的農夫市集，或在你目前所在之處，你的宇宙課題早已準備好，並等待著你的到來。隨著你翻過書頁，跨過一道又一道的門檻，你會發現自己內在的智慧殿堂，並且抵達這趟靈魂轉化旅程真正的終點站，也就是完整的你、自我實現的你，以及自由的你。

跨過這道門檻，
不論是清楚知道自己正在追尋，
或是還不知道自己正在追尋，
另一頭都在歡欣地等著你，
歡迎你回家……

第2章

化高牆為通道：
從追尋到看見

「知人者智，自知者明。勝人者有力，自勝者強。」

——老子《道德經》

每一個人都是追尋者。就連那些不覺得自己在追尋什麼的人，終其一生也不斷在尋尋覓覓。我們追尋權力、成功、金錢、晉升、關係、財產和威望。我們追尋愛、幸福、尊重、接納、共識和欣賞。我們追尋正義、原諒、救贖、承認、讚許和誇獎。如果我們自認為是個尋求靈性成長的人，還會去尋求開悟、內在平靜、智慧、答案、啟示，以及與神或靈的連結。

然而，如果想在這一世真正達到圓滿與自由，**就必須要做一個重要的靈魂轉化，從單純的尋求（seeking），轉換為看見（seeing）。**

七年前，我正處於一個深刻反思及覺醒的階段。有一次，我離家去主持一個進階的工作坊，在一整天的工作後，我沉沉睡著了。那天晚上，我做了一個非常深刻的靈魂轉化之夢，可以說那個夢改變了我的一生。

夢的一開始，我發現自己正在上一堂非常複雜又困難的障礙賽訓練課程。我想不起來為什麼要上這樣的課，但不知何故，心裡知道自己別無選擇。我得想辦法跨越一道高大的跨欄，在迷宮中試圖找到出路，還得小心不能掉進地上的坑洞裡。所有挑戰都很艱難，但我依然堅持著。

突然間，我來到一棟由木頭和鋼筋搭造的龐大建築物前面，高聳入雲到根本看不到頂，就像無止盡地往上延伸一樣；建築物的寬度也很驚人，左看右看

都找不到盡頭。

　　我知道自己必須前往這面高牆的另外一邊，而且這是攸關生死的事，不能往回走，只能一路向前。我也知道，只要能跨越這個障礙，就會有奇蹟般的事情發生。美好的事物在高牆的另一頭等著我，而一旦停留在此處，恐怖的悲劇便會降臨。我一無畏懼，即便無法想像自己要如何完成這個不可能的任務。

　　我走向那面高牆，越來越靠近時，看見牆上嵌著一個個吊掛著的小繩圈，似乎可以在攀登時用來支撐手腳。於是，我就這樣開始往上爬，一邊尋找手和腳能擺放與支撐的地方，一邊以緩慢速度越爬越高。

　　雖然我的攀爬方式很危險，但一段時間過後，還是小有成果。只是，過沒多久，到達一定的高度後，就發現可以支撐身體的小繩圈越來越少了。我開始擔心。隨後，我來到一個完全沒有任何支撐點的牆面，我卡在那裡，無計可施。沒有地方可以讓我把腳踩上去，也沒有一處可以讓我伸手抓牢。我心想，一定是哪裡出了問題。我知道應該要繼續往上爬，攀越到牆的另一邊！我肯定是爬錯地方了。我需要下去，重新從一個更好的地方往上爬。

　　於是，我一路下去，回到剛開始攀爬的地方。雖然已經筋疲力盡，我還是沿著牆面走了一會兒，來到一個看起來更有希望成功的地方，再一次開始往上爬。但是，同樣的情況又發生了，似乎只要我爬到一定的高度，就再也找不到任何小繩圈可以使用。我再度卡住，只能下來，重新再找個地方往上爬。我不斷嘗試從不同地方出發，但只是一遍又一遍地爬到沒有繩圈的地方，無計可施，無比絕望。

　　然而，當我又試著再一次向上爬時，我聽見夢中有個神祕的聲音對我說：**「這一次，當你發現又沒有繩圈了，可以仔細看一看。」**我不知道這聲音是從哪裡來的，也不知道這些話是什麼意思。我只知道，我不能停下來。於是，我使出最後一點力氣，再一次往上爬。我又一次到達那個沒有繩圈可以抓牢、只能回頭向下的地方。

　　我想起那個神祕的聲音所說的話：「這一次，當你發現又沒有繩圈了，可以仔細看一看。」我盡可能仔細地查看上方的區域，但是沒有看見任何繩子；

仔細看了身旁兩側，也沒有任何繩子。我差不多想放棄了，確信自己擺脫不了某種厄運，也決定臣服於這樣的結果。「再仔細看看。」我一再對自己說著，然後靈光乍現，發現我剛才漏看了被身體緊貼著的這部分牆面。

我深深吸了口氣，然後仔細看著前面的這部分牆面。就在這個地方，在我以為空無一物之處，發現了一道很小很小的裂縫。令人驚訝的是，裂縫裡頭竟然放著一把迷你鑰匙。接著，我發現不過幾公分遠的地方，就有一個很小的鑰匙孔，小到幾乎看不見。

此時，聲音再一次出現，語氣無比溫柔：

> **「親愛的，這不是一道牆——這是一扇門。**
> **這不是一道牆——這是一扇門。」**

一瞬間，我的內心深處了解到先前不明白的真理：**這道牆不是要讓我攀爬過去的，而是應該穿越它！它看起來像一面牆，但事實上它一直是一扇門。它看起來堅不可摧，無一處縫隙，但只要我找到對的鑰匙，就能把它打開。**

我把小鑰匙握在手中，插進迷你的鑰匙孔；接著，原以為是牆、實則是扇門的那道高聳的建築物，就這樣被我打開了。一瞬間，高牆消失了，我被一股充滿狂喜、祝福及熠熠發亮的光所包圍。那裡只有光，只有愛，別無他物；我就是光，我就是愛。

然後，我就醒了。

我回到了現實世界，回到了我的身體，回到了這張床，回到了我的家、我的生活。我馬上就明白，剛剛我所經歷的是一次強大的內在點化，內在的無形指導師給了我一個富含深意的教誨。**這個夢是禮物，是一趟靈魂轉化。夢境本身就是那把鑰匙，而現在，我要將那把鑰匙放到你手上。**

靈魂轉化
轉化：從「追尋」到「看見」

　　許多人過日子的方式，就像夢中的那個我，把生活看成是一連串的阻礙，需要去克服、去跨越、去主導、去征服、去這樣那樣的處理。我們為自己設好目標，然後尋找達成的方法，就像我一遍一遍試著爬過那道牆一樣。

　　夢裡的我一直在尋找如何走到牆另一邊的方法，卻用錯了方法。我沒有發現牆上有門，因為我根本沒有在找門。事實上，除了一心一意要達到目標，我沒有留意任何東西。我追尋的是一個結果，也就是爬過這道高牆。一旦失敗後，就試著再換一個地方繼續尋找，但依然無功而返。只有在我真正傾聽夢裡的聲音和其中傳遞出來的訊息時，我才真正停下追尋的腳步，開始去看；直到那時，我才真正地把自己敞開來。**我從一個追尋者，轉變成了一個先見者。**

　　那些你認為擋在面前的高牆，其實並不是牆──它們是一扇扇的門。你不是要越過它們或繞過它們，而是要穿過它們。

　　　　　　我們都以為自己必須越過面前的阻礙和挑戰，
　　　　　　　　去尋找征服它們的方法，
　　　　　　但事實上，我們要做的是穿越過去。
　　　　　　我們需要看見隱藏在牆上的門。
　　　　　　從一個追尋者，轉變成一個先見者。

　　你最想擺脫的那些問題，正是通往內在的大智慧、大療癒和大自由的門戶。它們不該被咒罵，也不是要和你一拚高下或爭個你死我活的障礙或高牆，它們應該被走進去，然後被穿越。

✿

「我追求的，從來不是輕鬆或便利的生活，而是一個能以最大限度活得像自己的人生。」

　　——瑪莉安妮‧蘭德瑪契（Mary Anne Radmacher），美國插畫家

在一個晴朗無雲的日子，兩條年輕的魚兒在海裡泅著水。牠們一邊尋找著美味的海藻當早餐，一邊聊著身為一條魚會聊的事。

一條年長的魚從另一個方向游了過來，優雅有禮的牠，決定先對這兩個年輕後輩打個招呼。「天氣真好啊，朋友們。」牠一邊說，一邊游經牠們：「今天的水怎麼樣啊？」

兩條年輕的魚兒沒有回應，安靜地繼續游著。最後，其中一條魚看向另一條，對牠說：「他說的水是個啥東西啊？」

多年前，我就聽過這個故事的另一個版本。說故事的人把它當成笑話來看，我卻感覺其中有更重要的含意。對我來說，這個故事說明了，在我們剛開始走上真正的覺醒和自我探尋之路時，經常不知道自己究竟身在哪裡或自己是誰，以及為什麼人生會是現在這個樣子。首先，我們必須醒過來，看看自己一直以來漏看了什麼。

除非我們醒來，並開始有意識地生活，
否則我們不會發現，
自己一直以來是用多麼無知無覺的方式在過日子。
知道自己迷了路，
就是被找到的第一步。

當你發現自己已經離家太遠，起了這個念頭便會開啟你的回家之路。當你

悲鳴著：「怎麼回事？我怎會健忘成這樣？我是怎麼走偏了路？」你就已經開始轉向通往自由的道路。一旦你開始理解，問題就已經過去大半了。就像故事中的魚，當你不知道自己在水中時，就不可能出現「為什麼我在水裡？」這樣的念頭。你就只是在水裡而已。

　　一旦你開口問：「水是個啥東西？」就表示你已經開始理解，你一直在某種東西裡面游泳，只是過去的你根本不知道它的存在。你不再只是一味追尋——你已經開始看見。

> 「為什麼我一直失去連結？」那就是連結的開始。
> 「為什麼我一直受困在這裡？」那就是脫困的開始。
> 「為什麼我要逃避真相？」那就是發現真相的開始。
> 「為什麼我這麼難去愛？」那就是愛的開始。

> 「人們旅行各地，驚嘆於山的高聳、海的滔天巨浪、河的蜿蜒流長、洋的寬闊無邊和星辰的循行；卻不懂得讚嘆自己，只逕自和自己擦身而過。」
> ——聖奧古斯丁（Saint Augustine）

　　不久前，我看了一部很棒的紀錄片，主角是世界級大提琴家馬友友。也許你曾經在電視上看過他，或者和我一樣有幸親臨現場聽他演奏。他是音樂天才，同時擁有一個充滿愛和擴展的靈魂。在這部片子裡，他透過訪談說了一些意義深遠的話：**「每一天，我都會努力向自己不懂的事物靠近一點。」**

　　我和一群進階班的學生分享這句話，他們幽默地坦承，在做這份工作之前，他們心中的至理名言是像這樣的：

　　「每一天，我都試著逃離自己不懂的事物。」
　　「每一天，我都試著掩蓋自己不懂的事物。」

「每一天，我都假裝自己已經理解我不懂的事物，然後希望沒人發現。」

這些話聽來好笑，但不幸的，也非常真實——大部分的人都不會正面迎向自己不理解的東西，而是想要逃離。我們對自己不懂的東西會感到不耐煩，或者感到抗拒或害怕。有時候，我們會假裝自己無所不知，即便別人也發現了我們的一臉不自在。

我們的方向錯了。**當感覺到一股不舒服從內在湧現，就表示有什麼在呼喚著我們，有什麼在要求我們說出來或去看見它。此時，我們絕對不能忽略，因為這是信號，是一道門戶。事實上，它是一座橋。**

靈魂轉化

轉化：從「看見你想看見的」 到「看見完整的一切」

最近，我從舊金山搭機回到聖塔芭芭拉。上飛機後，我就坐進窗邊的位置。沿著加州海岸飛行是一趟美麗的旅程，腳下山海壯闊，我總是喜歡欣賞沿途的美景。

飛機起飛後，開始在城市上空盤旋。我的注意力卻被坐在正前方的男乘客吸引，他的行為實在很詭異。他把窗戶的遮光板拉下了大半，只留下幾公分縫隙；然後，這位先生竟然弓著背又側著頭，想盡辦法要從那十公分左右的空隙往外看。

或許他準備要睡了，只是想在睡前快速瞄一眼吧！我心想。然而，令我無比訝異的是，這位先生就一直保持這樣的姿勢，身體前彎、脖子扭曲，用這種極度不舒服的方式，透過那道沒被遮光板擋住的小縫隙看向窗外。這時，我已經忘記要欣賞窗外美景，只是被這奇怪的景象驚呆了。我真的想不出眼前這一幕是怎麼回事。

　　我的腦袋開始試著用各種荒謬的解釋，想解開這樁懸案：說不定他是其他國家的人，不知道怎麼把遮光板往上拉。說不定他是殘疾人士，沒辦法自如地使用自己的手。說不定他從來沒有搭過飛機。說不定他有軟骨功，在馬戲團表演。然而，當空姐詢問他是否要把遮光板往上拉時，這些說法都被否定了，因為他說得一口字正腔圓的英語，他說就這樣沒關係。我看到他拿出 iPod 並戴上耳機，表示他的手部功能也沒有任何問題。那麼，究竟是怎麼回事呢？

　　時間一分一秒過去，這位先生依然側著頭，用扭曲的姿勢從狹小縫隙看向窗外。我盯著他這個不舒服的姿勢，自己也變得越來越不舒服！更糟的是，每當他想調整自己詭異的姿勢，就會撞上座椅並影響到我。

　　這時，我開始想用念力讓他採取行動：「把遮光板拉起來，拜託！把你的遮光板拉起來！」我盡可能用內在最大的聲音悄悄向他廣播。我試著用觀想的方式，想像他把遮光板拉起來。但，什麼也沒發生。最後，一小時的飛行時間結束了，真是謝天謝地。那位先生自始至終沒有把遮光板拉起來，卻在整段航程中，持續從狹小的縫隙往窗外看。當大家起身準備離開時，我刻意望向他，看看是不是能為這個令人困惑的情況找到一些線索，但他看起來就是個再正常不過的年輕男子，穿著牛仔褲，背著一個後背包。

　　突然間，我明白了這一幕出現在我面前的意義，以及為什麼它會對我造成這麼強大的影響。這個情境恰好展示出許多人是如何過日子的。我們把覺知的遮光板放低，也把看見的意願降低，只透過一條狹小的意識之縫來看待周遭的情境，然後還不懂自己為什麼會感到失落、困惑。我們都忘了可以把覺知的遮光板拉起來。

許多人都把意識的遮光板放低，

用這樣的方式過日子，

遮光板遮住了真理之窗，

也遮住了視見之窗和感受之窗。

我們不是把遮光板拉起來，

而是像表演軟骨功一樣，扭曲自己的姿勢；

試著透過那道窄小的真理縫隙，

透過那道自我設限的縫隙，

看見自己身在何處，

而不是把遮光板拉起來。

那個男人沒想到，只要把遮光板拉起來，他就可以坐得更舒服。我們也一樣，通常也不會想到要把視野變得寬闊一點，就能看到更多；也沒有發現，眼前的景象只是全貌中非常有限的一部分。

有時候，我們確實會有類似這樣的想法：「我覺得該把遮光板往上拉一點，但是我不知道要怎麼做。」或「我知道現在該把遮光板拉起來了，但是我擔心這麼做之後，眼前的景象可能不是我想看到的，所以我還是讓它維持原狀好了。」結果，我們只會怪罪自己為什麼用這種弓著背、扭著頭、極不舒服的方式，去過日子，去擁有一段感情，或是去做所有要做的事。

或許你從小就是在放低的遮光板下長大的；或許有人擅自拉低了你的遮光板，為你定義你是什麼樣子或不是什麼樣子，你被允許去看去感受，而無法自由安全地表達。或許是自己把遮光板拉下來的，因為在人生的某個時間點，你需要保護自己，不想面對幼年的痛苦，回看童年時期發生的事情；或者，你不想面對長大後某個深愛過的人給予你的痛楚。或許你一直把遮光板放低，以避開那些必須要做的改變，或是逃避你不敢面對的問題。

想避開傷痛或不舒服的感覺，是一種很自然的自我保護機制。**問題在於，我們忘記了，遮光板是被放下來的；就像飛機上的那個男人一樣，我們以為透過自己創造的狹小意識之縫去窺探窗外的景色，是再正常不過的事。**

我總是說，只要我們準備好，老師便無處不在。我非常感謝這個男乘客為我展示了這個行為模式，讓我把這個故事分享給成千上萬的人，現在更寫在書裡和你分享。慶幸的是，我的意識遮光板是完全拉起來的，也因此，我才能看到並接收到宇宙智慧在那天給予的美好禮物——一個可以用於教學的通道！

❀

　　這本書為你安排的這趟旅程，就是要幫助你拉起自己的遮光板，讓你看見更多窗外的世界，並且開始以不只是追尋者，而是先見者的方式過日子。現在，你可以回頭看看自己和「覺知遮光板」之間的關係。或許在讀過這幾行文字之後，能感覺到遮光板往上移動了一點點！

　　下面我提列了幾個問題，你可以用這些問題來學習、寫日記、討論、反思，它們將成為你靈魂轉化的通道：

靈魂轉化通道──問題

我生活中有哪些面向的遮光板是放下來的？

它已經被放下來多久了？

我是什麼時候把它放下來的？

我為什麼要把它放下來？

當我把遮光板往上拉，什麼樣的事情會讓我想趕快再把它放下來？

如果遮光板完全拉上去，會有什麼後果？我要如何去描述？

倘若遮光板一直維持在完全拉上去的狀態，我害怕自己看見什麼？

我能跟那些遮光板拉得比較高的人相處愉快嗎？

我是否為了讓別人跟我相處得更愉快，所以把遮光板放低了？

看見，就能轉變

「我們通常不是看，而是漏看。」

　　　　　　　——艾倫・沃茨（Alan Watts），英國哲學家

　　「妳好棒！」

　　幾年前，我剛結束一場在某個商業論壇的演講，準備回到工作坊。身邊有個男人熱情地對我喊出這句話，然後快步向我走來。「我是說真的——妳好棒！」他帶著大大的微笑，再一次重複了這句話。「我是妳的超級粉絲，我真高興可以在這裡和妳本人學習。剛才那場演講真是無人能敵！」

　　「謝謝你，」我回應：「真高興你有這樣的感受。我正在前往工作坊的路上，既然我們都要去那裡，歡迎你和我同行。」

　　「喔不，我沒有要參加工作坊。」他用一種近乎驕傲的語氣說著：「我就是別人口中那種『實事求是』的人。我沒興趣花太多時間去了解自己，或是去看看自己的內心。我要的是行動！我要的是結果！我要的是進展！總之，能見到妳真的很開心。還有，別忘了：妳真的很棒！」

　　我們很多人都像這位「好棒棒」先生一樣——我們喜歡當追尋者，不想做一個先見者。我們喜歡轉變的觀念，想要一個規模更大、更成功的人生。我們告訴自己準備好要轉變，卻忽視了要真正達到轉變所需要的條件：轉變之前，必須得先看見。

能看見，就能轉變。

　　轉變就是這麼一回事。

　　首先，我們必須有足夠的勇氣，把意識或覺知的遮光板拉上去：先看看我們自己或目前的情境；然後，去感受自己對眼前所見有什麼感覺；最後，我們就會有動機去轉變。這就是轉變的方法。我們看見，我們去感受，然後我們

說：「好，我已準備好要轉變它了。」

那麼，這句話的反面是什麼呢？

你沒看見的，就無法轉變。

舉例來說，你的事業或經營方法中沒有被你看見的地方，你就無法去轉變。如果你看不出在這段感情中造成彼此情緒衝突的原因是什麼，你就無法轉變它。同樣的，你看不見自己身上的問題，你也無法轉變。

用這樣的方式一說，一切就再明顯不過了。為了弄清楚該轉變什麼，我們必須願意去看見：哪些是失衡的，哪些不是跟我們的高我一致的，哪些是不適合我們的。不管我們是否理解，只要我們抗拒或不情願去看見自己和人生的真實面，就會創造出一股妨礙轉變或轉化的阻力。像好棒棒先生這樣的生活態度——「我想轉變，但我不想去看。」——並不適合我們。我們一定要完成這個靈魂轉化：從追尋者轉變為先見者。

當我們抱持這樣的態度：
「我不想看見任何東西，我不想看見真相」
就像是在說：
「我不想轉變；我不想成長；
我不想擴展；我不想得到自由。」

有些人的心理機制會像這樣：不要去看，就不會被情緒擊垮。年幼時，我們確實不得不轉頭，不去看那些自己無力改變的事情——但是，後來我們就忘了自己曾經把看見的能力封鎖起來，以至於忘記必須把它重新放出來，才能找回自己的洞察力、自己的力量，以及自己投入這個世界的能力。

當我們開始進行這個「從追尋者轉變為先見者」的靈魂轉化時，可以提醒自己：看見是一種恩典；讓明亮的光線灑落在自己身上，是一種恩典。那麼，

這個過程會不會暫時讓你覺得不舒服呢？答案是：有時候會。但是回過頭想想，生活在黑暗裡難道會更舒服、更安全？想來答案是無庸置疑的。

有一個問題，值得我們想一想：你在生活中遇到的問題或犯下的過錯，多半是因為你未曾見聞的事物或是你見聞過的事物呢？花點時間想想。當然，我們都清楚答案：我們每一個人，都是因為那些自己沒有看見、沒有面對、沒有處理的事物，而傷得更深、受更多苦、犯下更多錯。我們在現實世界裡都曾有過這樣的經驗——例如，我們沒看見地板上孩子的玩具，所以絆了一跤；沒發現人行道上有個坑洞，所以摔倒了。我們會因為那些看不見或沒看見的事物而受傷。

> **蒙著眼不去看是危險的。**
> **那些看不見的事物，會控制你的生活，**
> **也是讓你受苦的主要原因。**

你曾多次對自己說：「我沒看出來。」「我沒看出他在撒謊。」「我沒看出她只是想要我的錢。」「我沒看出上司覺得我對他造成威脅。」「我沒看出公司已經沒有成長的空間了。」「我沒看出她在背後捅我一刀。」因為你沒看出來，所以才發生了這些令人不樂見的事。

有誰能在沒有手電筒的情況下，自在行走於一片黑暗中？有誰能在沒有路燈的陌生街區，舒服地行走？同樣的，當我們冒險進入自己的意識和內在的自我時，會心生抗拒或不情願是自然的，因為我們覺得自己可能會在黑暗中跌倒。如果我們擔心自己不能在光線不佳、陰暗又未知的地方安全行走，那麼我們對於拉高意識的遮光板，去看見自己、探索自己，自然也會覺得反感。我們當然會怕自己走進不夠明亮、能見度不佳的地方。

在你的人生中，曾經幾次走在光線不佳的路上呢？我說的不是真實的道路，而是一段關係、一個職業抉擇或一個重大的決定。這就像是走在一條內在的情緒暗巷，沒有任何寬慰的光線照亮前路。要是沒有光的引領，走在這條心

智的暗路上，將會危機四伏。你曾經多少次因為缺乏足夠的內在之光、內在意識和內在智慧，而失足跌倒？

光越多越好，這樣一來，
我們才不會在成長的道路上摔跤。

開啟靈魂振動的鑰匙

在那個關於高牆的夢境中，聲音引導我要更仔細查看，我因此找到了原本根本不知道它存在的門，還得到了一把能打開門、穿過這道牆的鑰匙。現在，該換我為你們奉上一把振動能量強大的鑰匙了，我把這把鑰匙稱為「靈魂轉化真言」。

真言（mantra）二字來自梵文，是一種神聖的音節或聲音，當它被重複誦念或運用在全然安靜的冥想或靜心中，能為使用者帶來深遠的振動影響。這個字是由字根 man（意思是想、靜心或心智），以及字尾 tra（意思是載具或工具，與方法論有關）所組成的。所以，真言可以被解釋為一種用來思考、沉思或靜心的方法或工具。

補充說明：四十多年前，當我開始做靜心練習時，真言一詞只能從靈性老師的口中聽見，完全不會出現在大眾文化中。現在的我，依然認為真言是無比神聖的，我自己進行的儀式也都包含傳統的真言複誦。現在，當我看見「真言」二字以非常通俗的方式出現在電視廣告、股市討論或幾乎任何地方時，感受非常複雜。但是，我也能理解，真言已經開始具有更普遍、更世俗的意義，多數人都把它理解成一種「格言」，所以，我在這裡也是以這樣的方式來使用真言。

下面就是我們的靈魂轉化真言：

今天，我要去看見能看見的，去感受能感受的，去知曉能知曉的。

　　這句靈魂轉化真言，就像引路的地圖，能讓你運用在日常生活中。它是信條、工具，更是這本書裡提供的所有意識校準練習中最強大的一個。這句真言是一個強有力的通道，一個帶有振動能量的門戶；一旦你穿過它，便會走進真理、真實和自由之地。

　　這是我所有進階班學生都會做的一個核心練習。雖然我用的是練習二字，但並不表示這些文字應該不斷被複誦，就像你在靜心時帶入的真言或意念那樣；你也不需要像使用肯定語那樣大聲去頌揚它。這些絕對不是這些字存在的目的。你可以把它想成是一種帶有承諾或意圖的句子，能讓你在人生旅程中，用它來找到正確的方向。

　　然而，根據我（以及許多學生）的經驗，這些字句不只是文字而已。**它們是帶有振動能量的鑰匙，能讓你更容易拉起遮光板，找到高牆上的門。**

　　讓我們一句一句來探索這句真言的意思：

　　今天，我要去看見：「要」這個字，意味著我已做出承諾，將會睜眼去看。這是為什麼我會用「要」這個字。「要去看」和「我會試著去看」、「我會盡最大所能記得去看」或「我會看看自己是否喜歡去看」是全然不同的。後面這些都是受到條件制約的說法；相反的，「我要去看」不是一種期盼，甚至不是一個意圖，而是無條件要做到的。這些字的振動能量會在你的內在激起某種不同的感受，你感覺到了嗎？大聲說出「我要去看」，然後強調其中的「要」這個字。這是一股能賦予你力量的能量，它可以抓牢你的內在意志和決心，讓它們化為實際的行動。一旦你說出這句話，就是在對自己許下承諾。

　　能看見的意思就如字面所說的，包括任何我需要看見的、我正面臨的、正在發生的，我都會看見；也包括那些我不想看見的、試著引起我注意的、每天時不時冒出來擾動我意識的，希望能被我察覺的所有一切。這就是「能看見」

的意思。它是不帶好惡的中性字眼。

這意味著，我不會根據自己的喜好去選擇要看見什麼。也意味著，我不會只允許自己只看那些讓自己感覺輕鬆自在的那一面，我不再忽視或假裝沒有看見那些讓我感覺不舒服的。**所有的看見，意味著你是用敞開的心態去看，不帶有任何評判、偏見、編輯、抗拒和推遲。不管怎樣，我都會去看。就算它與自我形象不符，就算我自以為是，我都會去看。即便這會讓我感到害怕，我也會去看。**

首先，我要盡所有可能來觀看我自己，去注意我身上發生了什麼事，我做了什麼行為，我做出了什麼決定，我如何行動以及如何反應。

我也要盡所有可能去觀看身邊所有的人——他們能給予我的智慧、他們對我所作所為的反應，以及我能從他們身上學習的所有一切。

去感受能感受的：我要去感受我能感受到一切，不管這所謂的一切指的是什麼。這句話的用語跟我們剛才分析的上一句是一樣的。意思就是不去挑選我要感受的感覺，亦即不只是去感覺那些愉快的、不可怕的、不會不舒服的感受，而是去感受一切。這意味著當你發現有某種感受想被注意到時，不要去壓抑或推開它；不要試著大而化小，不要去躲藏或假裝自己沒有感覺到。它也意味著不要讓情緒在頭腦給出的藉口或理由中淋濕，然後澆熄感覺的火燄。

它意味著，去擁抱自己的所有感受，允許感覺的能量在你身上移動和進出。它也意味著，去邀請你的感受展現在你面前，讓它們幫助你看見更多、了解更多，並在任何需要的時候，幫助你走在正確的道路上。**它還意味著，你需要擁有去感受一切的勇氣；並記得，唯有去感受，你才能獲得療癒，使傷痛蛻變成愛與智慧。**

稍後我會進一步跟你們分享，所謂心的「看見」是哪一種看見。說得更準確一點，就是當我們允許自己隨時都能完全「去看能看見的」，我們就必定會看見自己內心正在發生的事。只要能「看見」內心發生的事件，就會使我們自動調整到「去感受所有一切」的模式。

去知曉能知曉的：這是真言的最後一句，是前面兩句的結果。首先，我需

要看所有能看見的，如此一來，我就能去留意我對它們有什麼感覺。接著，當我有意識地知道自己對所見的一切有什麼感受之後，就會自動來到知曉的狀態。我允許自己的所見和所覺，以一種深刻的方式點石成金，使知曉的狀態自然從中誕生。

「去知曉能知曉的」不是指用頭腦或智性去理解，它和「搞清楚狀況」是不一樣的。

> **當你看得夠多、感受得夠多，**
> **知曉便自然會於你的內在浮現。**
> **靈魂轉化的時刻將會到來，**
> **因為你已經有意願去看見和去感受，**
> **並從你的所見和所覺當中產生智慧。**

然而，許多人反而是根據另一種意義截然不同的真言在生活。我把這樣的真言稱為「抗拒靈魂轉化的真言」：「今天，我要完全忽視任何讓我不開心或不舒服的事物，對那些讓我心煩或不安的感受關上心門，並且用盡全力假裝不知道自己或周圍發生了什麼事。」

這聽起來是不是很熟悉？或許這就是你過去習慣的思維，或者是你現在正想用來過日子的方式；也或許這是你認識的某個人的生活方式。一個讓人沮喪卻千真萬確的事實是，確實有千千萬萬的人，每天都用這樣的方式過日子：我不要去看，不，我也不要去處理；噢不，我才不要去感覺這個，哇，天哪，我絕對不要去那裡……。

下面這段話相當重要，值得我們深思：

> **當你抱持著不想看見、不想感受和不想知道的意圖，**
> **你的心智、你的意志和你的選擇，**
> **就會建構出一個與此意圖相符的生活，**

也就是一個沒有覺知、跟著下意識走的生活。

當你不想去看，你就必須創造出這樣的習慣和活動模式，讓自己不去看、不去感受、不去知道。所以你就有可能吃太多、喝太多、睡太多、買太多、參加太多派對、被太多事情分心、太常扮演拯救者的角色、做太多運動、太常爭辯，或是把事情戲劇化得太嚴重。當生活被這一切塞滿，誰還有時間去看見、去感受？

我並不是在評判這些行為。我只是想指出一點：如果這些行為一直餵養著你那不願意去看去感受去知曉的意圖，一心只想過著無意識的生活，那麼這些行為對你來說，只會像成癮一樣越來越不可少，終至無法擺脫。

或許有時候，你會發覺自己會吸引一些能配合你不去看、不去感受和不去知曉的人。畢竟，如果你不願去看、去感受、去知曉，那麼你就不會和想要做到這些的人在一起，不是嗎？就連我們選擇的工作環境、選擇花時間相處的朋友，或是選擇投入的活動與嗜好，都能反映出我們願不願意去看見、去感受與去知曉的意圖。

重新校準生命之光的真言

靈魂轉化真言簡單到看起來像個玩笑，但我可以向你保證，它絕對是一個強而有力的轉變通道。**當你用語言承諾自己願意去看見、去感受、去知曉時，在那個瞬間，你的意識遮光板就會被拉高，你的心會敞開，並以深刻而必要的方式重新校準你。**

我想邀請你，以這條靈魂轉化真言（Soul Shifts Mantra，我的學生把它簡稱為 SSM），當作你的第一個靈魂轉化練習。以下是我的一些練習建議：

• **每天早上，在你開始新的一天之前，先花點時間讀一讀這條靈魂轉化真**

言；可以的話，大聲念出來。先做幾次深呼吸，然後再用緩慢的語速、有覺知地誦讀這句話，同時深刻地去思考每個字的意思和意圖。如果你願意的話，還可以重複幾次。光是誦讀三次，就能積累強大的能量。

請記得——這些字本身沒有魔法。如果只是口到心不到地隨便念過去，不帶有任何覺知，是不會有效果的。這不是所謂的肯定語，而是用語言表達的振動通道，能讓你和自己的高我重新進行校準。

• **把這一條靈魂轉化真言寫下來，放在你隨時能看見的地方，讓它時時存在你的意識中**，例如貼在電腦螢幕上、工作桌上、冰箱上或車子裡。我在這本書的最後，附上了寫上這條真言的一個圖樣，你可以影印下來，放在任何你想放的地方。

• **每當你感覺壓力大、困惑、惱怒或膽怯時，都可以隨時讓這一條靈魂轉化真言，幫你更清晰地去看見、去感覺、去知曉目前真實發生的一切。**你可以採用我先前的建議，在每天早上誦讀，但把真言裡的「今天」這個字改成「現在」。這將會幫助你把自己的意識能量拉回到當下，讓你平穩下來：

<blockquote>

現在，我要去看見能看見的，
去感受能感受的，
去知曉能知曉的。

</blockquote>

我的學生曾跟我分享他們開車前往重要會議的路上、在第一次約會的餐廳洗手間裡，或在醫院急救室的家屬等候區裡，以及各式各樣你能想到的所有情境中，使用這一條真言的親身經歷。我也聽過某些伴侶，在彼此就快惡言相向時，停下來牽起對方的手，一起誦念這一條真言。當你發現，這幾句話能在相當短的時間內就讓你抽離激動的情緒漩渦或自己想像的劇情，為當下的情境帶來一絲光線和啟發時，你一定會感到不可思議。

• **孩子們都非常喜愛這一條靈魂轉化真言。**我的許多學生會把這句話分享

給自己的家人，並且讓它成為自己和孩子日常儀式的一部分。他們會教孩子認識這些字，然後和他們一起念出這幾句話；然後，他們會和孩子一起坐下來，每個人輪流分享自己看見了什麼、感受到了什麼、知曉了什麼。讓孩子開始理解什麼是能看見的、能感受的，並發現這是一件多麼美好的事！

　　•**運用這一條靈魂轉化真言，讓它幫你敞開自己去迎接高能量的正向經驗。**當我們和大量強烈的正能量互動時，有時要保持在敞開和當下的狀態並不容易。我們有可能會經歷情緒上的「短路」，在感受到太多的親密、興奮或甚至是幸福感時，反而會緊閉心門。學生常常在給我的短箋上寫到，他們會用這一條靈魂轉化真言讓自己的情緒平穩下來，尤其是迎接重大事件的前夕，例如一個特別的假期、一場家庭聚會、婚禮，或甚至是孩子出生的日子！

　　如果這本書裡沒有其他東西讓你覺得受用，就讓這條靈魂轉化真言跟你走吧！它會把你帶回家，回到你內在的那個家。

勇敢的人才會醒來，
成為一個先見者，而非只做一個追尋者，
這是內心軟弱的人無法做到的。
這是高瞻遠矚的人、清醒覺知的人、靈魂轉化的人，
那些在宇宙進階隊伍中最勇敢的成員要做的事；
也是你要做的事。

　　當一個先見者不是一件輕鬆的事，尤其是當我們必須面對自己身上不滿意的部分，或卡在某個情境中或面臨某些必須學習的課題時，盡其所能地去看見是格外不舒服的。但是，為了能夠真正地轉化、轉變和覺醒，我們就必須看見。就像我的靈魂轉化夢境一樣，一旦我們睜開眼願意去看，就會找到通往自

由的鑰匙。

　　能夠這麼做，是我們的福氣。現在有你在閱讀這些文字，也是我的福氣。能夠醒來，是我們的福氣。

從虛幻到真實，從黑暗到光明

「請引領我，從虛幻來到真實；請引領我，從黑暗來到光明；請引領我，從死亡來到不朽。」

──《廣林奧義書》（*Brihadaranyaka Upanishad*）

　　一九六八年，十七歲的我偶然從《廣林奧義書》上看到這段文字。《奧義書》是一系列吠陀時期的典籍，在西元前九世紀到三世紀之間出現在我們現在稱為印度的那片土地上。吠陀（Veda）一詞在梵文中的意思是「知識」，而吠陀文獻也被認為是史上最古老的靈性典籍。直到將近西元一千年之前，這些典籍都是透過口傳方式代代傳承，人們認為其中揭示了實相的本質及人類存在的真相。吠陀文獻是由印度神話與宗教體系中的一類稱為「仙人」（Rishi）的智者所撰寫及釋義的，這些人都是受到神靈啟蒙的先知或詩人，他們的所知直接來自宇宙本源或靈魂層級。

　　當我第一次讀到這段文字時，只是一個高中生。我對東方的思維或哲學思想一無所知，也完全沒有接觸過。那時我還沒遇見我的靈性導師，也不知道什麼是所謂的靈性道路。然而，在我讀到這段文字時，馬上就能感受到字句中所蘊藏的力量，它們就像和我內心深處早已遺忘的某些東西產生神祕的共鳴。

　　現在，就讓我們仔細來看看這段文字裡的每句話：

　　請引領我，從虛幻來到真實：在你對自己和這個世界的認知裡，有什麼是虛幻不實或不正確的？哪些老舊的心智模式仍在你的內在運作著，讓你無法清楚看見？你的意識遮光板在哪些地方是被拉下來的？你身上還背負著哪些老舊

的情緒包袱？從哪些地方可以看出，你仍然不清楚自己有多麼美好，多麼值得被愛？這些東西就是所謂的虛幻。

　　請引領我，從虛幻來到真實，來到我的智慧、我的完整、我的原真，我內在那個獨特又精妙、尚未被抹去光芒的部分。

　　請引領我，從黑暗來到光明：吠陀文獻裡提到的黑暗和光明，事實上是無知與真知的意思。無知來自無意識的行為，那些無知無覺的習慣會使我們遠離天生本然的愛和擴展，使我們陷入自我受限和遺忘的黑暗之谷。就像黑暗會遮蓋光芒，無知與無意識也會遮蓋真正的智慧和理解。

　　我們想驅走黑暗時，會把光點亮；所以想驅走無知時，就把真理帶進來。那不是從書上看來的真理，也不是單純以心智思考得來的真理；而是透過「看見」所自然浮現的一種知曉。

　　請引領我，從黑暗來到光明。願我能看見所有需要被看見的，使我能活在真理中，繼而活成真理。

　　請引領我，從死亡來到不朽：這裡說的不朽，不是宗教意義上的永生。這裡說的死亡，是遺忘、盲目，是理解的消亡，這讓我們誤以為自己很渺小、受到限制，並且和偉大的意識失去連結。

　　從這樣的死亡狀態，引領我憶起我真正的樣貌，也就是我的自由。願我能完全且永遠從遺忘的長眠中甦醒過來。

　　這就是我們在這趟靈魂轉化之旅中要做的事：從虛幻來到真實，從黑暗走到光明。

　　首先，問問自己：「我看待這個世界的方式，以及我看待自己和周圍人們的觀點中，有什麼是虛假不實的、不必要的、負面的、不準確和不正確的？這些不實的認知是從哪裡來的？我要如何從我內在找到道路，帶領我從已認知到是虛幻之處回到真實，回到高我和最真實的我？」

　　接著，請再問問自己：「我處在哪個黑暗中？我正經歷什麼樣的苦痛，或因為哪些黑暗，而過著不夠擴展、不夠圓滿的生活？哪裡曾經有光照亮，而我

卻背過身不去看它想告訴我的？我要怎麼做，才能帶入更多的光，讓我更清楚
看見周圍的一切？」

　　最後，再問問自己：「哪些部分的我一直都藏匿著或休眠著，就像死去一
樣；我要如何才能站起來活得更自由？」

　　這就是做一個先見者真正的意思！

當我們選擇看見更多，
就會更清醒。
當我們更清醒，
就能發現更多真理。
當我們發現更多真理，
就更能憶起自己真實的樣貌。
當我們憶起更多真實的自己，
就更接近真正的自由。

當你感到困惑時，願你能找到鑰匙；當你面對高牆時，願你尋得門徑；
當你身處黑暗時，願你覓得光明。

第3章

從遺忘到憶起：
承載宇宙智慧的人形容器

「宇宙在我們之內。我們都是星塵構成的。我們是宇宙了解它自身的一種方式。」
——卡爾・薩根（Carl Sagan），美國天文學家

　　假如有人告訴你，有個價值難以估量的寶藏，正藏在世界的某個角落，就在一個不知名深山的一個平凡無奇的山洞裡。這個人說，世界上除了你以外，沒有任何人知道這件事；要是你能想辦法找出這個地點，寶藏就歸你所有。聽到這樣的話，你會有什麼感覺？挫折？困惑？焦慮？這個洞穴究竟在哪裡？在哪個國家？我要怎麼找到它？我想得到寶藏，但根本不知道從哪裡開始著手。

　　現在，想像有另一個人來到你面前，給了你一個截然不同的說法。這個人說，有個木箱放了價值連城的金銀財寶，就埋在你家地底下。你不用去別的地方就能找到它，也不需絞盡腦汁去蒐集關於寶藏所在地的線索；你只需要動手去挖掘，就能得到這筆財富。

　　第二個故事是真的。既然如此，那些價值連城的寶藏究竟是什麼？答案是：**你那些偉大的記憶。**假如現在你想記起來，那麼被你遺忘的會是什麼呢？**你忘記的是一個真相，關於你究竟是誰的真相：你是承載著神聖宇宙智慧的一個人形容器。**

　　真相是，你的身體不等於你，你的個性、技能或天賦也不能代表你。就連你人生中所發生的事件、你的所知，和你達到的一切成就，也都不能代表真正的你。你腦袋裡的念頭、你心中的感受，也不是真正的你。真正的你，超越了以上所有一切。

> **你以為的自己，**
> **只是小我的偽裝，一身特殊的裝扮。**
> **其實真正的內裡是**
> **裝著終極意識的一個獨特容器。**

那個偽裝的小我說：「這是我的名字，我住在這裡；我看起來是這樣那樣，我會做這些事。」然而，在這一身人類的裝束底下，還有某種意想不到的東西，那就是你的核心：意識、光、神聖能量、靈或神——或任何一個能讓你產生共鳴的稱謂。你以為的自己，無論哪個部分都源自這個核心，並以此為中心向外振動發散。

如果你願意的話，現在就能讓這些字句和它所傳遞的能量進入你。當你對自己承認，你始終都知道這件事，便能讓它觸碰到你的靈魂深處。一直以來，你都在尋找這個偉大的記憶。

你無所欠缺，也從未錯過

「當人們想起自己所遺忘的，便是充滿恩典的一刻。」

——芭芭拉·安吉麗思

在我還是個年輕女孩時，曾經有過一種難以名狀的感覺，覺得自己的人生似乎有哪裡不對勁，這樣的感覺持續了好多年。似乎有一件重要的事被我遺忘了，我應該要想起來的；還有些我必須看到的，卻被我忽視了。我覺得彷彿錯失了什麼，或許其他人懂得某些我不懂的事，或者他們擁有我沒有的東西。要是我能想起來自己究竟少了什麼，或者去找到它，我真的真的會很開心。

或許在你的人生中也曾有過這種悵然若失的經驗：**覺得自己應該要記起什麼或是做些什麼；或者覺得有些事不對勁，但你不確定究竟是什麼。你想回**

「家」，但你不知道那個家在哪裡。

等到我正式走上覺醒之路後，才明白自己一直以來的那些惶惶然的感受，就是所謂的**靈性鄉愁**（spiritual homesickness）。某部分的我，知道自己遺忘了生命的奧祕，以及關於自己是誰的真相。這就是我錯失掉的那些東西。我和完整的自己失去了連結，於是努力要找到回歸的路。

我內心的那些期盼，是一種靈性的期盼，而不是情緒上的期盼。那些終極的真理不知為何被隱藏起來了，而我知道自己必須找到它。我的鄉愁之地不在外在世界的任何地方；它不在「彼處」，它就在「這裡」。

回過頭來接著說寶藏的故事：某部分的你，一直覺得它就在「這裡」；某部分的你，一直覺得有什麼東西被你遺忘了。世界各地的古老智慧都在告訴我們，這種和高我的斷裂、和你真正的家（也就是意識）的分離，以及宇宙層次的遺忘，就是讓你受苦的主要原因。你心裡很清楚這些話是千真萬確的。

你的內在沒有任何欠缺。
我們之所以受苦，不是因為缺少什麼，
或是我們無法成為誰，
而是因為我們忘記了自己擁有過什麼，
也忘了自己真正的樣貌。

我經常說：「所有的無知都只是一種失憶。」我忘記自己是神聖且了不起的；我忘記怎麼去愛；我忘記自己有某些重要的東西，可以分享給這個世界；我也忘記內在有取之不竭的智慧。然而，一旦你憶起，那將是全世界最棒的一種感受，**就像是你回到了家，因為你真的回家了。**

靈魂轉化
轉化：從「尋找」到「憶起」

我們先是因為醒悟，開始了這趟靈魂轉化的旅程。接著我們明白了，自己需要從追尋者轉為先見者，於是我們學會去看見能看見的一切。現在，為了繼續這趟旅程，我們首先必須看見的是什麼呢？答案是：

所有我們需要取得的，都沒有丟失過。
我們所需要的，就只是把被遺忘的記起來。

覺醒之路不是去追尋我們沒有的東西，而是要記起來我們一直以來已經擁有的。這樣的領悟，成了我靈性旅程的基礎，以及我服務他人的決心、寫這本書的緣由。

所有的轉變都不是一次次的向外尋找，而是回到你本來如是的樣貌，是去發掘出原本就存在於你內在的那個原封不動的你；也是去記起你真正的樣子，屬於合一（Great Oneness）的那個部分。

這個在理解層次的靈魂轉化，將從根本上顛覆我們成長過程的動力。一旦我們相信自己必須找到某種自己沒有或欠缺的東西，我們的生命就是根據一種「有所不足」的假設在運作。如果以上的假設為真，我們真的缺少了什麼，就會出現找不到的可能性。於是，恐懼和匱乏感就會一路伴隨著我們。

當你完成「從尋找到憶起」的靈魂轉化過程，就會開始理解並體驗到，你不是在尋找一個未知的目的地，而是要回到那個完整的你，也就是你的家。它本來就存在於你的內在，而且完好無損！你的神性不可能有絲毫缺失。

所有的覺醒都是記憶的恢復。

你不是要變成某種你不具有的樣貌；

你不是要尋找某些你未曾擁有的東西。

你是在重新發現那個真正的、完整的你；

你是在重新找回自己遺忘和遺失的東西，

並且想起來，這些一直都在你身上。

　　你是否看過那些幫人把錢找回來的廣告？這些廣告主打的概念，就是我們每個人都可能會有一兩個被忘記的銀行帳戶，或是從未兌現的投資項目，或是忘記領取的退款。廣告裡總會有個人興高采烈地說：「某某公司幫我找回了四萬塊，我根本不知道自己有這些錢！」

　　或許你會想：「怎麼可能，誰會忘記自己還有錢沒拿？誰會把價值不菲的東西忘得一乾二淨？」答案是：當然有，就是你！你的內在就有一個巨大的寶藏，等待你來領取。**所以，我們可以從這樣的角度來看待個人的轉變旅程：你正在憶起，並重新找回自己忘了放在何處的宇宙資產；同時，你也正在和丟失的宇宙銀行帳戶重新找回聯繫。**

大回歸，回到意識的原鄉

　　在我剛踏上靈性旅程時，最早聽過的一場演講就叫做「大回歸之路」（The Path of the Great Return）。年紀輕輕的我完全不知道那是什麼意思，只覺得這個名字聽起來很奇特，讓人覺得莫名興奮！而它確實如此。

　　東方的靈性傳統常用「大回歸之路」來稱呼我們的靈性旅程。你現在能理解什麼是大回歸了嗎？那就是回到你的宇宙中心，回到真正完整的你，而目的地一點也不遠，就是你的真正本質。這是一趟回家的路。

　　大多數的人都曾嘗過這樣的滋味。或許你正坐著禱告或靜心，或是安靜地散著步；或許你正躺在愛人身邊，或是懷裡抱著你的心肝寶貝；或許你正聽著

教堂的詩歌，或帶著寵物在外蹓躂，或望著大自然壯麗的美景——然後，突然間，你感覺自己從原本的狀態中擴展開來，就像是消融成某種更宏大更細緻的東西。在完全沒有起心動念的情況下，一波波寧靜的、飽含愛意的、通曉一切的感受沖刷過你的全身。事實上，你腦袋裡根本沒有想任何事，你只是單純的存在著。

> **神聖時刻降臨，通常是因為在某個神奇的瞬間，**
> **你「忘其所忘」，於是你記起來了。**
> **你超越了作為一個意識容器的限制，**
> **並化為意識本身。**

我想起第一次體驗到這種擴展成為意識本身的憶起時刻。那時我十八歲，剛練習靜心不久。我閉著眼睛靜坐，我清楚地記得當時的想法：這太瘋狂了，我覺得好幸福。怪的是，我又覺得這很正常。事實上，我的感覺似乎從來沒有這麼正常過。

我第一次感覺到，我的人生什麼都不缺；當時的我有片刻時間超越了自身限制所造成的失憶，溜進了深層的記憶中。我終於窺見自己靈魂的真相，我那歡欣鼓舞的心因為如釋重負而鬆了一口氣，似乎悄悄地說：「找到你了。」

在那個當下，我的自我認知從一個叫做「芭芭拉」的意識容器，轉換成被裝載在容器內的意識本身。事實上，並沒有任何事情發生變化，只不過是我的自我認知轉化了而已。

> **所有的靈性轉變和覺醒，**
> **都不過是自我認知的轉化——**
> **那不是智性上的轉化，而是振動上的轉化。**

我之所以有這個第一次與高我連結的經驗，並不是因為我的想法轉變了，

也不是因為我告訴自己：「我是神聖的。」它不是頓悟、也不是心境，而是一種跟振動有關的真實體驗。它是真真切切的經驗，我正在和完整的我共振，而不是和自我受限產生共振。

所有真正的轉變不過就是這麼回事，全都是一種自我認知的轉化，從你是誰轉變成完整的自己，從遺忘轉變成記憶復甦。這就是為什麼我會稱它為大回歸，也是為什麼我會說，成長之路上更多的是回復（undoing），而不是去做（doing）。我們學會了如何從遺忘中回復，如何從麻木的無意識狀態中回復，以及如何從無法體驗真實本性的習慣性緊縮中回復。一旦你化解那些把完整的你層層掩蓋住的阻礙，就能揭開一直以來深藏在底下如金子般的意識。

後面我們會更深入討論如何轉化你的自我認知，這是非常重要的一個靈魂轉化的概念。如果你總覺得有哪裡不對勁，又找不出緣由時，這就是答案。我總會跟學生說：

所有的苦痛，都是來自錯誤的自我認知！

掀開遮蓋，綻放你的光

不久前，我想幫家裡的木製品重新上漆，決定把它們漆成無比美麗的亮金色。在我出差期間，我雇了個人幫忙監工。我離家之前，特別試漆了一小塊地方，確保顏色和我所想的一致。那是一種帶有獨特金屬光澤的金色油漆，刷起來的效果美極了。接著，我就離家去主持了一個工作坊。在外期間，我開心地收到了粉刷已完工的訊息，一回家就能看見成果。回到家那天，時間已經非常晚了，疲憊的我仍然滿心期待地要看看粉刷的成果。

我一走進大門，就發現了不對勁。木製品上那種又鈍又濁的金色單調又沉悶，一點也沒有試漆時亮閃閃的光芒。我心想，難道是我太累了，所以沒辦法正確判斷？不然就等明天早上睡醒後，再仔細瞧瞧好了。然而，隔天一早當我

在日光下看到成品時，還是同前一晚所看到的一樣，呆板又無趣。

我打電話給監工，跟他說明情況。「這個塗料不對，」我說：「一點光澤也沒有，看起來很黯淡。」

「不可能，」他說：「他們上第一道與第二道油漆時，我都在現場。看起來就跟我們那天試漆時一模一樣。」

「那麼第三道呢？」我問：「你有親自看著他們上第三道油漆嗎？」

「沒有，」他向我坦承：「不過他們使用的是同一種塗料，所以我實在想不通為什麼會出問題。等我過去看看。」他一來到我家，馬上就了解我所說的情況了。「妳說得沒錯，」他說：「這個顏色確實死氣沉沉。我能想到唯一可能出錯的原因，就是最後那罐塗料變質了。」

「我倒是認為工人在上第三道油漆時，一定做了什麼不一樣的事。」我堅持：「我對這種事情有感應，我的直覺通常不會錯。」

「我相信妳，」他說：「但我實在想不通。我還打電話跟工人確認過，他們堅持自己真的上了三道漆。」

我突然冒出個想法：「工人會不會是又買了一批新的塗料？」

「沒錯，工頭告訴過我，要再多買幾罐塗料才夠用。」接著，他從車庫拿來幾罐塗料。「妳看，」他說：「沒錯吧！這和前兩道漆使用的塗料是一樣的，顏色也一樣。」

「我看看。」我從他手上接過罐子，仔細讀了上面的標籤。標籤上寫的是「金屬漆──香檳色」，這部分是對的；但是下面卻寫著「霧光漆」，而不是「亮光漆」。

「凱文，你看到了嗎？我就知道我不是憑空想像。他們買的是霧光漆，應該要使用亮光漆才對。難怪這個金色看起來這麼沉悶。」

最後，凱文把工人叫來，對方坦承當時是叫弟弟帶著空罐子去店裡買一模一樣的。顯然，弟弟當時隨便拿了一罐差不多的油漆，沒有仔細閱讀標籤。工人不察，直接就用這罐霧光漆刷了最後一道，把原本閃閃發光的金色漆都覆蓋住了。

我解開了顏色之謎，而工人當然是用正確的亮光漆重新刷過一遍。完工那天，我站在一旁欣賞著木製品閃爍著金光的美麗光芒，突然明白，眼前這一幕又是一次偉大智慧的揭露。

我們都來自閃閃發光的同一個源頭，我們是光，熠熠生輝，本該綻放自己的光芒。然而，我們漸漸發現，自己真正的光芒被沉悶的東西掩蓋住了。光芒仍在那裡，但我們看不見，其他人也看不見。有時候，要是我們努力往下挖掘，會有一點點光透了出來，在那一刻，我們可以窺見自己真實的樣貌。然而，一旦我們再度看向自己身上披著霧光的部分，就會又回到遺忘的狀態。

你一無所缺。

本屬於你的光芒只是被遮蓋住了，

它仍在那裡。

我對於宇宙幫手安排的這樁「誤漆事件」非常感謝，實際上這是一份帶來智慧的大禮。每天，當我看著這些泛著金光的木製品，都覺得自己真有福氣，能走在讓靈魂發出光芒的這條道路上，還有幸教導許許多多的人也去揭開他們自己的光。

轉變是你要去親身經歷的事

「追尋智慧是一大挑戰，實踐智慧是更大的挑戰。」

——柏忠言（Jagad Guru Siddhaswarupananda），美籍靈性導師

我們要如何從霧光轉為亮光？要如何從遺忘狀態，回到記起來？要如何轉化自我認知？要如何讓自己重新回到完整狀態？答案就在下一個靈魂轉化當中，這也是本書接下來最重要的一個基礎。

靈魂轉化
轉化：從「想要轉變」到「活出轉變」

　　轉變是一種需要親身去經歷的事件——事實上，那會是一長串的系列事件。轉變不是用新的方式去看待生命，也不是蒐集到新資訊；轉變不是企圖採用某種更開明的方式來行動或生活，例如你決定改變飲食習慣或決定從現在起對別人友善點。上述這些意圖和選擇都沒有問題，只不過，都跟轉變無關。

真正的轉變不是某種你明白的道理，而是你實際去做的事。

真正的轉變不是感覺自己好轉了，而是你已經處在一種更好的狀態。

真正的轉變，是意識在振動層次上出現了實際的改變。

　　這是非常基本的道理，但如果想要改變自己，就必須在生活中實際做出改變。到了某一刻，你會突然冒出「必須實際做出改變」的念頭。但是，你不能只是嘴上說說或在心裡期盼，你必須身體力行。

　　憶起也是一種需要實際去經歷的事件。這不是一種理性的概念，也不是一種態度上的轉變。「我真慶幸知道自己的內在核心是神聖且閃閃發光的，所以我搞定了！我開悟了！這一點都不難。」聽起來是不是很令人心動，只不過你還差了一小步：你的光芒仍然被霧光漆掩蓋著。

　　真正的轉變和確實的憶起，都必須要在振動層次上產生改變才行。當你從自己的內在核心做出這些轉化，你將會以一種截然不同的方式經驗到你自己，也會以完全不同的方式體驗身邊周圍的一切。你根本不需要去想，就會把轉變融入生活。

轉變和實際去做出改變，

看起來是截然不同的兩件事。
真正的憶起之旅必定是從真誠的探索開始，
從各方面去發覺我們的遺忘，
是以何種方式，潛藏在生活的各個面向。

好消息是，你已經開始進行這個真誠的深度探索，因為你正在閱讀這本書。隨著我們進入接下來的篇章，你將繼續學到如何在振動層次上做出意義重大且效果持久的靈魂轉化。

從靈性購物到真正的轉變

我熱愛逛街。一有時間就喜歡上街購物，這是我在忙碌緊湊的行程中，最喜歡的放鬆方式之一。我喜歡尋找正在打折和特別的商品，也喜歡為身邊的人預先買好適合的禮物，等對方生日或在某個特別的時刻送出去。我喜歡看見琳瑯滿目的創意、色彩和巧思，呈現在各種設計、物件、藝術品中。

然而，靈性購物（spiritual shopping）卻是另一回事，這是我經常會看到的現象。有一種靈性的樣子叫做「初學者的靈性」，這是那些經常以自我成長之名的人在做的事：「喔，沒錯，我已踏上靈性修行的道路。我讀了好幾本書，也買了一些水晶，有時候還會在車子裡聽誦經的 CD。我曾經上過一堂三小時的靈氣課。去年生日時，我還排了自己的星盤。我平常都會好好做資源回收。我就是個靈性修行者！」

我得老實說，以上這些事情一點問題都沒有，其中有好幾項我自己也非常喜歡。**但是，它們都不是轉變，單純只是活動和物品。**你可以把它們想成是「靈性開胃菜」，扮演的正是推動我們走上靈性道路的激勵角色。問題在於，許多人就停在這裡，不繼續享用主菜：他們不做靈性功課，不在生活的各個面向實際去做改變，不根據自己的最高意識來生活。

還有一些靈性購物者會逐漸變成「靈性收藏家」，他們蒐集各種靈性資訊，錯誤地說服自己相信，蒐集就是轉變。這些年來，我遇過許多靈性收藏家。他們到處參加訓練課程或工作坊，書架上有滿滿的筆記本，寫著各式各樣沒有被消化、整合和身體力行的資訊。跟你說話時，他們的言談之間塞滿了各種靈性的陳腔濫調和名言佳句，好像只要把這些話說出來，就跟真的發生過一樣。這就像是有人拿著旅遊手冊，告訴你這個地方有多好玩多漂亮，但事實上他根本沒去過。

說正面的話，不等於用正面的方式振動。
只是口頭上說說，不等於真正去做。
你值得讓自己成為更擴展的存在，
以一種成熟且踏實的靈性素養來生活。
想要做到，就必須從內到外完全轉化。
這不是一件輕鬆的事。

我們每個人，都是從靈性幼幼班開始學起的。然而，我們必須知道，持久的靈性與情緒轉變，必須等你上到靈性研究所才能辦到。這是我畢生的目標，而且是相當繁重的工作，絕對不是一連串好玩的活動，也無法用「靈性功課簡易版」取而代之。這需要你從根本上進行靈魂轉化，其中，「轉化」是關鍵。

真正的靈性轉變不是一種活動或態度。
不只是做一堆練習或提升我們的思維意念，
也不只是提醒自己時時把某些價值觀銘記在心。
真正的靈性轉變，是一種踏實的、整合過的意識振動狀態。

規律的靈修練習、激發靈感的工具，以及有意識地保有某種態度都很重要。這些東西已經融入我的生活超過四十五年了。但是，光有這些還不夠，我

們還需要做出選擇，讓轉化不只發生在行為層次，也發生在意識層次。

　　真正的靈性轉變，不是一件你必須隨時提醒自己去做的事。絕對不是「我知道自己很愛批判，不給人留情面，所以我要試著用更友善的態度對待他人」；也不會是「我知道自己掌控欲很強，所以我現在要練習在每次跟別人說話時從一數到十，先等別人開口」。這些當然是好的開始，但要達到真正的轉變和持久的靈魂轉化，你還需要做更多：你需要去療癒讓你非掌控不可的源頭，無論那是什麼；你需要去療癒讓你非批判不可、讓你感到不安全的真正原因，或是任何需要被轉化的問題。換句話說，你必須從內到外真正轉變。

　　讀到這裡時，你心裡可能會想：「靈性購物者講的好像就是我呢！那我現在要怎麼辦？」首先，請先恭喜你自己已經開始了這趟旅程，因為有許多人終其一生也不會走上這條路。接下來，再恭喜自己已經從追尋者轉變為先見者了。然後，帶著你的興奮感和熱情繼續往下讀，你就會知道要怎樣做到真正的靈魂轉化。

「每個人都想轉變，但沒有人願意改變。」

　　　　　　　　　　──弗瑞德芮卡・馬修斯葛林（Frederica Mathewes-Green）

　　到了某個時間點，我們勢必得粗暴地坦誠面對自己：我們真的轉變了嗎？或只是講得好像真的轉變了一樣？我們的模式真的改變了嗎？還是反而習慣成自然了？我們是真的搬了新家，或只是把家具重新換個位置而已？

　　蒐集真相和啟示再加以重新整理，不等於轉變。有時，那只是小我巧妙地在遮掩你的痛苦和問題。記住：你需要的不是感覺自己好轉了，而是要真正處在一種更好的狀態。把家具重新換個位置沒有任何不妥，但這和搬新家是不同的兩回事。

　　你已經從自己的研究以及許多優秀的老師身上學到了許多工具，我希望你在接下來的篇章中還能得到更多。請用這些資訊來搭建一座通往自由的橋梁，而不要只是驕傲地看著它們說：「你看，我手上蒐集了多少工具。」這是收藏家會說的話，不是真正要轉變的人會說的話。

　　這意味著，請把所有你在筆記本上、日記本上寫的東西拿出來，實際運用在生活當中。這也意味著把你腦袋裡的知識，轉移到全身每個細胞裡；把這些知識從理解層次，轉移到你的生活層次、行為層次和意識層次。換句話說，你要開始從購物者、收藏家，變成一個真正轉變的人。

　　當你學會如何從內到外轉換自己的振動方式，成果將會是真實且持久的。這勢必會影響到你的生活、你的選擇、你的人際關係，以及和你有關的每件事。當你真正轉變了，身邊所有一切也都會跟著轉變。

靈性烘焙，烤個意識蛋糕

「想法唯有被真的用在生活中，才有價值可言。」

——赫曼・赫塞（Hermann Hesse），德國詩人

　　想像你要烤一個非常出色的蛋糕，於是你打算出門找來全世界最好的材料，就算跑遍天涯海角，也在所不惜。

　　首先，你來到一間修道院，買下了無比昂貴的有機麵粉。這些麵粉由修道院的修士親手碾製，還全程唱誦經文。接著你飛到夏威夷，爬上高山，只為找到僅產於某座神聖瀑布、獨一無二的糖。

　　然後，你又跑到南美洲尋找一種罕見的巧克力，這種巧克力只產在當地雨林，而且只能從某個住在叢林深處小屋裡的老人手上買到。回家的路上，你在北加州的某個地方停了下來，那裡的母雞定期接受針灸療法，還有志願者每天誦念各種古典經文，以確保生下的雞蛋帶著神聖、祝福的能量。

最後，你終於帶著這些來自世界各地的神奇材料回到了家。你把它們一字排開擺放在廚房裡，決定邀請幾個朋友過來一同見證。「親愛的各位，」你說：「我為了做這個了不起的蛋糕給你們吃，跑遍了世界各地。看到這個巧克力了嗎？我還記得和那個老爺爺一起坐在他的小屋子裡。你看，這是我們跟巧克力的合照。我想，當時他可能也順便幫我做了一個靈療。

「還有這個糖，找這個糖的過程真的很神奇。我在瀑布待了一整天，那天超級熱，我泡在一個聖池裡游泳，才稍微感覺到涼快點。還有這些雞蛋——你能想像這些雞蛋全都聽過一整部的《薄伽梵歌》（*Bhagavad Gita*）和聖經嗎？在我們等母雞下蛋的時候，有個超有趣的男人還幫我看了前世。」

你興高采烈地跟每個人分享這些材料的故事，過程有多麼刺激，這些材料有多麼特別。**唯一的問題是：那蛋糕呢？**

材料並不等於蛋糕。

你把所有材料都備齊了，但還是沒看到蛋糕。蛋糕需要你親自去烤出來。千辛萬苦蒐集到材料並不等於會有蛋糕；踏上興奮的尋找之旅也不等於會有蛋糕。把材料一字排開放在流理台上，再加上一張成品圖，並不等於會有蛋糕；誇下海口說它會有多好吃，也不等於蛋糕會出現。**蛋糕遠遠不只是這些材料而已；蛋糕是烘烤這些材料所得到的成果。你需要去烤，才會有蛋糕。**

我在幾年前想出了這個譬喻，從此就經常跟別人分享。因為，這個故事說明了：**轉變是需要實際去做的事，不是只在智性層次理解就行。**我們許多人都為轉變蒐集了自己認為所需要的材料，包括教導、智慧、啟發、工具和技巧，但很多人卻沒有實際去烘烤，真正去從振動層次進行轉變，把那個蛋糕——也就是轉變後的自我——給真的烤出來。

那麼，烘烤需要什麼條件呢？答案是：熱度。以這個例子來說，就是一種內在的靈性熱忱，它將點亮並消融我們內在的情緒碎片，然後把所有經過頓悟的材料融鑄成一種新的、永久的存在形式。我在接下來的篇章，將會向你解釋

如何創造這樣的熱度出來，並把第一次烘焙就上手的指南提供給你，讓你像成千上萬的人一樣，烤出屬於自己的美味「意識蛋糕」。

　　我們所有人都在烤蛋糕，包括你。或許你還在剛開始的階段，也或許你已經烤了很長一段時間，因此可以聞到成品的芳香氣味逐漸飄散出來。或許你已經烤了許多年，已經製作出許多美妙的蛋糕層，但你還繼續在烤，因為你想做的是一個千層蛋糕。或許你漸漸失去耐心，開始質疑自己的烘烤步驟是否出錯：為什麼要烤這麼久呢？我有用對材料嗎？為什麼會如此困難？

　　我們都站在同一個靈魂轉化的廚房裡。爐子燙嗎？當然。畢竟，那可是「轉變之爐」呢！但從爐子深處，將誕生出最美味的開悟蛋糕。

別把你的意識蛋糕從爐子裡拿出來。
持續烘烤它。
烘烤能將智慧封進靈魂之中，
一旦它深入靈魂，就再也拿不走了。

　　當你烤完這個蛋糕，一個神祕且奇蹟般的變化將會發生：你一開始所用的一切材料都會消失，最後留下來的就是完整。蛋糕烤好後，你還能找到蛋在哪裡嗎？你還能找到糖、找到麵粉在哪裡嗎？當然不能。為什麼？因為這些材料已經變化成新的形式，並且比原本的樣貌更加令人驚奇。

　　這就是靈性烘焙所做的事。它把智慧封進你的內在，把愛封進你的內在，把這趟旅程所需要的一切都封進你的內在。因此，不管發生什麼事，你的靈性成就誰也拿不走，也不會被挑戰。沒有什麼能把已經融入於你，並且成為你的東西給帶走。

　　我就是一個經歷過這個烘烤程序的人，我能告訴你，雖然過程不輕鬆，但成果永遠不會讓你失望。你現在就是在品嘗我的烘焙成果，它剛剛才從我的意識烤箱新鮮出爐，專為你而準備。

我們都是為了憶起而聚集在此。

現在你知道，你不用去尋找可能永遠找不到的東西，

因為，它一直都在你身上。

你一無所缺，只是忘了它在那裡。

你就是至高意識的脈動。

無論什麼把你掩蓋，遮住了你的光芒，

請放輕鬆，你只要知道在這些陰影底下，

真正的你仍然閃耀。

除了閃耀的光，你再不可能是其他……

第4章

深入而後提升：
由內到外的真正改變

「向外看的，是做夢的人；向內看的，是覺醒的人。」

——榮格（Carl Jung）

　　從我很小的時候，心中唯一的渴望就只有覺醒。當時，我還不知道有這樣的說法，也不明白所謂覺醒究竟是什麼意思。但我知道，我想要擁有一個充滿愛、奉獻服務與自由的人生。當時，我的計畫是先想辦法找出自己身上所有的問題，然後盡我所能地將它們一個個修正過來。這麼一來，最終我就能成為一個完美的人。

　　但，我該從何開始呢？如果要觀察我的每一個想法、每一個行為、說出來的每一句話，我想我一整天都別想休息了。那時我正值青春期，本來就時時刻刻用放大鏡關注著自己的一舉一動，還因此在情緒上飽受折磨；而所謂的「修正」，連八字都沒看到一撇。我到底該怎麼做？

　　幸好，我和我的靈性老師有過宇宙約定，早就說好要在今生會合。因此，他帶我了解到這個轉變我一生的原則：

改變不是表面工夫，
要找到根源，然後從那裡下手。
深入內在，穿過表面深入到源頭，
剩下的一切自然就會改變。

我的老師瑪赫西曾用一個簡單卻深遠的譬喻，來說明這個原則。那一刻，令我永生難忘。他說：如果你有一棵植物，葉子枯黃了、蔫萎了，你要怎麼拯救它？你難道會想，葉子乾枯了，所以我把水澆在葉子上？答案當然不是這樣。**你會去到問題的根源，從土壤和根部下手，透過加水添肥去滋養這株植物；而後，葉子很快就會回復到綠油油的健康樣子。**

我當時聽了，覺得實在太有道理了。只有那些不知道植物的養分是來自根部的人，才會想著要把水澆在葉子上，而且還不明白為什麼沒能把它救活。在我懂得這個道理之前，那個不明白的人就是我！我以為自己需要花一輩子的時間，把每一片葉子都澆遍；現在我知道，只要我能親近自己內在的源頭，就能得到一直以來所企盼的自由和圓滿。

瑪赫西是在談靜心練習的時候，向我們開釋這個道理的。先前我也提過，這就是我正式走上靈性道路的開端。多年以後，我發現他提到的這個看不見的內在源頭，不只出現在遠古的印度文獻中，也經常出現在各種宗教和哲理當中。耶穌就曾經說：「天國就在你們之內。」佛陀也表示：「道不在天，道在心中。」

我越深入研究，就越明白：生命，事實上是從內而外建構而成的。就算從最基本的細胞層次來看，也是如此。細胞要能健康地行使該有的功能，你才能以功能健全的樣貌在生活中正常運作。你能呼吸，是因為肺裡面的細胞在運作；你能思考，是因為大腦裡的細胞在運作。表面上發生的一切，都是由內在控制的。

<blockquote>
我們看見的世界，是由不可見的世界所治理。
是那些不可見的，使可見的得以運作。
因此，當我們觸碰到自己內在不可見的部分，
就等於觸碰到一切萬物的偉大本源。
所有真實而持久的改變，都能從這裡開始發生。
</blockquote>

　　這就是我一直在追尋的答案，也是我教學生涯的基本信念。唯有從內在著手，外在生活才能造就一勞永逸的轉化。我們越是活化內在那個無限寬廣的意識場域，就越能使自己貼近意識的品質：擴展、聰睿、創造、智慧和圓滿。

靈魂轉化
轉化：從「試圖掌控外在世界」
到「由內而外地轉變自己」

> 重新安頓外在生活的一切，
> 並不會帶來一勞永逸的影響；
> 唯有重新安頓你的內在世界，才能辦到。
> 當你開始從內在轉變，
> 外在的一切便會跟著轉變。

從根本下手的一勞永逸轉變

　　關於靈魂轉化，以下有幾個值得思考的問題：

當你說「我想改變」時，你想表達的意思是什麼？
　　你希望目前的生活能有所不同。

是什麼造就了你現在的生活樣貌？

> 你的外在生活，是每一個當下的選擇所造成的結果——你選擇怎麼行動、選擇如何溝通……你的生活樣貌，反映著你所做的選擇。
>
> **是什麼讓你做出這些表現於外的選擇？**
>
> 這些外在選擇，反映出你內在想法及情緒的品質與通透程度。
>
> **內在想法和情緒的品質與通透程度，是由什麼決定？它們來自何處？**
>
> 你的想法和情緒都源自於你內在的意識狀態。想法和情緒的品質與通透程度，直接反映出意識的品質。

為了追求幸福圓滿的生活，我們試著學習各種技巧、為自己設立目標，但是卻忘了，駕馭生命最重要的因素是：意識。外在生活和內在生活的每個部分，包括行為、選擇、感受和想法，不只直接反映出意識的品質，也在分分秒秒間被意識不斷地創造和再創造。

從定義上來看，如果你的一切想法、感受和行為都源自於意識，那麼，除非先轉變你的意識，否則你就不可能永久地改變任何想法、感受或行為。你可以試著調整、偵測、控制或監視你的感受、想法和行為，但既然它們源自於意識，那麼除非你從最根本的源頭下手，否則就不可能達到一勞永逸的轉變。

> 想要改善生活的品質，
> 就必須改善選擇的品質。
> 想要改善選擇的品質，
> 就必須改善決定這些選擇的想法和情緒的品質。
> 想要改善想法和情緒的品質，
> 就得改善意識的品質。

想要轉變一切，就必須轉變你的意識。

　　就像控制植物的根部一樣，意識也是掌管你生活大小事的控制台。從意識所在之處開始轉變，就像進到總操控室操作一樣。你可以試著一次調整一件事，也可以直接去到掌管一切的總操控室，從源頭做起。這個道理你早就知道，在生活的許多地方也實際操作過。隨著科技的進展，許多新發明都融入了這種從源頭改變的做法：

　　要是你年紀夠大，或許會記得以前我們想關上所有車窗時，必須從每個車門的把手處一一搖上車窗。但是現在，你只需要從控制面板按下按鈕，所有的車窗都能自動關上。

　　同樣的，想要把電腦關機時，也不需要把所有已開啟的程式一個個關上。你只需從源頭下手——要求電腦關機，它就能自動關閉所有程式。

　　以前，要是你想寫信給許多人，必須一份一份寫好、寄出。現在，你只需要在電腦上編輯好訊息，可以一次就寄給全部的收件者。

　　你要深入到源頭，才能做出一勞永逸的轉變。

從管理到駕馭

「我們無法用製造問題的同一個意識層次來解決問題。」
——愛因斯坦（Albert Einstein）

　　接下來要介紹的這個靈魂轉化方法，將會為你省下很多的時間和精力：

靈魂轉化

轉化：從「管理」到「駕馭」

　　很多人都認為，轉變就是一天二十四小時做好自我管理，我遇過很多這樣的人。他們的一天是從一連串的規矩開始的：今天的我，一定要很有自信，尤其是面試時。我要確保腦袋裡沒有任何負面的想法；我要從每個人身上看到最好的一面，無論他們有多糟糕；不管孩子多麼讓我抓狂，我都不能生氣；無論我的祕書怎麼把我惹毛，我都要耐心以對；今天跟哥哥說話時，絕對不可以酸他；我要小心，不可以隨便評判任何人事物；我必須牢記，我是光的存在，凡事皆有可能；無論發生什麼事，我都要把持住核心。

　　你難道不覺得，這一長串的規矩，光看看就很累人？這就是當我們「頭痛醫頭，腳痛醫腳」，而不從根本上解決問題時會發生的事。我們試著去監控、管理自己的想法、感受及行動，希望能得到最佳的成果，這就像一天二十四小時不眠不休地監督自己，連喘一口氣的時間都沒有。但是，萬一我們沒能做到，或者真的沒有做到時，又會開始覺得失去掌控，於是轉而採取更極端的方式來應對，例如隱瞞、壓抑和否認。

　　你曾經玩過「打地鼠」嗎？這種遊戲機上面有許多個洞，每一個洞底下都有一隻塑膠老鼠，看起來就像真的一樣。遊戲一旦開始，地鼠就會從各個洞裡隨機冒出來。遊戲的玩法是用棒槌把地鼠打回洞裡去，當然，一旦你打了這隻地鼠，又會有其他的地鼠從別的洞裡冒出來；所以你要眼明手快，才能把牠們全部打回去，最後贏得獎賞。

　　很多人會花大把時間在玩情緒的打地鼠遊戲。他們試著控制情況，用壓抑和推開的方式來擺脫令自己不舒服的每個想法、感受及問題。當我們把不舒服的感受從這個洞裡打下去，它們就只會從別的洞裡再冒出來。我們試著把某個負面的想法壓下去，就在我們覺得心裡終於舒坦了點，不再胡思亂想時……天

啊——恐懼又從其他地方跑了出來。我們想把這些不安全感打回洞裡去，希望沒有人看見它們；然而，在最意想不到的時刻，它們又會冷不防地冒出來。我們把懷疑和焦慮打跑，以保持積極樂觀，但它們就是固執地賴著不走，又從各個洞裡冒出來，速度快到我們根本跟不上。

　　情緒的打地鼠遊戲不僅會消耗大量的精力和時間，還很令人挫折。它會耗光我們的能量，讓我們一刻都無法休息。就算我們成功壓下某些情緒，或控制好自己的念頭，也無法就此滿足，因為我們知道，事情並沒有真正被解決——我們只是暫時把它們嚇跑而已。在那個當下，我們就已經開始提防戒備，時時注意不舒服的感覺會從哪裡再冒出來。

　　這就像是身上出現了嚴重的感染，卻只貼塊 OK 繃了事，不去找出真正誘發感染的原因，並用抗生素來治療病根。不管貼 OK 繃的做法聽起來有多誘人，都不能真正幫你解決問題。

監控自己的每一個感受、行為和選擇，
並不是追求心靈成長該有的做法。
時時控制自己的念頭和情緒，這不是轉變，
更不能駕馭生命。
當你學會深入自己的意識，
就能從問題根源進行療癒，為生活帶來轉變。
否則，你充其量只是一個在自己慣有行為模式後面
追著跑的萬年保母而已。

　　由內而外的轉變，意味著我們必須實際花工夫去探究行為的根源：抗拒的根源是什麼？不信任的根源是什麼？我如此害怕親密行為的根源是什麼？我們要深入到根本，從那裡進行轉變。

　　當然，如果你正努力想要改善生活的每個層面，那是好事。從根源進行轉變，不代表就不能同時在其他地方下工夫。人生中還有許多地方是我們可以也

需要去做出實質改變的，稍後我會針對這個部分提供建議。

有時候，只要表現出忙碌或身負重任的樣子，就很容易說服或欺騙自己及他人，彷彿我們完全駕馭得了自己的生活。但事實上，我們是為了處理自己不斷失控的感受才忙得團團轉。擁有功成名就的人生，不等於就能用駕馭的姿態來生活。如果你沒有根據意識來生活，就會做出不恰當的決定，忽視那些再明顯不過的事；你會脫離正軌，最後花一大堆時間來收拾自己的爛攤子。時時保有意識，才是最省時省事的辦法！

與其試著去管理生活中一個又一個的情境，然後試圖去控制外在的世界，不如試著從內在著手，讓你的心越來越穩定，由內而外培養出輕鬆駕馭的優雅姿態。

節省時間；保有意識。

重新分配你的靈性資產

我喜歡把「從管理到駕馭」的靈魂轉化，想成是「重新分配靈性資產」。也就是說，原本你所專注的是控制生活的表面，現在你要轉而與內心深處連結，並從那裡進行操作。

人們以為的駕馭，通常是指成功去管理、控制自己及他人。
但，這真是錯得離譜。
真正的駕馭超越了管理，根本無需管理。
當我們跟隨自己的本源一同振動時，
根本不需要時時刻刻去管理生活表面的大小事。

當你經歷越多次的靈魂轉化，就越會自發性地做出聰慧的選擇，那不是因

為你時時提醒自己要這麼做，而是因為，它是意識層次轉化後所自然反映出來的結果。你不是時時在控制自己的問題，而是在卸下它們；那些原本用來緊緊抓住這些問題的能量，現在可以被用來擴展、發揮創造力，並為你帶來真正的力量。

從管理到駕馭的轉化，還有一個附加好處：當你不再花那麼多時間去壓抑、控制、評判、檢查、評估、抑制、隱藏、掩蓋和比較後，就能更自由地帶著意識處在當下。用這樣的方式來使用你的靈性資產，實在好多了。

幾年前，我曾經擔任一場理財規畫會議的主講人。我的演講主題與轉型領導（transformational leadership）有關，在現場獲得很好的迴響。結束後，在中午的餐會上，有個神情嚴肅的男人向我走過來，自我介紹說他是某個大集團的執行長。

「我有一個重要的問題想請教妳。」他說。

我猜他是想問和剛才的演講有關的事，或者想聽聽我的個人意見。於是我微笑著說：「請說，我就是在這裡等你們提出問題的。」

他湊近我，壓低聲音說：「妳的投資重點是什麼？」

我驚訝地看了他一眼，然後發現他是真的以為我會和他分享自己的理財祕訣。這實在太尷尬了，因為這類事情都是由專業團隊在幫我處理。他看出我遲疑的神色，於是又問了一次：「我的意思是，有沒有哪個市場或產業是妳主要的投資項目？」

「有，確實有。」我回答：「**意識。**」

「不好意思，我一定是聽錯了。妳是說？」

「意識，」我又說了一次：「我把自己的一生都投資在意識和開悟上。而且我告訴你，收益超棒的！」

當你開始重新分配自己的靈性資產，把投資項目從名叫「管理」的基金，

轉移到名叫「駕馭」的基金上，你也同樣會得到極佳的報酬與神聖配息。

先深入，而後提升

「越深入自己，我就越能觸及世界。」

——查瓦特‧奇瑞潘圖（Chaiwat Thirapantu），泰國社運人士

　　我非常喜歡樹，樹是人類高大、優雅、無私又古老的守護者。我們身邊無處不是樹，卻忘了樹的存在不是用來裝飾或令人賞心悅目的，而是延續人類的生命。要是沒有樹，我們會活不下去。我們呼吸時吸入氧氣、吐出二氧化碳，而樹能幫我們將二氧化碳轉化為氧氣，讓人類得以存活。要是這個世界沒有樹，我們很快就會無法呼吸。因此，我們與樹木和植物的關係，事實上是一種相當親密、攸關生死的關係。在你感到沮喪、孤單或難受時，去看看樹吧！看著眼前的樹，想想它正在用一種最深刻的方式服務著你。

　　當我們想著一棵樹的時候，腦海裡出現的畫面通常是地面上可以看見的部分——雄偉的紅木、優雅的棕櫚、粗壯的橡樹、堅毅的松樹等等。然而，樹最重要的部分是看不見的，那就是根。樹的根系通常會延展到樹冠的兩到三倍寬，它們一邊生長，一邊從土壤裡吸取水分和養分，然後不斷延伸到遠處尋求更多。根去得越遠越深，就會變得越結實強壯，也因此能更讓樹長得更穩固更安全。

　　樹根能把樹牢牢地固定在泥土裡，讓植株得以安穩強壯地生長，即使狂風來襲也能屹立不搖。要是沒有樹根，樹就會搖搖晃晃，長得歪斜。要是樹的根系不夠健康，就算樹形龐大，也可能因一點微風細雨而傾倒。

　　樹木是我們偉大的靈性老師、導師及指引，不斷揭示著生命的祕密。自然界透過樹木這種美麗的存在，向我們展示了一個強大的靈魂轉化原則。我在自己的靈性道路一直遵循著這個原則，也在服務的過程中將它傳授給需要的人：

靈魂轉化

轉化：從「前進」到「內探」；從「遠處」到「深處」

一想到幸福與成就，許多人想的是向前進、走得更遠。我們想要得到更多、做更多，也成為更多。我們想從現在身處的位置向前移動，因此眼睛一直望向前方；我們想擁有更多，於是將目光投向遠方，因為我們認為自己在目前所在的位置，擁有的還不夠。

當樹木透過生長向前延展時，在將枝葉伸向遠方天空的同時，根系也在向內向深處伸展。我們也可以像樹一樣，進行這樣的靈魂轉化：不只是專注於前進、走得更遠，同時也要學會向內探求、向深處發掘。

如果要我用一個簡單的口訣來說明這個靈魂轉化的技巧，會是像這樣的一句話：

深入，而後提升。

這是什麼意思呢？這句話的意思是，當我們深入時，就能提升。這也意味著，想飛得越高，就要掘得越深。我的學生經常用這個口訣來校準自己的振動頻率，我們接下來也會更進一步探討這個部分。當你把自己調整到這個口訣的振動頻率時，你就會發現，飛得越高、掘得越深，不是空話。**深入**這兩個字眼的振動能量會讓你更貼近自己，而**提升**這兩個字則能將你托得更高。

「深入」是盡其所能地向內在深處探求，讓自己紮根在最擴展的意識當中。這也意味著你要學著讓自己往智慧紮根、往愛紮根，並且透過振動去感受真實。深入意味著向深處挖掘真相，而挖掘的方法就是前一章提過的：去看見所有能看見的，去感受所有能感受的。此外，這也代表你從表象中找到的問題和困難，要從根本上去消除；更意味著你追尋自由的根要伸得又深又遠，當恐

懼或挑戰颳起大風時，你也不會在旅途中摔倒。

「提升」的意思是：當我們越深入自己，就能爬得越高。這意味著你要學會如何把渺小的自我擴展開來，跨越自己的界限；也意味著你學會如何貼近自己的高我、根據高我而行動。高我不在你的智性層次，而是在你的振動層次。

樹木是用來說明深入而後提升的一個極佳的例子。樹根在土地中紮得越深，樹就能長得越高。同樣的道理生活中處處可見，如果你只想蓋間小木屋，地基不用挖得很深，有時只要澆鑄一塊水泥板就行了。反之，如果你想蓋的是高樓大廈，地基就要挖得非常深，有時可能要挖到基岩，才能確保建築物的穩固安全。

那麼，我們需要尋找並連結的基岩是什麼呢？答案是：意識。意識就是建構寬廣、自由及精彩人生所需要的地基。只要能紮根於意識，你所有一切就會豐盛地自然開展。

<blockquote>

你生命中最偉大且唯一真實的地基，就是你的意識。

在這不可動搖的意識地基上，

你無所不是，無所不能，能構築所有一切。

並能從內在深處昂揚挺立。

這就是你用更大的格局來服務這個世界的方法。

</blockquote>

本書中所有的靈魂轉化概念與練習技巧，都是要幫你更加深入及提升，幫你建立堅實的意識地基，讓你能由內而外地變得更強壯更穩固。**意識就是你最終極的靠山。**

生命無從預測，充滿了各種可能性。過去幾個月，你是否遭遇到某些想也想不到的挑戰？我們全都一樣。

你無法為生命中所有可能發生的事一一做足準備，那是不可能辦到的。許多人就是被這樣的想法搞到抓狂，並因此成為控制狂與細節控。這樣的人永遠活在恐懼中，因為他們總覺得自己還沒有對所有的未知做好準備，也因為他們

不可能知道應該準備什麼。

對我們來說，了解何謂線性準備（linear preparation）、何謂全面性準備（global preparation）才是重要的。線性準備指的是為明確的事件、目標或挑戰做準備，將所有需要的技巧派上用場，並成功駕馭它。例如，你打算到郊外露營，那就去學習野外求生來應對；即將動手術，就去學習如何讓身體更快復原；打算念研究所，就學著用更好的讀書習慣來念書；打算生孩子，就先去學會更多的育嬰知識。

至於全面性準備，則是為所有一切做好準備。那怎麼可能？當然可能，只要你把你的意識準備好。

由內而外的自我轉變，指的是
從內在下工夫，讓自己永遠處於準備好的狀態。
你要做的準備就是：
無論遭遇何種情境，都能處在一種準備好的狀態。
準備好你的意識，就是應對萬事萬物最萬全的準備。

你將要培養接下來會討論到的諸多特質和能耐，包括：遠見、直覺智慧、穩健、仁慈，以及其他種種。

這將為你的人生打好基礎，無論你準備要做什麼，都能帶著最強大的意識來做。你將隨身帶上穩定性、整合力、完整性、主動權以及不偏不倚的心態，並從那些妨礙你的模式中解放出來。這才是真正的做好準備。

做好準備：擴展你的意識。

我覺得自己很有福氣，在很年輕的時候就莫名知道要更深入探求自己。因此，在我對其他東西下工夫之前，我就先對自己的意識下了工夫。在我追求成功之前，我先追求了自己的意識。那棵說明我是誰的樹，不僅開出美麗的花，

也結滿了服務與智慧的果實，讓我得以將它獻給許多人。能得到這一切成果，並不是因為我為這棵樹畫上了許多美麗的樹葉，而是因為我一直不懈地澆灌著意識的根。我深入耕耘，才得以向上生長。

「明明有一道內在的門，為什麼你會想去打開外面那道門呢？所有一切都在你之內。」

——瑜伽斯瓦米（Satguru Siva Yogaswami），斯里蘭卡靈性導師

　　自從三千年前在印度發現鑽石以後，這種閃亮亮的寶石就成為永恆、神祕主義、光和堅不可摧的象徵。鑽石的英文 diamond 源自於希臘文 *adamas*，意思是「牢不可破、堅定不移、所向無敵」（這個字根所衍生的英文字 *adamant*，也有固執、堅決的意思）。你可能有一枚鑽石戒指，或在結婚時買了一枚給你的另一半；或者你的戒指也和我一樣，是從母親或祖母手上代代傳承下來的。如果現在你正戴著它，可以一邊欣賞它令人讚嘆的美，一邊思考它奇蹟般的來歷。

　　每一顆鑽石存在於這個世界的時間，都有九億九千年到三十三億年之久。鑽石是在地球最初形成的十億年間，在地表下約一百六十公里處的地函層內，經過超高溫和毀滅性的極大壓力所形成。經年累月，鑽石在一次次的火山爆發下，朝地表靠近。開採時，要取得一克拉的純鑽，得先篩掉幾十萬磅的石頭和塵土。

　　你知道為什麼鑽石能這麼閃耀奪目嗎？一般來說，光行進的速度大約是每秒三十萬公里，但因為鑽石的密度極高，能使光的速度慢下大約一倍。光進入鑽石後，在鑽石內部來回反射，因此折射出如彩虹般的光芒，這是鑽石光芒格外奪目的原因。

　　對我來說，鑽石不僅是大自然給予我們的禮物，也具有深遠的含意，是幫

助我們理解自我轉化旅程的另一個指引：

・**鑽石在超乎想像的高溫和壓力下生成，因為有這樣的環境條件，才得以孕育出那樣的卓越和完美。**

・**鑽石的開採需要極大的工作量——必須經過採挖和洗淘才能取得。**

・**找到鑽石，就相當於擁有一件珍貴的無價之物。**

> **光、真理和自由值得我們費力挖掘。**
> **轉變之鑽不會散落在你意識的表面，**
> **只會在你的內心深處。**
> **要取得轉變之鑽，必須除去過程中的所有阻礙，**
> **但它們值得這一切辛勞。**

　　這就是我們正要踏上的偉大旅程——前行，便是向深處行。當博物館的考古學家要尋找某個偉大的寶物或神聖物件時，他們知道，在挖掘上要花費的工夫會比探勘更多。他們知道寶物就在那裡，所以要向深處挖。接著他們可能找到一個小小的古物碎片，或是從雕像上剝落的薄片。雖然只是一個小碎塊，但他們知道，就代表寶物就在不遠處了。累人的苦工開始變得讓人興奮起來，新的熱情被注入其中。

　　正在進行靈魂轉化的你，就像是一個靈性的考古學家，你要去挖掘你的光、你的愛、你的智慧，以及你的完整性。 每當你找到一個小小的碎片，就可以做出這樣的結論：這裡一定還有更多，若真是如此，在全部找出來之前我絕不罷休！突然間，你不再覺得自己哪裡有問題需要被修正，而是把這樣的感受轉化成一種探獵宇宙大寶藏和神聖自然本性的喜悅。

挖掘神聖的寶藏

不久前，我獨自前往夏威夷大島（Big Island）進行一趟朝聖之旅。大島上有五座火山，其中三座是活火山。基拉韋亞火山（Kilauea）不僅是夏威夷最活躍的火山，也在全球最活躍的火山中名列前茅。基拉韋亞火山的歷史已有三十萬到六十萬年之久，在夏威夷神話中，更是火山女神佩勒（Pele）的居所。據說佩勒就住在每天湧出岩漿的火山口深處。

我總覺得夏威夷是一座擁有療癒之火的島嶼，每當我去到那兒，火山彷彿就會把我帶入其中，而佩勒會在吸吐之間，用她的火焰把所有不該留在我心中和靈魂的一切，都焚燒殆盡。

最近一次去夏威夷時，我有幸參觀了一座紀念阿南達瑪依．瑪（Sri Ma Anandamayi，廣受愛戴的知名印度女聖者）的靜修院。阿南達瑪依．瑪是我相當尊敬的女聖者，雖然她不再以肉身形式存在地球上，但當我信步於這美麗的靜修院時，處處都能強烈感受到她的存在。我何其有幸，能在那裡接收到這片土地和她的追隨者所散發的祝福。

當我隨著導覽員參觀目不暇給的美麗花園時，目光不禁投向一座山丘的頂端。導覽員見狀，對我說：「妳一定是看到了我們的金剛菩提樹。」

「這裡有金剛菩提樹？」我興奮地問他。

「有啊，」他回答：「妳可以爬上去看看。現在菩提子應該已經成熟，掉到地上了。想要的話，妳可以帶幾顆回家。」

我向這個好心的嚮導連聲道謝，馬上朝山丘走去。我有一條用罕見的菩提子串成的項鍊，已經跟了我好幾年。一想到能親眼看到剛從樹上掉落的菩提子，甚至還能撿幾顆回家，就讓我心動不已。

金剛菩提樹是一種大型的常綠植物，原生於喜馬拉雅山區和亞洲其他地區的小丘陵。這種菩提子最獨特又神奇之處，就在於果實成熟時，外皮會呈現出一種像來自異世界的鈷藍色。外皮之內，是帶有自然刻紋的深色種子，那是一種看似神祕幾何圖案的凹凸紋路，根據紋路數量有不同的代表意義。不過，菩

提子最神奇的一點，在於它們多半天生就在中間有一個孔洞，彷彿天意就是要我們把它們串起來當作念珠使用，這也是菩提子現在最主要的用途。

千年以來，包括印度教、佛教和錫克教徒都會將金剛菩提子串成佛珠，在誦經或複誦真言時使用，同時菩提子也被視為地球和天堂的連結。金剛菩提（Rudraksha）的意思是指「濕婆的眼淚」，典故出自《濕婆往世書》（*Shiva Purana*）：據說有一次濕婆神為了世間萬物而靜心冥想，結束冥想時，祂感動地流下淚水。那些淚水就成了菩提子。

我一邊急切地爬上山頭，一邊忍不住看著當下的自己，會心微笑。妳真是個有趣的生物啊，芭芭拉。其他人都在吃高檔餐廳或遇見電影明星時才會這麼興奮，而妳呢？艱難地爬著濕滑的陡坡，卻像中了樂透一樣歡欣鼓舞，就只是為了等一下能從地上撿幾顆菩提子。

我終於來到了滑坡的上頭，看見那株絕美又莊嚴的金剛菩提樹。我朝著它走去，湊近一看，就發現地面露出的樹根之間，有幾顆掉落的菩提子。我知道，這樣都能看到幾顆，就表示泥土裡可能有上百顆。我感覺自己快樂得像是上了天堂！

我跪下來用手刨挖濕潤的泥土。這塊土地上，四處散落著蕨類植物的葉片、各種嫩枝與石頭，我必須把它們挪到一旁，才能繼續往下挖，找到被雨水打落、埋在土裡的珍貴小珠子。我恭敬地把一個個菩提子從泥地裡拔出來，剔除不要的碎屑，感激不已地將它們放進我的口袋裡。

我默默地工作了一段時間，身邊只有風吹過樹梢，以及熱帶鳥兒歡欣唱著小夜曲的聲音。我開始唱起自己最喜歡的梵文誦歌，把榮耀歸於帶領我經歷這非凡時刻的至高意識。

突然間，幸福感充斥在我體內，我的心被一股股超越時間的體會盈滿，激動難抑。

我突然明白，這就是我這一生一直在做的事——快樂地挖掘神聖之物。

在神聖的金剛菩提樹下，我看到自己一直以來是多麼誠摯又孜孜不倦地追尋著、修行著——我雙膝跪地，無視所有的不適和凌亂，朝自己內心深深挖

掘，只為找到我確信一定在那裡的神聖種子。我不在乎要做出多少犧牲，只知道我需要尋回完整的自己。最後，我將找到的珠子細細清理、一一串起，讓我用謙卑的心，帶著愛和敬意，將它們串成一條智慧之鍊，獻給這個世界。

　　現在，我正看著那天找到的金剛菩提子。我將它們放在辦公室祭壇上的玻璃缽裡，好時時提醒我以下這段話：

一切全在你的內心深處。
深入自己，深深挖掘，
讓自己根植於那憶起之地。
屬於你的偉大意識正在這裡等你到來。

PART 2

人生的轉化技巧

THE TECHNOLOGY OF TRANSFORMATION

第 5 章

宇宙之舞：
靈性物理學及振動轉化的奧祕

「科學不僅不違背靈性，還是靈性深遠的根源。」

—— 卡爾‧薩根

　　現在正讀著這些文字的你，或許正坐在椅子上或躺在床上，感覺無比平靜安穩。不過，事實可不是這麼一回事。現在的你，正以每小時約十萬七千公里的速度繞著太陽跑！這是地球在軌道上運行的速度。如果你還不覺得頭暈，可以把我們的太陽系——包括太陽和其他行星，以及你在地球上的家——想成是在浩瀚銀河中無窮小的一部分。我們的太陽系也正在以每小時約七十七萬公里的速度，繞著銀河中心運行！這表示，我們不僅繞著太陽旋轉，在這個太陽系裡的太陽還正以每秒約二百二十公里的速度，帶著我們瘋狂繞行！這還沒完：我們所在的銀河，也正在以約每小時二〇九萬公里的速度在宇宙中移動。

這表示，此時此刻，

你正以每小時數百公里的速度，

在太空中急速穿梭。

在你剛才讀這段文字的一分鐘之內，

你已經繞著太陽移動一千八百公里，

還在銀河中穿越了一萬三千公里的距離！

　　到明天早上睡醒時，你躺在床上的時間大約八個小時；也就是說，在你睡

著的這段時間裡，你已在銀河系移動了六十四公里左右，也在整個宇宙中移動了超過一千六百萬公里的距離！難怪不管我們怎麼休息，經常還是覺得累！

除了這些驚人的數據外，更令人不可置信的是，我們幾乎不會感覺到自己在移動。周遭的一切彷彿都完美地處於靜止狀態，從物理學的角度來解釋，這是因為速度是恆定的。儘管如此，身在其中的我們，對實際發生的這一切竟然無知無覺，這不是很誇張嗎？

在思考這件事的同時，我們也開始能更開放、更完整地去理解，**我們正活在一個充滿奧祕和奇蹟的宇宙裡，而且我們──包括你、我和所有人──都是這個大奇蹟的一份子**。然而，直到二十五年前，人類才發明了哈伯太空望遠鏡，它不僅讓我們得以一窺宇宙的面貌，也證實天文學理論所言不虛。曾經遙不可知的，現在能被清楚看見。

這在人類文明史上是經常可見的現象：

<blockquote>

**人類總認為眼見為憑，若是看不見或無法理解的，
想必就不是真的，或壓根就不存在。**

</blockquote>

隨意舉幾個例子：

・在地球被證實是圓的之前，人們堅信地球是平的。科學家和宗教學者一度相信地球是太陽系的核心，太陽和其他星球都繞著地球運轉，直到後來才發現真正的太陽系中心是太陽。

・十九世紀時，愛迪生宣稱他正在發明一種叫做電燈的東西。當時有位英國議員認為，愛迪生的點子「不值得任何科學家或務實者關注」。

・直到一八○○年代為止，包括醫學團體在內，沒有一個人認為細菌會帶來疾病（也就是細菌論），幾乎所有人都認為會生病是因為「瘴氣」這種壞空氣。當法國化學家路易・巴斯德（Louis Pasteur）宣稱病菌和細菌會導致疾病，並建議醫生應該勤洗手及消毒醫用器具，以消滅可能對病人造成危害的微

生物時，人們只覺得他在胡說八道。

　　十九世紀的德國哲學家亞瑟・叔本華（Arthur Schopenhauer），窮盡一生尋求表象背後的真理，我非常喜歡他說過的這段話：「所有真理都必定經過三個階段。首先，被譏笑；其次，遭到激烈反對；最後，被廣為接納，成為不證自明的真理。」

　　那麼，在這趟靈魂轉化的旅途上，我們現在要思考的真理是什麼呢？答案如下：

<blockquote>

你是一種振動的存在。

你是一種宇宙的能量，以特定的方式振動著，

這種振動方式造就了你所認為的「你」。

想要轉變你自己或你的人生，

你必須從振動層次進行轉變。

</blockquote>

淺談靈性物理學

「若你想窺見宇宙的祕密，就從能量、頻率和振動的角度來思考。」

　　　　　　　　　　──尼古拉・特斯拉（Nikola Tesla），發明家

　　回想上一次你決定聽音樂轉換心情的時候，或許你正在開車，或是在家、在辦公室，或正在處理日常瑣事。你放了自己喜歡的音樂，然後在幾分鐘內，你的心情平靜了下來，或變得更快樂，甚至更雀躍。如果此時有朋友到訪，問你：「你看起來心情真好啊！能告訴我是什麼改變了你的情緒嗎？」

　　你可以指著你的 iPod 或隨身聽回答，但這些播放裝置不是真正影響你的原因──它們只不過是播放音樂的載體而已。那麼，音樂在哪裡呢？你能碰到

它或看見它嗎？**當然不能，因為給你帶來這般強大影響的，不是一個具體的物件——而是一種振動。**

藝術家透過音樂創造出一種特別的振動，並在你（聆聽者）身上喚起一種獨一無二的振動。這就是為什麼你特別想聽某首音樂，而且不是其他樂曲所能代替的。舉例來說，想要感受浪漫情懷，你會選擇某些類型的音樂；希望心情平靜或激發靈感時，你會選擇其他類型的音樂；想好好大哭一場時，選擇的音樂風格又會不一樣。每一首歌或每一支樂曲都會以不同的方式影響你，這跟曲名或它想傳達的意念無關，而是因為音樂的振動直接影響了你的振動。

如果你喜歡聽音樂、喜歡聽鳥兒在樹上吱吱喳喳；或是喜歡聽海浪拍岸的聲音或心愛的貓咪打呼嚕，或是喜歡聽到某個深愛的人對你說「我愛你」，那麼對於我們接下來要探討的主題，你早已親身體驗過了：生活是由振動的實相（reality）所組成的，它無時無刻不在影響著你。

接下來，我們就來談談我稱之為「靈性物理學」的這門學問。

真相 #1：宇宙的萬事萬物，全都是振動能量。

這句話總結生命的真相。現代科學已證實，宇宙間的萬事萬物——包括所有的聲音、光、物質，以及你在內——都是以不同頻率在振動的純粹能量。我們眼中看見的物體，只是在你我感官的濾鏡之下，呈現出固態且靜止不動的樣子；當我們以次原子或更精微的層次來檢視時，會發現它們根本就不是固態的物質，而是以特定速率振動的純粹能量。

無論你現在身在何處，請環顧你的四周。在你有限的感官知覺之下，所有東西看起來都是固態且靜止的；事實上，你眼中所見的東西都在以它們各自的能量振動著。比如你手上的這本書（或平板電腦）看似是固體，但事實上，它是由上百萬個不斷在移動的次原子所組成的。窗外那棵似乎靜止不動的樹，事實上也在振動或顫動著。所有東西無時無刻都在移動！

看看鏡中的自己，你一定覺得那是個固態的血肉之軀。但真相是，你是由中子、電子及質子等形式的宇宙能量所構成的，並以一種特定的振動模式在振

動，而我們把這種振動模式稱為「人類」。

日裔美籍理論物理學家加來道雄（Michio Kaku）是一個未來主義者，也是弦場論（String Field Theory）的創始者之一，他是這麼定義實相的：「宇宙是什麼？宇宙就是振動之弦所奏出的交響樂……因此，首先，我們都只是旋律。我們全都是由振動的弦和細胞膜所彈奏出來的一首宇宙音樂。」

我很喜歡這樣的描述方式。當你發現，從來沒有一首「旋律」會和你一模一樣，而且以後也不可能會有。這難道不是一件無比美妙的事嗎？

真相 #2：宇宙的萬事萬物，都正以一種獨特的速度在振動。

如果宇宙間的萬事萬物都源自於同一種振動能量，那麼為何你和樹木、貓咪或星星會長得完全不一樣呢？答案是：**每一種物體都有自己獨特的振動頻率或特性**，這是根據振動速度的快慢而決定的。你的振動速度，和桌子、植物或雲的速度是不同的。

那麼，振動速度要如何決定某種物體獨一無二的藍圖呢？

當物質的振動頻率慢下來，其形體會更密實也更趨固態。當物質的振動頻率提高或加快，其形體會更趨疏鬆、越來越脫離固態，直到最後成為無形的乙太體（etheric）。

舉一個你大概每天都會經歷的簡單例子，也就是水的不同形態。我們認為的水，其實是化合物 H_2O：每一個水分子都是由兩個氫原子和一個氧原子鏈結而成的。

根據物理學，當溫度下降，物體的振動速度會變慢；相反的，只要溫度升高，就能加速振動。所以，當你把水放進冷凍庫會發生什麼事呢？你會使水分子的振動速度變慢，並逐漸固態化，成為我們稱為冰的固體物質。相反的，如果你把那塊冰拿出來加熱，便能加快它的振動速度，使冰變回液態的水。那麼，如果你把液態的水放進鍋子，在爐子上加熱，繼續提高它的振動頻率，直到它完全煮沸，又會怎樣呢？液態的水會變成水蒸氣，最後消失不見！

「振動頻率慢下來」，這種形式的水就是冰，看起來是密度相當高的固

態，試想一下你要把手擠進冰錐裡面，你可能會受傷。相反的，「振動頻率加快」，這種形態的水就是水蒸氣，這是一種密度非常低的物質，低到你或許根本看不見，或是可以輕輕鬆鬆地把手穿越過水蒸氣，彷彿它根本不存在一樣。

那麼，水分子消失了嗎？沒有，它只是以一種更細微、肉眼難以看見的形式繼續存在著。只是由於振動速度太快，以至於無法凝結成真實的形態，但你卻不能說它不存在。水分子的本質一直都沒有改變，只是改變了它的形態而已。

真相 #3：終極的原始能量從來不會改變。

讓我們總結一下目前所討論的內容：所有物質都是振動能量，而這些能量會以不同速度和頻率振動，因此分別會成為密實的、粗糙的、可見的、細微的或不可見的形態。然而——這點非常重要——即便這個原始能量會成為不同的形態，顯化成世間的萬事萬物（包括你），但它的本質從未改變。**它一直都是同一個終極能量（Ultimate Energy）。**

當科學遇上心靈

直到前一百年左右，現代科學才開始把物質看成是一種能量的振動現象，並透過這樣的角度來觀察與理解。但讓人吃驚的是，早在一千多年前，在印度一部稱為《生命能量》（*Spanda Karikas*，原意是「振動與神聖脈動之原理」）的聖典中，就已經記載了這個關於實相本質的真相。這部經文是喀什米爾濕婆教（Kashmir Shaivism）最早的文字典籍之一。

在梵文中，*spanda* 的意思是「悸動或脈動」，同時這也是一個用來描寫神聖悸動或振動的術語。根據經文記載，透過這樣的悸動或振動，所有的物質都能揚升並滲透進萬事萬物。早在現代物理學出現之前，濕婆教徒就在《生命能量》這本聖典中，寫下被現代科學界認可的真相：

> ***spanda* 是終極或絕對意識的脈動，**
> **這原始的能量，是萬事萬物顯化創造的源頭。**
> **當脈動或振動「變得濃重」，**
> **聚縮成越來越慢的振動形式，**
> **無形的將化為有形，**
> **最終成為個體化的意識。**

這段文字說明構成我們的身體、這個星球及所有實相的振動能量，本質上都是源自於同一股振動或脈動「變慢後的表現形式」，道理就跟冰是水振動頻率變慢的表現形式一樣。

從這個觀點來看，你和我都只是至高意識密度非常、非常、非常高的形態而已！

我還記得第一次經過他人介紹，開始研讀《生命能量》的情形。那時，我已經學靜心超過二十五年，也開始想要把振動轉化的觀念加進教學課程，但當時的我還沒聽過這部經典古籍。於是，在我第一次讀到翻譯過的經文時，震驚地發現早在西元九世紀，就有偉大的智者將有關生命真相的深刻智慧帶入人世，而且和現代科學的說法不謀而合。

讓我們先從西元九世紀回到二十一世紀，讀一讀兩位當代知名物理學家的文字，看看他們是如何與一千二百年前的印度智者採用相同的看法來描述這個宇宙。首先是被喻為二十世紀最具影響力的物理學家愛因斯坦，他曾說：「關於物質，我們過去的理解都錯了。我們所說的物質其實是能量，只不過它的振動低到我們的感官無法察覺出來。這個世界上沒有所謂的物質。」

理論物理學家戴維・波姆（David Bohm）曾被愛因斯坦視為自己在知識上的後繼者，他接著以更近似古代神祕學的方式，具體地描述了所謂的實相：「物質，可以說就是濃縮或凍結的光。」

當我讀到上面這兩段話時，激動得直打冷顫。我感覺自己就像站在一個超越時間的宇宙十字路口，看到科學與自我實現在此交會。這兩段話，說明古老

的靈性知識和現代物理學發現之間具有共通性，這是兩則不可思議又令人興奮
的例子。

　　美籍奧地利物理學家家弗里喬夫·卡普拉（Fritjof Capra），也曾在他強
而有力的著作《物理之道》（*The Tao of Physics*）中，以大段篇幅描述這樣的
共通性：

> 　　神祕學家和科學家得到的結論是一樣的，只是一個從內在殿堂出
> 發，而另一個從外在世界著手。雙方觀點和諧共融，證實古印度智慧
> 中，代表外在終極實相的婆羅門，和代表內在實相的生命本源（At-
> man）是一樣的。

　　我們身處的時代充滿了驚奇！科學家擁有最先進的工具與科技，可以看見
並證實，九世紀的開悟大師在深度冥想後寫在棕櫚葉上的道理所言不虛！無論
我們是因為古典經文的教導而更加了解自己，或者更傾向透過現代科學的角度
來理解這個世界，無庸置疑地都會得出同一個引人入勝的真相：

我們是振動的存在，在我們的內在深處──
或更準確來說，在我們最精微、最細緻的層次，
都來自同一個終極源頭的初始本質，
正以不變的形式發出脈動。
不只那裡，也不只這裡──
所有表象似乎都把我們視為個別的人格存在。
就定義而言，我們不可能不是終極的至高脈動，
因為，它就是所有一切。

　　或許你認為終極脈動就是你口中稱頌的上帝、基督、濕婆、佛祖、真主阿
拉、我是臨在（I Am Presence）或神聖之光，或任何你賦予特殊意義的稱謂。

無論你擁有哪種信仰，我都希望以上的說明能讓你在大感驚奇之下油然而生敬畏之心，就像每一次我都能感受到它是如此意義深遠那樣。

一旦你理解我們不過是一種凍結的、濃縮的終極能量和本源振動後，一定會嘖嘖稱奇！我總喜歡跟學生說，你我全都是**凍起來的意識冰棒**！

透過意識來轉變你的想法

上述關於物理學和玄學的說明，希望能引發你去深入思考。安排這些內容的目的，主要是為了說明下面這段話，同時這也是我的工作和這本書憑據的靈性原則：

> **說到改變自己，大部分人改變的都只限於想法、情緒或行為層次。**
> **但這只是自我控制，並不是轉變。**
> **真正的轉變必須也只能發生在你的振動層次。**
> **這樣的轉變才是真實且恆久的。**

這段話說得很有道理吧!? 這就是我前面提到從根本改變、由內到外轉化，以及從管理自己轉為駕馭自己的意思。

> **轉變不是獲得或學到新資訊或新觀念。**
> **你不只是試著用不同方式去思考或行動，**
> **而是你本身就已經不同了。**
> **你的意識深處其實已經在以不同方式運作，**
> **你已轉變自己身為人的振動方式。**

我最念念不忘的兒時記憶之一，就是看電視播放的《彼得潘》音樂劇，這

是一九五四年改編自蘇格蘭劇作家詹姆斯・馬修・巴利（J. M. Barrie）劇作的一個版本。我還記得坐在地板上，在小小的黑白電視機前（上面還有一副兔耳天線），著迷地看著飛到窗邊的彼得潘和小仙子叮噹，他們要帶孩子去永無島。彼得潘會先撒下仙塵，告訴孩子們「想美好的事、想美妙的事、想快樂的事，然後你們就會飛上去了！」我多希望我也可以飛！

　　要是能永遠保有正面的、歡快的、擴展的念頭該有多好？這樣我們就不會被那些負面的、限制的、令人害怕且擔憂的想法折磨了。這樣的話，我們每個人都能馬上變得更平靜、更自信，也更喜悅。我想，很重要的是，我們必須保有讓每個念頭都是「美好、快樂和美妙」的意圖，它們是如此美好，因此總是讓我們大受鼓舞。然而，真正持久的轉變不只是用不同方式思考，而是真的讓自己變得不一樣。那麼，我們要怎樣才能做到？

　　你可曾問過自己，你的念頭是從哪裡冒出來的？你的念頭來自意識，那是超越具體念頭的一塊覺知之地，就位於你極其精微的層次裡。你的念頭只是意識的最終產品，或說是意識的最後階段，是意識的振動經過多道過濾後所製造出來的。這些過濾機制我們稍後會在書中更深入探討。

　　試著想像意識是一輛正要從車站出發的火車，將會在許多轉運站稍作停留，最後抵達終點站。這條路線的終點站就是你的心智，在這裡，所有的「乘客」——也就是你的所有念頭——會一一下車。

　　你可以盡其所能去控制這些「乘客」，讓它們穿上不一樣的漂亮衣服，或是把它們藏到看不見的地方。這樣的計策在一時半刻間可以奏效，但是，你猜怎麼著？緊接著，下一班列車又駛入了意識總站，同樣載著一大批新的念頭乘客。因此，想試著去改變或控制那些已經抵達意識總站的念頭，是一件令人挫折、耗費精力且徒勞無功的事。因為早就來不及了——你已經擁有那個念頭了！

就像海浪從海洋中升起，

念頭也從你的意識之洋升起。

你無法把海浪和它的源頭——海洋——區分開來。

你無法改變浪潮的水質，除非你改變整片海洋；
同樣的，你也無法轉變念頭和情緒的本質，
除非你從它們的源頭——意識——進行轉變。

還有一個方式可以幫助你理解這個論點：假設你有一間工廠，專門用綠色毛線生產各式各樣的衣服。那麼，這間工廠製造出來的服裝會是什麼顏色？當然都是綠色的！你大可騙自己說那些衣服是紅色的，甚至用觀想的方式去想像這一次當毛線織成毛衣後，衣服會顯現成紅色而非綠色。你還可以在綠色的衣服上，貼上一個「這其實是件紅色毛衣」的標籤。然而，只要這件衣服是用綠色毛線織成的，它就會是一件綠色的毛衣。

唯一的解決方案，就是前往問題的源頭，把用來織成這些毛衣的原材料換成別種顏色。

接下來的這句話，是你在理解層次上能做出的最重要轉變，也是我認為足以改變一生的轉變。那就是：**要想真正轉變心智以及它所創造出來的振動與念頭，就必須超越心智，深入到它的源頭——也就是你的意識——從根本上進行轉變。**

超越正面思考——正向振動

正面思考是一個很棒的練習。但我們要如何做，才能不僅僅做一個正面思考的人，還能成為一個具有正向振動的存在？數十年來，我所做的靈魂轉化工作就是以這個為基礎，也是我將在接下來幾章要詳細說明的主題。同時，這也是你所有靈魂轉化工作中最重要的一項。

靈魂轉化
轉化：從「正面思考」到「正向振動」

你不可能一勞永逸地改變你的思考方式，
除非你改變的是意識的振動方式。

　　我們的身體和心靈內建的設計程式之一，就是會試著讓所有一切都進入和諧與平衡的狀態，也就是保持恆定性。因此，即便我們試著有意識地從外在去控制自己的想法和態度，除非你是從內在——也就是意識層次——出發，否則再怎麼努力都會功虧一簣。沒錯，短期間你可以強迫自己用正面方式去思考，或是把正面的想法放進你的腦袋裡，**但如果這些念頭無法跟你的心及靈魂最深處的振動方式一致，你就無法留住它們。**

　　如果你的內在深處，是以自我批評的方式振動，那麼你的腦袋就留不住愛自己的想法。

　　如果你的內在深處，是以不配、不值得的感受振動，那麼你的腦袋就留不住富足的想法。

　　如果你的內在深處，是以自我懷疑、欠缺安全感的方式振動，那麼你的腦袋就留不住能夠勝任、充滿自信的想法。

　　如果你的內在深處，是以恐懼和不信任的方式振動，那麼你的腦袋就留不住想實現一段親密關係的想法。

　　你可以試著想一個念頭，例如我值得擁有成功與富足，假如這樣的念頭和你內心深處的真實振動方式不一致，那麼這些正面的想法就會被「彈開」，然後被恐懼、匱乏和憎恨等振動形式不那麼和諧的念頭所取代。無論你多麼想要用正面的角度來看待自己或看待某個境遇，你還是會感到挫折、疑惑，甚至感覺自己似乎是因為無法「阻止」大量自限性的想法攻占心頭才會失敗。

你是否正和腦袋大戰中？

不久前，我參加了一場演講座談會。助理告訴我，有個一臉愁容的男士等了我好幾個小時，想跟我說句話。「他讀過妳的每一本書，是妳的超級粉絲。」助理跟我解釋：「看起來人很好，他說他真的迫切需要跟妳談個五分鐘。」距離我上台演講還有幾個小時，我請助理讓我們見個面。

我一看到克雷格就心生好感。他是商業理財圈子的勵志演講人，散發出一種真摯的能量。

「我覺得我有些不對勁，」他挑明了說：「而妳是唯一我能信任且能坦然以告的人。提起這件事，我都會覺得難堪。」

「我們素未謀面，你卻這麼信任我，讓我感覺到很榮幸。」我試著讓他安心：「來吧，告訴我是什麼困擾著你。」

克雷格鬼祟地環顧周圍，確保沒有人聽見我們的談話。然後他帶著充滿罪惡感的表情，靠過來小聲地告訴我：「無論我怎麼努力，都無法一直保有正面的想法。」

「我不明白，」我心中警鈴大響：「你的意思是，你無法控制不好的念頭冒出來，所以你害怕自己會做出危險的事嗎？」

「噢，不是，不是那樣。」他解釋：「我的意思是，我已經用了好幾年去調整自己的狀態。妳知道的，有些人甚至會花錢請我教他們如何改善自己，或讓事業變得更好。至於我自己，雖然我非常有意識地讓自己只想正面的事，把好事吸引過來，但無論多麼努力，有時候還是會出現害怕的念頭，或是對女友大發脾氣。即便我千方百計地想用正面的念頭趕走負面的念頭，但不見得每次都能成功。我覺得自己似乎不配被稱為好人，這把我嚇壞了，我覺得自己有哪裡出問題了。」

我握住克雷格的手。「希望你能把我接下來說的話聽進去，因為那是我的肺腑之言。」我說：「你沒有不對勁，做人也沒有失敗，你有這樣的感覺不是你的錯——你只是漏掉了某個關鍵訊息，那將幫助你更了解你和你的腦袋。」

「那很好，」他顫抖地回答我：「現在我該怎麼做？」

「我希望你能準時參加等一下我的那場演講，並仔細聽我在演講中解釋的每個概念。然後在中場休息時來找我，到時候我們再聊。」

那次演講，我談的就是上述關於振動轉變的內容，也談到如何校準自己的意識，讓從意識中升起的念頭能自然地與自己的高我和諧振動。我從講台上看到克雷格就坐在觀眾席第二排，正在振筆疾書抄著筆記，還熱切地頻頻點頭。

克雷格一直等我到簽書會結束。那時的他看起來已判若兩人：面帶微笑，能量滿盈，興奮之情溢於言表。「謝謝妳，太謝謝妳了！」他忍不住大喊出聲：「妳說的一切都超有道理的，我覺得自己像是卸下了千斤的焦慮重擔。**聽演講時，我突然覺得，我似乎一直在跟自己的念頭打仗。這會不會就是我總是疲累不堪的原因呢？**」

「沒錯，這就是你一直都在做的事。無時無刻都在和自己的腦袋打仗，需要花很多精力，那可比由內到外的轉變要累得多。我說過的，你一點問題也沒有！只是漏掉了某些你需要知道的訊息而已。這就是為什麼我如此熱愛自己的教學工作。」

我遇過成千上萬個「克雷格」，他們都是真誠的追尋者，卻因為無法活成自己所設立的標準而飽受折磨，或覺得自己不對勁。當你發現到以下這個事實，也會像克雷格一樣震驚：即便你無比真誠地希望自己能以正面方式思考，但要是沒能同時對自己的意識進行轉化，就可能在自己內部掀起一場振動之戰。而你自己卻絲毫沒有察覺。

有意識的想法所發出來的振動，
會與無意識想法發出來的振動相互碰撞，
導致一場振動摔角！

**雙方都想爭個高下，
而你的人生和夢想就會被夾在中間，左右為難。**

　　想像你的正面想法是自己某部分的主張，而來自無意識的那些自我設限的念頭，則是出自另一部分的你。正面的你說：「我想成為成功的企業家！」而自我設限的你則回應：「你才不配。你做事總是拖拖拉拉，上一段婚姻還有酗酒問題，你是個糟糕的丈夫和父親。」正面的你說：「別再一直說我哪裡不好──我知道自己犯了錯，但我依然值得擁有富足和圓滿的人生！這一次我會做得更好。」而自我設限的你會說：「承認吧──你對自己的脫軌行為心懷愧疚，你讓所有人對你失望！你才不配擁有幸福，你只會再一次搞砸。」

　　現在，你正在和自己打架，這是一場發生於你內在的戰爭：一方是無意識情緒的振動，另一方是意識思維的振動。那麼，這樣的振動之戰，會對你造成什麼樣的影響呢？

1. 內在之戰會消耗你大量的能量。

　　我曾經見過很多像克雷格這樣的人，他們都不知道自己的疲累是因為內在的碰撞造成的。

**通常，我們必須投注在擴展、創造和成功的能量，
會因為有意識或無意識地不斷跟自己的恐懼、
懷疑與不安全感爭個你死我活，
而被榨取一空。**

2. 內在之戰會帶來一種慢性的自我折磨與焦慮。

　　想像你正坐在兩個吵不停或打不停的人中間，這樣的你會有多平靜？情緒能否不受左右？應該不太能做到吧！你會因為這團混亂，以及這誇張的戲碼而分心，就算你對雙方都不屑一顧，還是會受到爭執發出來的振動所影響。當我

們的內在成為振動「戰區」時，就是像這樣的情形。

3. 內在之戰會讓你向宇宙和身邊所有人發送出雙重的振動訊息。

「我值得擁有美好的事物。／我不配擁有美好的事物。」

「我想成功，我想帶領團隊，所以把責任放到我身上吧！／我不相信我自己能成功帶領團隊，所以你最好不要相信我。」

「到我身邊來——我想要愛。／別過來——我怕受傷。」

「你可以相信我會把這件事做好。／我的狀態反覆無常，我擔心最後會搞砸，然後讓你失望。」

當你對電腦下達相互矛盾的指令時，電腦會僵住不動；同樣的，當你的振動不一致時，你的生活也可能遇到瓶頸，而你甚至根本不知道發生了什麼事。我把這樣的現象稱為「發送出雙重的振動訊息」，對象包括宇宙、你深愛的人、你身邊的人、你的老闆、同事或潛在客戶。

我認識許多這樣的人，他們明明立意良善，卻因為這種看不見的振動之戰，而賠上自己的事業和金錢。他們都懷抱著積極的夢想、願景或事業目標，但他們不知道的是，這些願景和自己內心深處或意識層次的情緒振動狀態並不一致。有些人根本就無法落實自己的計畫，有些人一度成功，隨後又失去了一切。因為他們內在的振動控制室裡，一直在給出兩套不同的指令，例如：「我值得擁有。／不，我不配。」

真正的轉變意味著

從振動層次重新校準自己——

從意識層次把那些不再適合自己的、

舊有的、不和諧的振動模式「清除」，

然後「重新設定」或轉換你的振動狀態，

讓它反映出更高頻率的能量。

　　當你從振動層次進行轉變時，會發生什麼事呢？正如我們前面討論過的，你會自然而然地出現更多與至高真理及原則一致的念頭與情緒，它們會自發性且鮮活地出現。你會以嶄新的不同面貌出現在這個世界上，其他人都能馬上感覺得到，而內在的那個你與外在的那個你會趨於一致。

　　克雷格後來就是經歷了這樣的變化。他決定繼續參加幾個工作坊，讓自己從內在重新校準振動狀態，讓內在的真實狀態能符合高我的意念與願景。後來他雀躍地寄了一封郵件給我，告訴我他的近況。以下是我節錄的郵件內容：

　　　　我現在人在倫敦，正在為一家大型跨國企業主持訓練課程，這是我第一次和這間公司合作。過去五年我一直試著爭取這個機會，卻沒能成功。所以妳說，這是不是很神奇？這家公司的人一直都很喜歡我，卻總覺得我不是「最適當的人選」。參加妳的工作坊之後，我才了解或許他們直覺地發現，即便我說得天花亂墜、看起來自信滿滿，但事實上，內心深處的我要膽怯得多。

　　　　參加妳的座談會過了三週，我又一次和這家公司的董事會面談。這一次，他們馬上就決定雇用我。我驚訝極了！我沒有哪裡不一樣，也沒有特別做什麼或說什麼——但我確定我的振動狀態已經不同，這得歸功於妳帶著我所做的這一切。記得妳曾經說過，只要我把內在那些不和諧都清除乾淨，然後重新校準我的能量狀態，別人就能感覺得到。這句話真的對極了。我想我就是因為沒有再傳送出令人混淆的能量訊息而得到了這份合約，也讓公司這一年的盈利翻了一倍！

　　像這樣的回饋，總是讓我對自己身為一個老師感到高興。克雷格做了大幅度的靈魂轉化，明白了自己需要的不只是正面思考，而是由內到外都發送出正向的振動能量。

　　這個「重新校準」的概念，是不是聽起來有點神祕，甚至覺得匪夷所思呢？它不該帶給你這樣的感受。請記住：我們都是振動的存在，都是終極意識

脈動的一部分。

> 每一件發生在我們身上的事，無論來自外界或內在，
> 無非是一種振動，也都會影響我們本身的振動──
> 我們怎麼想、怎麼做、怎麼感受，
> 聽見什麼、看見什麼，或是和誰在一起──
> 這種種人事物都會對我們的振動造成影響，
> 並且時時刻刻改變著我們。

　　就如我們所見，只要了解哪一種振動經驗能夠創造出最高的頻率、帶來最有益的影響，然後再讓自己融入那樣的經驗中，我們就能從最根本的源頭來改變自己。

> 創造強而有力的振動經驗，
> 可以重新校準或重新調頻自己的振動，
> 回復到自己的最高振動頻率。
> 這就是令人興奮的靈魂轉化之旅。

萬事萬物都在交互振動

「每一個行動、想法和選擇，都在為永恆的馬賽克添加新元素：我們的每一個決定就像漣漪一般，會透過宇宙的意識去影響所有生命。每一個支持生命的行動或決定，都能支持世上所有生命，包括我們自己的生命。」

　　　　　　　　──大衛‧霍金斯（David R. Hawkins），美國精神科醫師

　　大約在一九六〇到一九七〇年代之間，我有一段不同尋常的「荒唐」時

光。那時的我是個如假包換的「花之子」嬉皮[1]（只靜坐，不嗑藥），我在加州沿岸一路搭便車，在廂型車裡一住就好幾個禮拜，或是在路邊煮糙米吃，參加反戰遊行、獻花給舉著來福槍的士兵、參加愛之祭與「人類聚會」（如果你不到五十歲，可以上網查查這兩個活動）[2]，還會在月光下跳舞。

當時，拿著「四海一家」（WE ARE ALL ONE）這類的標語，是司空見慣的事。不過，我那時還不清楚這句話的真正含意，就只是喜歡而已。這句話引發我內心深處的共鳴，一直以來，我都在期盼著能找到某種方式去超越揮之不去的分離感和失去連結的失落感。

當時我才剛踏上尋求之旅，壓根不知道我們本來就都是一家人！

如果你我都是由振動能量所組成，
如果我們身邊的所有事物也全是由同樣的振動能量所組成，
這就意味著每個人及萬事萬物都是連結在一起的。
就算單從物理學的角度來看，
各自孤立不僅是幻象，還是不可能的事！

我們都是這個浩瀚無邊的能量振動之海的一份子，全都來自同一個不可思議的神祕能量場。這意味著，你不可能存在於整體之外的虛無空間之中，也無法與整體區隔開來，即便你一口咬定你是個分離的個體。

在我們探討從振動層次進行轉變的意義時，下一個靈魂轉化為我們指出了一個重要的新方向。

1　編按：許多嬉皮會在頭上戴花或把花分給路人，因此有「花之子」的外號。
2　編按：一九六七年近十萬人湧入舊金山，參加「愛之夏」嬉皮狂歡大會。在活動之前，先在金門大橋公園辦了一場稱為「做自己」（Human Be-in）的人類聚會。

靈魂轉化

轉化：從「認為自己是一個情緒性／理性的存在」到「了解自己是一個振動性的存在」

以下這段話是本書最重要的靈魂轉化之一，也是我希望能夠提供給你的：這是一份邀請，希望你開始將自己理解為一個振動性的存在，而不是理性或情緒性的存在。

雖然你相信自己是透過理性或情緒性的方式
與其他事物產生連結，
但事實上，你和萬事萬物最主要的連結方式，是透過振動。
你在能量上和這個世界及你自己交互振動的方式，
構成了你自認為的「你」這個身分。

從物理學的角度來看，你可以把這個世界想成是彼此不停互動的能量場或振動場。你已經知道，你真正的本質是一種振動性的物質，是意識被「稠化」或濃縮成人類的形態。你是一個活生生的振動能量場，和其他振動能量場一同跳著永恆之舞，並且不只限於你有意互動的能量對象（例如其他人），而是與萬事萬物透過能量振動不斷互動！

你無時無刻都在散發的振波

再多上一點靈性物理課。這一次，我們要探討的是基本能量（或者說振動）如何移動，以及如何與世界上其他的振動能量互動。

　　你是否曾經往水裡丟過石頭？如果你有過類似的經驗，就看過石頭的能量和水產生了互動，並透過環狀的水波或漣漪從中心向外傳遞。透過石頭與水池的一個小小的接觸點，產生的振動所帶來的影響不只發生在那一小塊區域，而是會傳遞到更遠的地方。這是因為振動的本質就是如此：物理學告訴我們，所有的能量都是以波的方式來傳遞的。

　　波（wave）是一種能量脈動或震盪，能量就是以這種方式穿越過空間，以及穿越過空氣或水等物質。波是聲音和光等能量從源頭被傳輸並擴散出去的方式，其中有些能被看見，例如把石頭丟進水中所創造出來的物理能量，或者在光譜上能被肉眼辨識出來的特定波長。相反的，還有一些能量形式（例如微波爐、X 光、無線電波或電磁波）雖然存在，肉眼卻無法看見，只能藉由特殊的儀器來偵測或顯示出來。

　　我們都看過海浪撞擊出浪花的樣子，這可以用來說明兩個能量場如何進行振動之「舞」，而這裡的能量場指的就是海水。事實上，能量波之間的互動，造就了我們所知的生活。

宇宙的能量之舞時時刻刻都在我們周圍發生——
萬事萬物都在和周遭的一切振動共舞，
從最小的次原子粒子，到星星與銀河的萬有引力，
以及介於這兩者之間的所有一切，都是如此。
你時時刻刻都在跟世間萬物共舞！

　　如果萬事萬物都是一種在整個宇宙穿梭的振動能量波，那麼，我們可以想像，宇宙就是一個巨大的星際宴會廳，有各種粒子和振波以上千億種形態和韻律在其中舞動，由此形成了所有生物及所有一切！

　　讓我們把焦點從宇宙帶回到個人身上，以及我們剛才討論的主題：你和你獨一無二的振動之「舞」。正如我們所知，所有的能量都是從源頭以波的形式向外遞送傳播；因此，你的振動或脈動，也是以波的形式傳播到這個世界和你

的周圍；而振波的源頭正是你本人。

　　那麼，你個人的振動是由什麼構成的呢？最主要的成分，就是你的意念和情緒。意念和情緒是攜帶特定內容的大腦電脈衝，你所體驗到的每個意念或情緒，都會形成帶有特定振動頻率的能量波。透過腦電圖（EEG），能把大腦的這些電壓波動或電波活動記錄下來。

　　你腦袋裡的每個念頭，都會創造出一種振動。你所經歷的每個情緒，也都會帶出一種振動。每一個互動，每一個你看見、聽見或體驗到的事物，都會創造出特定的振動。就像所有振動一樣，這些振動也是由能量組成的。

　　多數人會認為是自己的想法和感受到的情緒在影響著我們，比如歡欣或沮喪、鼓舞或畏懼等等情緒。我們經常會這樣說服自己：只要不把心中的感受或想法宣之於口，別人就不會發現，也不會受到影響。然而，我們已經知道，能量振波的天性是向外傳遞，就像被扔進池塘的石子，它的能量不會只影響到所接觸到的那一小片水面，而是會不斷以一波接著一波的形式向外擴散出去。因此，你的想法和情緒，影響的絕對不只是你一個人而已。

振動會影響其他的振動。
你就是一個持續進行中的振動，無時無刻都在回應著世間萬物。
你的想法與情緒，時時刻刻都在透過振動的形式，
向外播送到整個世界。
意思就是，身為一個活生生的振動體，
你隨時都在影響著世間萬物。
事實上，要你不去影響世間萬物，根本是不可能的事！

　　幾個月前，我剛好和一個朋友討論到這個概念，她十八歲的兒子布蘭特就坐到我們身邊聽著。「我喜歡聽妳說話，」布蘭特說：「這種說法很酷。但當然，這對我並不適用。」

　　「是嗎？為什麼？」我問。

「因為我從來不會把自己的想法和感受告訴別人，所以它們不會被傳達出去。它們就只是留在我的腦袋和心裡，不會有人知道。」他輕拍自己的腦袋和胸膛，得意地做出結論。

我微笑著回應：「所以布蘭特，你的意思是，你所有的想法和情緒的振動都被皮膚鎖住了，對吧？那些能量沒辦法穿過你的皮膚？」

現在他看來一臉疑惑，似乎發現了自己的邏輯有問題。「嗯……我沒有從這個角度想過這個問題。」他坦承。

「你最近有沒有用手機拍照片發給別人過？」

「當然有啊，今天早上我才傳了一張我家狗狗的可愛照片給我女友看。」

「那張照片轉變成攜帶著數位資訊的電磁波，穿過空間傳送給她了。」我向他解釋：「那她收到了嗎？」

「當然，馬上就收到了。」布蘭特說。

「那麼，你的手機或是你房間的牆壁，或是任何阻隔在你和你女友之間的物體，有讓這個振動的訊息無法穿越過去嗎？」

「好吧，」他害羞地笑了：「我聽懂妳的意思了。所以，我以為只要不說出自己的想法和情緒，它們就可以不會被別人察覺，這種想法很蠢吧？」

「那不是蠢，親愛的──只是不科學！」

全年無休的人體廣播電台

或許你也像年輕的布蘭特一樣，當你「聽見」腦袋裡的念頭或感受到某種強烈的情緒時，會誤以為只要不透露出去，這些振波就不會影響到其他人，或是能隱密地留在你的個人系統裡面。這當然不是事實。如果你正在體驗以收縮方式振動的想法或情緒，例如評判；或是一種變化無常的振動，例如憤怒；或是一種焦慮不安的振動，例如恐懼；這些能量都會以波的形式傳遞出去。同樣的，如果你正在體驗的想法或情緒帶有一種更開闊的振動形式，例如愛、慈悲

或感謝,這些能量同樣也會以波的形式傳遞出去。就連那些你自己沒有意識到的無意識想法和情緒,也一樣會在你體內振動並傳播出去,這就像一台總是開著的收音機,只是音量調小到連你都幾乎聽不見而已。

你的每一個想法、感受和內在反應,都會創造出
一種帶有特定頻率和品質的振波(視想法和情緒的本質而定),
然後它會攜帶著資訊散發或傳播出去,就像所有的波一樣。

在過去二十四小時之內,你一定使用過手機吧?但你是否想過,手機是怎麼運作的呢?當你對著手機講電話,聲音的振波會被轉換成一種電子訊號,接著電子訊號會以無線電波的形式傳輸出去(無線電波是一種以特定頻率振動,並以光速每秒約三十萬公里的速度前進的電磁場)。這些電波不是直線傳輸,而是朝著各個方向傳遞出去,就像把石頭丟進池塘而製造出一圈圈的環狀波紋一樣。一個接到你手機號碼的基地台會接收那段無線電波頻率,然後再透過傳送或廣播的方式送到你朋友的手機裡,而後再轉為電子訊號,最後轉換成你的聲音。

你看不到無線電波帶著你的聲音穿越過空間,但它們確實存在,並且能輕易穿透途中的各種物質,例如玻璃和木頭。因此,你怎麼會認為,想法和情緒的波會留在你體內,不會被其他人感受或察覺到呢?

你就是一個振動的存在,
不只活在這個世界,
還正影響著整個世界。
你的想法、情緒和意識所形成的振動,
正不斷向這個世界廣播及傳輸,
就像無線電台把訊號播送到空氣中,
讓任何一台收音機、電話或電腦能接收這些訊息。

　　但和無線電台不同的是，你無法決定傳輸訊息的時間點。因為，你一直都在傳輸，就像二十四小時從不停播的電台一樣：「無時無刻，從不停歇！」

　　既然如此，接下來你要問自己的問題就是：「我的電台都在播些什麼？」答案至少會像以下這樣，而且值得好好想一想：**你播出的是所有一切的你，亦即在你這個人體內的所有振動。**

　　我們每個人都有一個專屬的「振動配方」，也就是我們所有的想法、情緒、決定、信念和態度加總起來的結果。這些振動材料會以特定方式結合，我們可以把它們的組成想像成自己獨有的一支「管弦樂團」，這支管弦樂團擁有自己獨特的「聲音」或影響力。你的各個部分就像是個別彈奏的樂器，而當這些樂器一起合奏時，就會交匯成一首「振動的交響樂」。當別人靠近你或甚至是想到你時，就會「聽見」或感受到這首振動交響樂。人們可以調頻到你專屬的廣播頻道，並體驗到頻道中播放的任何內容。

　　而且，無論你是否意識到，事實上，第一個收聽到這個廣播的人就是你自己！你就是自己振波的第一個接收者。所以，在你發射出對某人憤怒的想法之前，這個帶著能量的想法會先回彈並經過你本身的系統，然後才能發散出去。能量的振波首先要穿過你的身心，才能向外輻射到這個世界。

　　當你對某個人生氣時，那些負面的念頭或感受，並不是一支從心靈直直往外「射」到對方身上的箭，振動也不是隨之飛了出去，不再逗留在你體內。相反的，那些振動依然在你體內迴盪著，因為你是這些「訊號」的源頭。了解到這一點，是一個好的開頭，讓你願意多花點工夫，由內到外去轉化並療癒自己的振動方式。

振動倒敘：你預設的振動如何超越空間和時間

　　我們已經知道振動能量如何穿越空間，而且它還能穿越時間：

你無意識的想法和情緒，無論來自現在或過去，
都一直不斷地在向這個世界廣播，
就算你完全不知道它們的存在，也一樣。
它們是你意識中「預先設定好」的頻道。

不只是有意識的想法會被播送出去，就連無意識的念頭——你可以把它們想成是你的情緒和心理的廣播節目——也會被傳送出去。稍後我們會再仔細談談你大腦裡播放的節目內容，基本上，**這是你所有曾想過的念頭、曾感受到的情緒的總和，同時涵蓋了意識及無意識的兩個層面；而且也包括最近發生的，以及你有生以來年復一年所有一切的總和。我把這些稱為你「預設」的廣播頻道，那是你下意識自動調頻到的一個振動頻道。**

你是否曾經以為自己把電視或音樂播放器關了，但事實上並沒有關好？你是否曾經以為自己已經掛上電話，但其實話筒並沒有確實壓住「掛斷鈕」，所以線路依然連通著？現在，想像你這數十年來的所有經歷還在廣播著；這些老舊的振動廣播一直重複在預設頻道中播放，把不再符合現況而且也不是你所要傳達的振動訊息一而再地播送出去。

或許這個由想法和感受所組成的「節目」，傳達的訊息是：「愛會傷人，我不想讓任何人靠近我。」於是，單身的你雖然積極尋找伴侶，卻不明白為什麼別人似乎總和你保持距離。或者，你還有另一個由心理和情緒狀態組成的老舊節目，它正在傳達出這樣的訊息：「我就是有毛病。不管怎麼做，永遠都不夠好。」於是，雖然你對自己現在的能力表現得很有自信，但你似乎總是無法吸引到足夠的新客戶。

透過這樣的方式可以讓你了解，或許你認為過去的某些事件或議題已經解決了，但它留下的振動影響卻可能仍在你的內在迴盪著，並且不斷透過振動被廣播出去。

還記得我們前面討論過不同想法會在你內在發生衝突，而引發所謂的「內在之戰」嗎？或許現在你已能明白，**為什麼光是有意識地送出正面的訊息或振**

動還不夠，因為那些振動必須和你無意識的廣播內容一致才行。

　　如果你的內在仍有老舊的振動經驗蠢蠢欲動，或許你認為那只是回憶，但事實上，它們可不只是回憶而已。如果它們還攜帶著情緒，就絕對不只是回憶，它們會活跳跳地不斷廣播著。

回憶可能攜帶著情緒的振動。
有時候我們自認為完成或解決了某些挑戰或問題，
但我們只是從行動面去處理，
卻沒有從振動面去解決。
我們以為自己活在此時此刻，
但其實振動狀態還卡在從前。

　　我們甚至根本沒有意識到自己身上還在播放這些「老舊的振動節目」。我們可能只知道自己有時候會出現走偏的想法或情緒，那些念頭不知道從哪裡冒出來，也不知道原因為何。就像你聽到家裡有個警報器嗶嗶作響，但你找了一遍，卻找不到聲音的出處。我有設鬧鐘嗎？還是煙霧警報器響了？聽到聲音，卻不知道怎麼讓它消失，是令人很崩潰的事。你想知道這惱人的聲音究竟來自哪裡。

　　你的大腦也是這樣運作的。大腦天生喜歡事事并然有序，讓它有道理可循。於是，它經常會為你老舊的振動廣播尋找證據，證明它們都源自當下。

當你內在存有老舊的振動廣播，
例如恐懼、不信任、羞恥、憤怒等等，
而你的大腦不知道這些能量振動從哪裡來，
於是，它會從當下的現實中去尋找原因。
大腦不會把它們視為
「老舊或過時」的振動訊息。

而是覺得那些都是發生於當下；
事實上，從振動的觀點來看，也的確是如此。

我們多數人都經常經歷這樣的「振動倒敘」（vibrational flashback）：

另一半不過是做了件讓你稍感不悅的事，你卻大發雷霆，覺得他不愛妳。

老闆對你提了幾個有建設性的建議，你卻覺得自己被拒絕了，自我價值低落的情緒瞬間將你吞噬。

某個你不認識的人過世了，你卻莫名地感到沮喪和悲傷。

一個朋友忘了跟你提到派對的事，你就覺得遭到背叛，而產生再也不相信任何人的感受，久久在心中盤桓不去。

這樣的過程稱為「投射」。你正在把你內在的振動經驗投射到身邊的人事物身上。你正透過老舊的振動濾網，去體驗此時此刻的真實。

當然，問題就在於，你並沒有發現到這是投射，還真心地相信你現在感受到的是真的。你的老公真的不愛你；你的老闆真的覺得你很差勁；你是真的很哀傷；你是真的無法再相信任何朋友。當然，並非所有情緒或反應都是振動倒敘的結果，但是，你用這副老舊的眼鏡去看待世界的次數真的比你想得還要頻繁。也就是說：

我們會戴著自身問題的濾鏡來看待事物！

如果我們戴的是藍色鏡片，我們所看到的所有事物都會是藍色的。如果鏡片是黃色的，那麼觸目所及的一切也會染上一層黃。心智就像濾鏡：那些預設的振動內容就像鏡片一樣，會替事實「染上顏色」。

我們的想法或大腦，並不是人生旅途中可靠的指南針。這樣的說法，早在古老的教導中就已提到了。在傳統的東方靈性思想中，所謂的無知，就是我們不知道或忘記自己戴著有色的鏡片，因而影響了我們對真實的認知；於是我們以為自己看見的藍色真的是藍色，看見的黃色真的是黃色。梵文裡用摩耶

（Maya）一詞來表示這種虛幻的錯覺。

　　摩耶一詞最早出現於幾千年前的印度吠陀文獻中，可以翻譯為「幻象」或「錯覺」。當我們真正偉大的自我，跟有限的肉身或心靈現實畫上等號時，就會出現摩耶（幻象）。這就是我們前面提到的意識「凍結」或濃縮的現象，偉大的意識被濃縮成一種密實的物體，而我們錯以為那就是自己。摩耶是我們長睡不醒的夢境，也是我們的遺忘。它說明了為什麼實相看在我們眼裡會成為固態，但實際上卻是不斷在振動的分子。它也說明了，為什麼我們眼中的「自己」是這副移動行走的軀體，而不是暫住在這個肉身的至高意識。

　　簡單來說，摩耶的意思就是：我們眼前的事物，都不是它們真實的樣子。現在，隨著我們的靈魂轉化之旅走到這裡，或許你已經至少可以在理論上接受這樣的說法了。不過，我們現在要用一種更個人的方式來看待它——也就是，我們的心智是如何在每天的日常生活中，創造出我們信以為真的幻象與錯覺。

　　我們都曾經以非常具體的方式體驗過摩耶。想想看，多年前你曾經瘋狂迷戀某個人，那或許是你第一個一見鍾情的對象或初戀，你覺得對方美好得無可挑剔。沉浸於愛河的你，覺得無比幸福。但是，現在當你回想起這一切，或許會對自己說：「我那時候都在想什麼啊？我根本不了解這個人，只是因為他是足球隊的，就覺得他超級完美。一切都是錯覺。」或者，你可能說：「我那時真是瞎了眼，根本不知道她只愛她自己，沒辦法給我愛，也沒辦法去愛任何人。」當年，你的大腦只是看了自己想看的部分而已。等到有一天摩耶的面紗被掀開，你就會看到那個人真實的模樣；而事實上，一直以來他或她都是那個樣子。我先前怎麼沒能看出來？你百思不得其解。答案就是：摩耶！

　　每次當我向學生或聽眾說明這個概念時，都樂得看著他們因為發現真相而睜大眼睛的樣子。他們會恍然大悟，為什麼即便自己真心努力了，卻仍覺得沒有在他人或這個世界面前展現出真實的自己；他們也會知道，為什麼自己彷彿一直卡在過去的情緒能量裡，不得脫身。

　　透過「振動鏡片」來看世界，是不是讓你眼前一亮？這就是為什麼接下來我們要學習的靈魂轉化技巧，會讓你激動不已。我們之後將會陸續學到：如何

重新校準舊有的振動模式，讓你不再無意識發散那些和現在的你毫無關係的老舊能量。當你有這個全新的體悟，就能夠從根本上轉變你和所有人事物的互動關係，並且找到帶來恆久轉變的關鍵鑰匙。

「真正的自我小於微塵，卻比世上最大的存在實相還廣闊，它就隱藏在所有生靈的心之洞穴中。」

——《伽陀奧義書》（*Katha Upanishad*），西元前六世紀

「我們的星球、我們的社會和我們本身，都是星塵構成的。」

——卡爾·薩根《宇宙》（*Cosmos*），二十世紀

　　本章從一個不可思議的事實起頭：我們都是太空中的旅行者，在宇宙間以數十萬公里的時速快速穿梭；而在本章最後，我也打算以一個不可思議的事實作結——宇宙以它奧妙且令人稱奇的智慧，設計出世人無法參透的太陽、行星和銀河之舞；同樣的，這個偉大的宇宙智慧也為你設計了精彩無比的生命藍圖。你體內的每一顆微小原子，都源自於一百三十億年前爆炸的星塵。宇宙間所有的化學元素，以及你體內的所有一切，都來自天上的星星。

無論是遠古智者所悟出的道理，
或現代物理學家測量的結果，
真相只有一個：
在你之內的最小空間，
寬闊巨大得堪比外在的世界。
神祕學家和科學家都相信，
你就是一道光，也與光一起振動。

此刻，你正舞動著。

你身上沒有一個地方是靜止的。

你的意識發出脈動。

在你之內的所有一切，都在閃耀的光之波中振動著，

但你並不是唯一在舞動的人。

你有億萬個振動夥伴——人、動物、樹木、雲、塵土、銀河……

以及一切所有。

你正和萬事萬物一起舞動著。

畢竟，你們本來就是宇宙親緣。

你從來都不是孤單一人。

你早就回到了家，一直都是。

第6章

你是如何振動？
從表現提升到存在

「你的每個想法、感受、說出口的話以及行動，都會反射回整個宇宙。」
——斯瓦米‧穆克塔南達（Swami Muktananda），印度瑜伽大師

　　青少年時期我最喜歡的電視節目，就是家喻戶曉的科幻經典劇作《星際爭霸戰》（*Star Trek*）。影集主要談的是星艦企業號及機組人員的冒險經歷，他們穿梭在二十三世紀的銀河之間，其任務之一就是持續在星際中尋找適合人類殖民居住的「M 級星球」，先決條件就是有足量的氮氣和氧氣。

　　每當星艦去到一個新的星球，在著陸降落或把組員「送」下去之前，都必須先接觸這個星球的大氣層，對其情況進行評估。機組人員會透過工具檢查，確認星球周圍是否含有危險的殘屑、不穩定的爆炸武力，或其他可能使星艦在進入大氣層後遭遇危險的狀況，或是讓組員在著陸後喪命的潛在有毒氣體。

　　為什麼我會突然提起這部影集？而星球的大氣層和我們的靈魂轉化之旅又有什麼關聯呢？我們都知道，星球是一種外環一圈大氣層的巨大物質，所以本質上，你也是一個星球──一個被大氣層環繞著的物質。你就是「蕾貝卡星」、「史蒂芬星」或「莎儂星」，而我呢，我是「芭芭拉星」。就像太陽系的星球一樣，在你的周圍也有一個振動的電磁場環繞著！

　　美國詩人惠特曼（Walt Whitman）在一八五五年的詩集《草葉集》（*Leaves of Grass*）中，曾寫下一行優美的詩句：「我歌頌帶著電流的身體。」（I sing the body electric）。雖然這首詩早在現代科學發現這個事實的幾十年前就已完成，用字卻精確無比：**從科學角度來看，你基本上就是一個帶著電流的存在，**

你的身體是有電流竄動的！

舉例來說，現在你能好好活著，是因為心臟的細胞每一秒會製造一個讓心臟持續跳動的電脈衝。要是電脈衝停止了，心臟就不會再繼續跳動，身體也會跟著死亡。你的神經系統本身就是一個巨大的網絡，神經細胞不斷透過電子訊號的形式，在彼此之間傳遞訊息，這樣的過程叫做神經傳導。據估計，你腦中的神經元（神經細胞）數量高達八百六十億個，而且全都在同步運作。每當你腦中浮現某個念頭，或是經歷了某種情緒，都是因為這數百萬個神經元在前前後後互相傳遞著訊號。

電流會產生磁場。**因此，身為一個帶電系統的你，身體周圍會創造出具有振動性和磁性的「大氣層」，它沒有物質的密度那麼高，也不是肉眼所能看見，但卻無比真實地存在著。**你的身體一直持續在送出具有特定頻率或強度的訊號。記得前面我們說過，你的振動是以波的方式向外傳遞的，進而影響身邊周圍的一切，我們可以稱之為你的「振動氛圍」，或是你的大氣層。

> **環繞在你身體周圍的振動大氣層，**
> **就是你振動廣播最精華的形式：**
> **包括你的心智能量、情緒能量和靈性能量。**

早在現代科學發現並測量到人的電磁場之前，許多傳統哲思——包括佛教、蘇菲教派（sufism）、道教、印度教、卡巴拉（Kabbalah）、神智學（Theosophy）等——都已提到過有一層更精細的精微體環繞在我們的肉身之外。人們曾用「乙太體」、「虹光身」、「氣場」、「靈體」或「光體」等等字眼來稱呼這個明明是你的一部分，但又不屬於血肉之軀的「你」。

讓我們試試下面這個實驗：

抬起你的雙手，掌心朝內相對，間隔約三十公分寬，就像正準備拍手一樣。接著，雙手掌心以非常慢的速度靠近，但沒有真的碰觸到，最終留有五到八公分的距離。注意：當兩手掌心越來越靠近時，你是否感覺到掌心之間的能量變得更「厚重」了？

現在，讓雙手掌心相距幾公分，然後拉遠再拉近，重複做幾次。雙手在移動時，你有任何感覺嗎？雙手的掌心之間是不是好像有某種真實的東西？或許你能察覺到能量感覺起來很密實，就像果凍一樣。

你剛才感覺到的，就是實際存在於你身上的振動能量場！如果可以的話，你還可以找個夥伴一起做這個實驗，看看你們的手需要靠得多近，才能感覺到「有什麼」存在，即便這個「什麼」實際上是肉眼看不見的。就算你們沒有任何感覺，雙方之間的能量場依然存在，並且早在你們的身體相互接近之前，就已經在互動了。

為了沿用先前以銀河星球所做的譬喻，我們還是把它稱為你的「大氣層」。就像星際旅行者在真正著陸之前，必須先穿透星球的大氣層一樣，你也一直都在「進入」其他人的振動場，同樣的，他們也一直在進入你的振動場。

當你遇見某個人、看見某個人，
或站在某個人身邊──
在對方還沒有開口說話前，
你就已經進入了他的「星球大氣層」。
當然，他也進入了你的大氣層。
你們會同時進入彼此的振動能量場。

一旦你進入對方的「振動大氣層」，一定會有所感覺。他周圍的振波，會

以振動方式影響你。事實上，這樣的概念對你來說應該不陌生。雖然你或許沒有從振動的角度思考過，但你時時刻刻都在體驗人們周圍這種隱形的能量：

・**你一遇見某個人，馬上就會發現自己的感受在振動上出現了變化。**你可以感覺得到被對方所吸引或心生牴觸，或是感覺很安心、很放鬆，或是不安、警惕，或是心情愉快或不舒服。如果跟對方相處起來讓你感覺很舒服，你會想和他有更多接觸；如果感覺很差，你會想趕緊離開。

・**一進到別人的家裡，你就能感覺到空間裡的能量是溫暖的、開放的，或者壓迫得讓你想轉身逃離。**

・**公司來了新同事，你可以馬上感覺到自己的好惡：被對方吸引，想要多多了解他；或者立刻覺得沒有好感，決定盡可能避開他。**

有時候，這樣的反應會細微到你沒有意識到自己出現了這樣的想法；而有時候，感覺卻會很強烈。不過，你幾乎從來沒有辦法為自己的類似反應找到一個合乎邏輯的解釋，因為這些反應不是出於任何事實或理由，就只是憑乎自己的「感覺」：

我對這個人一無所知，但在她身邊會令我不舒服。

一見到新上任的會計經理，我就知道他是我可以信任的人，雖然他根本還沒有自我介紹。

他是個超級好相處的人，但總是會莫名地惹怒我。

每次只要一到表弟家，我就會覺得煩躁、容易生氣，即便根本沒有發生什麼讓我不開心的事。

一見到兒子的新老師，我就很喜歡她，看得出來，她有一顆善良的心。

為什麼你對其他人會出現這些具體又強烈的反應呢？答案是：**因為你進入了對方「星球」的「行星軌道」，然後「檢查了他們的大氣層」！**

早在你透過理智或情感去蒐集足以評估對方的資訊之前，

你的振動場就已經調頻對準了對方的振動場，
透過振動的角度去評估對方——
而對方也以同樣的方式在評估你。

打量某人的時候，我們會說「我剛看了他一下」，這句話就是這個意思。無論你是否意識到，實際上，你確實不斷在對所有人做振動上的解讀，而所有人也正用同樣的方式在解讀你。

在上一章，我曾介紹過一個靈魂轉化方式：從「認為自己是一個情緒性／理性的存在」，轉變為「了解到自己是一個振動性的存在」。而接下來，我要介紹的靈魂轉化技巧，將幫助你了解自己和所有人的關係。

靈魂轉化

轉化：從「認為你和他人的關係是一種情緒上的互動」到「了解到你和他人的所有互動，都是一種振動關係」

如果像我們先前所說的，你是一個振動的存在，那麼你和他人的關係和互動就不會只發生在情緒層次，反而主要是一種振動層次的互動。你就是一個活蹦亂跳的振動能量漩渦。

當你遇見某個人，不管對方是誰，他的振動都會對你產生某種特定的影響。**你不可能不被他人影響，他人也不可能不被你影響。**這和他們說什麼話沒有關係，真正有關係的，是他們——以及你——正在用什麼樣的方式振動。

既然如此，就表示每個人時時刻刻都在透過振動評估你。雖然他們並非有意識地去想著：「那好，現在我要來評估這個人的能量振動狀態。」但事實上，他們確實在能量層次上對你進行評估，而你也正在評估著他們的振動狀態。你和所有的人一直都在透過振動狀態互相評估。

他人無時無刻都在透過振動狀態評估你。

早在你開口說話前、做任何事之前，你就已經先被對方感受過了。

你的振動狀態，就是你最有利的溝通形式。

我總是提醒學生：「我們無時無刻都在交流溝通，不管我們是否開口說了任何話。」你正透過自己的振動方式進行溝通。你無意識地向外廣播來自你這個星球的能量「訊息」，也從周圍人們的星球接收訊息。這說明了，為什麼只需要幾秒鐘，你就能在遇到其他人的當下，立即對他們產生某種感覺。美國心理學家亞伯特‧麥拉賓（Albert Mehrabian）的研究指出，別人對你的第一印象，只有百分之七是來自你說的話，其餘的百分之九十三，也就是別人對你最主要的印象來源，是你的肢體語言和說話聲調。我個人認為，這個研究其實就是以這樣的方式在測量我們所說的「振動」。

振動干擾，以及你的振動小行星帶

有沒有人對你說過：「你誤會我的意思了。我是在稱讚你，你怎麼會覺得那是批評呢？」

有沒有人曾經說你聽起來好像很生氣，但實際上你只是用一種自己覺得中性且無傷大雅的方式問了一個問題而已？

你是否曾經想在他人面前好好表現，試著分享你的熱情或表達欽佩，卻都是「怎麼說怎麼錯」？

我把以上的情況稱的之為「振動干擾」——你真正想傳達的訊息或意圖，在穿過你的能量場時受到了干擾；而他人想傳達的訊息，在你真正接收到之前，就在穿過你的能量場時也可能受到干擾。

所有你由內向外傳遞的一切，

都一定會經過你的振動能量場，而後再傳達給他人；
同樣的，所有從外界要進入你的一切，
也必定會經過你的振動能量場，才能到達你身上。

你的振動能量場就像濾網，無論向外或向內傳遞的一切都必須經過它。就算你想跳過它，也辦不到。或許你有一個重要的資訊想跟人分享、有一個具啟發性的概念想對他人說明，或者有一個無比真摯的情緒想要表達出來，但這一切都必須先從你的內在出發，再經過你的能量場（也就是你周遭的振動大氣層），然後才能被傳達出去。同樣的，他人希望傳達給你的一切——包括愛、訊息和回饋等等——也必須先經過你的能量場大氣層，才能夠降落在你這顆星球上。

那麼，其中的干擾究竟是什麼？**你可以把它們想成是一種「振動的小行星帶」**（vibrational asteroid belt）。小行星是圍繞在星體外圍，沿軌道運行的石頭和金屬碎塊，它們多半以「帶狀」的形式分布在星球與星球之間。科學家認為，小行星是碎裂的星球殘骸，以及太陽系中未能形成星球的剩餘材料。在科幻小說或電影中，當太空船試著穿越過小行星帶前往某個星球時，總是要份外小心，避免被碎塊擊中（但事實上，科學家認為小行星相當分散，並不容易造成碰撞意外）。

我很喜歡「小行星帶」這個譬喻。或許**你可以這麼想來幫自己理解：那些正從你「意識星球」離開的至高意圖、想法和溝通方式，會跟你的振動小行星（這些小行星是「漂浮」在你周遭大氣層附近的舊有行為模式及情緒廣播內容的殘骸碎片）發生碰撞。**同樣的，那些試圖和你連結、來自他人「星球」的能量，也可能會和你的那些振動小行星發生碰撞。

記得我們曾經提過，你的「振動廣播預設頻道」是一種含有特定頻率的情緒能量，不僅會無意識的自己振動，還會傳遞出振動訊息？如果我們把這個譬喻加進先前的星球大氣層譬喻中，你就能對這些振動碰撞有更清楚的概念：

你舊有的振動廣播內容，是你周圍能量場的一部分。人們一進到你的能量

場，就會察覺或接收到你的振動訊息。就算你沒有用言語把這些訊息傳遞出去，或者根本不想傳達這些訊息，結果也一樣。

想進入你這顆星球的那些人，會跟你的振動小星球帶發生碰撞。

想像你為了參加一場特別的活動刻意盛裝打扮。但在抵達目的地之前，你必須冒雨走在滿是泥濘與垃圾的路上。途中的這些狀況會「干擾」你乾淨體面的外表，以至於當你抵達會場時，你看起來的樣子和出門時已經判若兩人。

這個例子簡單地說明了「振動干擾」的概念。你每天都在經歷振動干擾，只是你從未察覺。**你最後說出口的話、做出的行動或選擇——也就是其他人眼中的「你」——都是從你的意識星球出發，穿過周圍大氣層的干擾後，所得到的最終產品。**

就像在抵達活動會場之前，你所經歷過的大雨、泥濘及垃圾都會影響你的外表一樣，振動干擾也會改變你的能量，使你至高的振動或意圖遭到扭曲。等到你穿過自己的大氣層，把想法或感受化為語言說出口，或甚至在你出現的那個當下，呈現在外在世界的那個「你」，可能已經不是你希望自己呈現出來的樣子了。

當你純粹的訊息、想法或情緒，
從內在的意識出發，往外在世界前行後，
在這趟旅程中，它們會碰上那些正在你大氣層內脈動，
或「沿著軌道運行」的振動能量和模式。
它們會因此被搞得一塌糊塗，或改變振動模式。

這就是為什麼有時會出現諸如以下的感受：我不是故意把話說得如此嚴厲、我不是故意表現得那麼沒有安全感，或是我不是故意要說這些話來嚇唬他。我們以為自己送出去的是某一種溝通內容或意圖，但當它們穿過我們的振動場後，在「抵達」目的地時就已經變得面目全非了。

所幸，現在的你已經開始知道，從振動角度去了解自己，這有多麼重要，

而不再只從心理學或理性角度來看待自己。在此，為了讓振動的概念更容易被理解，我們用上了星球和大氣層的譬喻，但你必須記得一點：你不是跟星球一模一樣！行星的大氣層是包裹在地表之上，但正如我們先前討論過的，你的振動「大氣層」並不是形成於皮膚表面；還有，在你頭上盤旋的人造衛星有自給自足的能量設備，而你沒有。

你的振動場並不是存在於身體之外：
它是從你意識深處的控制室裡播送出來的振動內容。
它不只影響你的身體，
也會在你之內和周圍的空間中創造出一個能量場。

清楚這一點後，我們就可以回到先前的譬喻，繼續接下來的說明。

小心！那是你的情緒太空垃圾

探索頻道（Discovery Channel）有一次播放的內容相當吸引我，介紹的是漂浮在地球大氣層周圍的大量「太空垃圾」。當我們抬頭望向夜空，總以為自己和月亮及遙遠的星球之間，隔著廣袤空曠的外太空，但事實並非如此。我驚訝地發現，在我們的大氣層裡漂浮著數百萬由人類製造出來的垃圾殘屑，它們正快速地繞著地球移動。目前，這些垃圾包括助推火箭的殘骸、失去功能的衛星、遺失的器材、四處散亂的金屬或太陽能板，以及其他的「太空廢物」；它們正以每小時兩萬八千公里的速度繞著地球疾行，成為非常危險且可能致命的垃圾殘屑。

太空中甚至還有所謂的「墳場軌道」（graveyard orbit），我們可以把它想成是官方的「太空公墓」。那是距離地球約三萬五千公里遠的一條通道，所有廢棄或不再能使用的太空船會被棄置在這裡。想想那些不再有作用的殘屑，

依然在我們這個地球的周圍移動著，也跟著我們一起繞著太陽公轉，參與我們在銀河系中的旅程，就會讓我想持續去關注。

就像太空垃圾一樣，許多人也都帶著自己的振動殘屑在運行──這些殘屑不是具象的物體，而是老舊的振動能量，它們就像過時的人造衛星，持續播放著多年以前的能量訊息。這些來自過去、未被消解的情緒，構成了我們周圍的小行星帶以及情緒殘屑。

就像老舊的助推火箭和廢棄的人造衛星一樣，
我們振動場也有太空垃圾，它們早已失去功能，卻依舊存在著。

回想多年前你痛苦的失戀經驗，或許對方深深傷害了你，甚至背叛你。這些強烈的情緒會成為一種振動廣播，在你的意識周圍沿軌道環繞運行。你可以把它們想成是振動版的人造衛星，不斷播送諸如以下的訊息：我男友是個混蛋，我恨死他了；我絕對不會原諒他；男人就是這麼噁心（男性讀者們，請根據你的個人經驗，自動置換性別）。這些振動訊息不斷反覆播送，在你的振動場上巡迴環繞。

隨著時間過去，你年歲漸長，卻一直找不到合適的另一半。「我搞不懂為什麼就沒有人能走進我的生活。」你如此抱怨著。然而，問題可能就出在這些太空垃圾上面──也就是堆積在你振動場中那些老舊的情緒殘骸。它們早就失去應有的功能，卻依舊存在著。

讀到這裡，你可能會想：但我和那個人已經十五年沒見面了，或是那都已經是很久以前的事了，我早就走出來了。當年的那些感受怎麼可能還在我的情緒大氣層裡面漂浮呢？**除非你有意識地把這些振動廣播關掉，並且轉化那些能量，否則它們就會一直留在那裡；而且，它們很可能在你不知情的狀況下，仍然發送著訊息。**

甚至，就算你已找到另一半，你的情緒太空垃圾還是可能對你和伴侶造成負面的影響。我們前面提過，所有從外界進入你的一切，以及從你內在向外發

送的所有一切，都必須經過你的振動大氣層。你可能不知道，那些老舊的憤怒衛星或不信任衛星等情緒遺毒，一直都透過振動頻率在為你的行為和言談添抹顏色，這樣的事情隨時都在發生。

　　這本書要介紹給你的重要功課之一，就是重新校準你自己。把那些不再符合現狀的所有東西通通彈開。現在時間到了，該把你振動能量場中那些太空垃圾清一清了。你可以問問自己以下問題：

靈魂轉化：幫你重新校準的幾個問題

我身邊可能正圍繞著什麼樣的振動或情緒太空垃圾？

它們的成因是什麼？在那裡多久了？

這樣的振動垃圾，會使我和他人之間出現什麼樣的情緒衝突？

　　請牢記：只要你能看見，就能轉化。

你來自哪顆星？認識你的振動傳承

　　你是否曾經遇過一些非常奇怪的人，讓你不自覺刻薄地說出或暗想：「他到底是打哪顆星球來的啊？」事實上，這是一個相當合理的問題。

　　假設真如我們先前所說的，你是一個振動體，那麼，你又是來自哪顆星呢？環繞在「你這顆星」周圍的振動場，是如何創造出來的？你的振動大氣層擁有什麼樣的環境條件，而那些漂浮在你周圍的「情緒小行星」，例如憤怒、不安和恐懼等等，它們的源頭又是什麼？

　　要回答這些問題，就必須回到你的「振動源頭」。你、我和所有人，都是

在自己的「振動星球」上長大的。這個星球擁有自己獨特的大氣層。這個星球就是你的家族和家庭，有獨特的能量氣候和頻率，會以深刻的方式影響著你和你的振動廣播內容。

我把這稱為你的「振動傳承」。下面這個靈魂轉化技巧，對此將有更進一步的說明。

靈魂轉化

轉化：從「把過去視為一系列的情緒事件」
到「了解它們都是振動性事件，會在振動層次影響你」

我們每個人或多或少都思考過，過去發生的情緒性事件，是如何影響了我們的個性、習慣和選擇。上面這個重要的靈魂轉化技巧，想要傳達的是：倘若你想真正了解自己——去看看你有什麼需要被看見的，並且開始轉化——**你就不只得去了解自己身上發生了什麼事，還要睜眼去看見這些事件與情境在振動層次帶給你什麼影響。**

大部分的人在成長過程中，都會接收到許多愛與關懷，除此之外，通常還有許多能量事件同時在發生，即便它們從來不曾用語言形式被表達出來。在你家裡，是否存在著恐懼或焦慮的振動頻率？羞愧或匱乏的振動頻率呢？悲傷或憤怒？完美主義或控制欲？或是認為這個世界不公不義？或是你需要韜光養晦以免遭嫉？

我們已經知道振動會彼此影響，而且萬事萬物都在和周圍的一切共振。年幼天真的孩子就像是一塊振動的海綿，吸收能力超強。或許小時候的你無法表達自己經驗到的感受，但你必定感覺得到家人的情緒和心理振動，並且不由自主地受到影響，即便現在的你並不記得。你的父母和家族成員一天二十四小時，全年無休地廣播著這些振動頻率。以上這些，就是你的振動傳承。

父母就是你的第一任振動老師。
就像你跟著爸媽的口音，學會說自己的母語，
或學習到某些行為習慣一樣，
這一切都在不知不覺中發生──
你學會用成長過程中每天經驗到的方式，去振動你的頻率。

換句話說，我們會忍不住開始和身邊接觸到的能量，以同樣的方式振動。因為與周遭的人趨向和諧一致，是人類的天性。我們會調整自己的行為和溝通方式，以便融入自己所處的環境。聽音樂會時，如果你身邊所有人都在拍手，你很難不跟著一起拍手；一群人一起看表演或看電視，如果大家都在笑，你很難不跟著一起笑。

你身邊是否有人會重複哼唱同一首歌？你是否曾經必須忍受自己的孩子，為了準備學校的表演而無止盡地練習同一首曲子？最後你會發現，雖然明明聽到快受不了，你卻不自覺哼唱著那段旋律。你可能會抱怨：「簡直是魔音穿腦！」卻開始跟著它一起振動，即便你根本沒意識到這件事情正在發生。

這些都不是你根據意識做出的決定，我們壓根沒有這樣想：大家都在笑，所以我也要笑；大家看到球隊得分都高興得跳起來了，所以我也一起跳吧；或是既然這個人在哼這首歌，我也跟著一起哼哼看。我們就只是不由自主地笑了、跳起來了，或發現歌曲的旋律在腦中縈繞不去。不管我們有沒有發現，我們實際上都在趨近身邊周圍的一切振動。

人類的天性會自然而然地、出於直覺地，
把自己的振動調到和身邊周圍的頻率一致，
以達到一種和諧狀態。
我把這稱之為「共振」。

共振的神奇力量

一九六四年的某一天，我的國中科學老師在課堂上說，他即將為我們示範能量之間的互動方式——他要示範的是聲音的能量。他把兩支音叉架在實驗桌的音箱上，然後用橡皮槌敲了其中一支音叉。被敲擊的音叉開始以特定的頻率振動，音箱中的空氣也是，因此製造出一種我們都能聽到的獨特聲音。接下來，老師用手止住了音叉的振動，但聲音依然存在。我們驚訝地發現，現在聽到的聲音來自另一支音叉。明明沒有人碰觸，它卻自己振動起來，而且像被施了魔法一樣，發出和第一支音叉一模一樣的聲音。

這是怎麼回事？答案是：兩支音叉之間有空氣分子連接著，因此聲波的能量可以被傳遞過去。第一支音叉的振動「迫使」第二支音叉以同樣的頻率振動，科學課老師告訴我們，這就叫做共振：

共振就是當一個物體和另一個類似物體連結時，
會迫使另一個物體也進入振動狀態。

老師的示範令我大開眼界。當時我就覺得，這個示範的意義遠大過老師想讓我們這些十四歲的孩子們看到的。我的感覺一點也沒錯：就像第二支音叉會受到第一支音叉的影響，跟著一起共振一樣，人也會無意識地在振動層次調整自己，以符合周圍情境的振動方式。

當你明白了共振的道理，你會發現生活中許多事情都說得通了：

• 共振可以說明，為什麼我們很容易被他人的情緒、能量或振動所影響，就算我們已經用盡全力避免這樣的情況發生。

• 共振可以說明，為什麼當我們置身於一群人——比如家庭、老同學或陌生群眾——之中時，會發現自己用不同於平常的方式在思考或行動，因為這一群人會在振動層次上對我們造成重大的影響。

・共振可以說明，為什麼我們會和經常相處在一起的人變得越來越像。

・共振可以說明，為什麼我們會從孩提時代的生長環境中，獲得一種振動傳承，即便沒有人教過我們要用特定的方式振動。

這就是為什麼我們會習慣做出某些行為或感受到某些情緒，而且似乎無法打破。我們可以把這些習慣看成是我們的振動傳承，這些情緒或行為就像腦中揮之不去的旋律，因為你已經重複聽過太多遍了。

我們的許多心智模式和情緒模式，
就像是一輩子一再重複聽的耳熟歌曲，
是我們會不自覺「哼」出來的旋律，
我們會與它產生共振，無論自己是否願意。

我曾在學生身上見過無數像這樣的共振例子，每當我向人們說明這個概念時，他們的反應都是恍然大悟地為自己的個性和行為模式找到了解釋。下面就是一個能說明振動傳承的真實故事。

莎賓娜聰敏、美麗、事業有成，卻一直為揮之不去的恐懼和焦慮所苦。她總是疑神疑鬼，不相信所有的人事物，也包括身邊的人。這樣的情緒模式，造成她無法讓其他人靠近，連親密的家人都不行。無論她再怎麼努力嘗試，就是沒辦法相信別人，也沒辦法放鬆自己。莎賓娜一直都活得像是即將大難臨頭一樣，她不喜歡被困住，也不喜歡做出任何承諾，用她的話來說，那會讓她覺得自己「被逼到角落無法動彈」。

「我不明白自己哪裡被困住了，」她挑明跟我說：「我知道，每天我的感覺和行為，都像生活在戰區一樣，但我不明白為什麼會這樣。我沒有什麼童年創傷，也沒有經歷過任何重大的傷痛，但我總是怕得要死，就像是得了焦慮症一樣。」

「那妳父母的童年呢？」我問。

「我父母？他們的童年跟我有什麼關係？」

「如果在妳的成長過程中，沒有什麼理由讓妳無法信任他人，」我向她說明：「那麼，妳很有可能就是從父母身上繼承了他們的振動模式。也就是說，在他們年輕時，一定發生了什麼事，讓他們每天都要承受跟妳現在一模一樣的感覺。」莎賓娜沉默了好一會兒。突然間，她的眼眶泛著淚水，臉色慘白、全身發抖。

「我的天啊，」她顫抖著說：「我現在覺得自己的腦袋像爆炸了一樣。妳說得沒錯。我的母親和她家人是東歐難民，我這輩子都在不斷聽那些恐怖故事，他們成功逃出來之前的幾年，完全無法相信任何人，而且必須不停說謊、東躲西藏，才能免受牢獄之災或遭到更恐怖的對待。許多朋友和鄰居都莫名消失，從此再沒消息。他們每天都是這樣過的，隨時得準備好偷偷離開，一接到消息就能馬上動身，否則可能會趕不上。我真的不敢相信，我從來沒有意識到這件事。」

「這就是妳的振動傳承，是妳的振動血統。」我說：「在妳母親的生長過程中，她的振動模式充滿了懷疑及持續不斷的焦慮，隨時擔心會遇害，必須掩蓋事實、不能和任何人事物有太緊密的接觸，並且隨時都在尋找脫身的機會。這就是她被設定的振動程序。」

「但我從小在波士頓長大，從來沒有經歷過這些，怎麼還會有這所有的感受呢？」

我向莎賓娜說明了共振的概念，幫她了解自己是怎麼學會和那些恐懼與不信任的情緒頻率共振，因為那就是她從小充斥在身邊的振動頻率。甚至她還在母親肚子裡的時候，就已經能感覺得到。

「這完全解釋了我身邊所有的事！」她興奮地說著：「妳想聽一件很詭異的事嗎？我停車時，只會停在最靠近出口的車位，即使是在非常大或到處都是空位的停車場也一樣，我可能會因此多走十五分鐘的路才能去店裡。而且，假如我在室內停車場找不到靠近出口的停車位，我寧可直接掉頭開車回家。我先生老是因為這樣氣得要命，我也很生氣他不了解這對我有多重要——雖然我不

知道原因為何。我從來不知道自己為什麼要執拗地這樣做，甚至覺得自己可能心理有問題。」

「不是這樣的，親愛的。」我安慰她：「妳只是隨時準備著要逃離而已。」

弄明白前因後果之後，莎賓娜嗚咽地哭了起來。她發現，即便母親成功地逃離家鄉的恐怖暴政，身上依然還攜帶著這些振動上的習慣，並將它們傳遞到女兒的身上，不是透過語言，而是透過振動。

「我一向對活得小心翼翼、畏縮封閉的母親不假辭色，認為她不懂人情世故。」她向我坦承：「這是我第一次明白為什麼她會這樣活著，也是我第一次知道為什麼自己會這樣活著。」

了解自己的振動傳承之後，莎賓娜生活的各個面向都起了非常大的變化。她徹底地去檢視及思考這一切，並且找出所有原本以為是「個性使然」的習慣；這些習慣其實都是振動倒敘的表現，反映的是她從未去過的某個遙遠故國，以及她從未真正經歷過的種種境遇。隨著日子一天天過去，她開始重新從振動層次去校準自己（接下來你們將會在本書中學會該怎麼做）。而後，她逐漸能在親近的家人及朋友身上，感受到真正的親密與信任。最重要的是，現在她擁有了一個全新的振動體驗：安全及平靜，這是她以前從未感受過的。

找出自己的振動傳承

振動傳承並不是構成你振動模式的唯一因素（接下來我們會持續探討這個部分），**但確實占了相當大的比例**。一旦你開始花時間思考振動傳承這個概念，以及它在你生活中可能扮演什麼角色時，你就會開始找到某些關聯。一開始，你或許會感到震驚，然後是驚喜，最後是鬆了一口氣。

當我的學生針對這個主題進行探索時，我經常要求他們要用下面這個開頭來照樣造句：

難怪我＿＿＿＿＿＿。

以莎賓娜來說，她就寫了這樣的句子：

難怪我討厭擬定計畫或告訴別人我在哪裡，總是以隨性的藉口來掩蓋。

難怪我一直沒有把三年前搬家的箱子整理好，就像我們隨時會離開一樣。

難怪每次只要有人敲門，而我想不到可能是誰的時候，我就會很驚慌。

難怪每當有人問我問題時，我都會覺得就像被審問一樣呼吸困難，就算對方是我深愛的人也一樣。

難怪就算在熟人面前，我也很討厭談論自己的事。

難怪我喜歡退居幕後，在自己的公司當一個「隱形的 CEO」，然後推說自己只是個性低調。

難怪當我發現女兒在臉書上談到我家的事情時，我總會大發脾氣；如果是上傳了我的照片，我更會怒不可遏。

你看出來了嗎？莎賓娜的這些「個人特質」，完全就是一個必須低調行事、不能高枕無憂，並且得在「敵人」面前保護好自己的人才會有的反應。

我建議你也寫下你自己的「難怪我＿＿＿」清單。當然，寫下這些句子並不能改變你的振動模式，但當你一一指認出來，就能開始慢慢擺脫它們。

你也可以開始藉由以下的問題，來探索自己的振動傳承：

我跟家人使用的溝通方式和語言（不是指實際說出口的話），背後帶有什麼樣的能量？

我家裡的振動氛圍如何？──指的不是事件，而是振動的頻率。

我學會和什麼樣的「旋律」共振，並且在腦中一直「哼唱」不停？

如果你從振動的角度來檢視你的家族和家庭，不加以評判，只是評估，你就會開始看到自己「振動傳承」的根源。

或許為了要和焦慮的能量共振，你因此變得小心謹慎、高度警覺。

或許為了要和負面、批評的能量共振，你因此變得驕傲自大、批判性強。

或許為了要和不惹事生非、低調行事的能量共振，你因此變得內向害羞、自我保護意識很強。

或許為了和無法相信他人、無法相信這個世界的能量共振，你因此變得與世隔絕、防備心重。

不過，好消息是：你的振動傳承和它所衍生的振動習性與振動廣播，都只是你被設置的程式而已。它們並不是你！

> 你的習慣和模式不能代表你是誰。
> 它們只是你在振動上被調校或「調頻」的結果。
> 很多你以為是「個性使然」的習性，
> 其實只是未消散的振動倒敘而已。
> 那是你在無意間採納的振動習性，
> 你從未發現它們主宰了你大部分的生活。

關係：了解振動鄰近性

是什麼讓共振得以發生？

為什麼身邊的人和我們所愛的人，可以大大影響我們？

這兩個問題的答案是一樣的，我把它稱為「振動鄰近性」（vibrational proximity）。

> 振動鄰近性意味著

兩個人／兩個物體／兩種振動系統
必須足夠靠近，才能產生共振。

　　現在，就在這個當下，你正體驗到兩個巨大物體因為靠得夠近而具有振動鄰近性，對彼此造成影響。這兩個物體就是：地球與月亮。或許你知道，月亮的引力會在地球形成潮汐變化；但更重要的是，月亮的引力會讓我們的旋轉速度變慢，就像是某種巨大的煞車系統一樣。如果沒有月亮，地球將會以更快速度旋轉，而我們的每一天將會縮短成只有六到八個小時，不是二十四小時！

　　當然，地球也會對月球產生深遠的影響。地球的重力場讓月球持續在軌道上運行，這是月球能一直繞著地球運轉的原因。如果沒有地球這個鄰居，月球將會漂離到別處，或許繞著太陽轉或自轉，或是不斷漂移直到被另外一個重力場拉住！換句話說，月球會為了別的行星而拋下我們。

　　雖然太陽系中還有其他巨大的行星，但它們沒有像鄰近的月球一樣，為地球帶來這麼大的影響。這是因為地球和其他行星之間，不具有振動鄰近性。**同樣的，雖然我們已經知道萬事萬物都會和周遭的一切相互振動，但當物體之間具有振動鄰近性時，兩者的振動強度會更加強大。**我初中科學課所做的實驗，兩支音叉之所以會彼此共振，就是因為它們具有振動鄰近性。同樣的，你之所以會得到振動傳承，也是因為你和你的家人有足夠的振動鄰近性。

　　前面提過，你是一個帶有大氣層的振動體或「星球」，如果你經常與另一個人（或「星球」）的大氣層距離夠近，那麼你們之間就會出現強大的共振現象，並將為彼此帶來深遠的振動影響。這就是所謂的「關係」！

　　親密關係實際上就像是振動二重奏。當你和另一個人長時間相處在一起，在能量上就會出現一種同步現象。你們會彼此把振動頻率調成一致，並開始以無數的方式持續共同振動，無論結果是好或壞。

當你和某人（例如你的另一半）開始有親密的接觸
包括花時間相處，或一起生活、同床共枕，

你們的能量場就會具有振動鄰近性。

你會開始和對方產生共振，你們的振動模式會日趨一致。

　　我們都知道，長久相處的夫妻會長得莫名相像，走路或說話的方式也會類似，就算彼此相處狀況不是很愉快，也似乎仍會根據同樣的振動頻率在運作。因為長時間具有振動鄰近性，雙方會一直處於共振狀態下。

　　你是否曾經有過這樣的經驗——當你經常和某個朋友、伴侶或同事在一起，你會發現他們的「能量」正在對你產生負面影響？即便非你所願，你還是會發現自己開始像他們那樣思考、像他們那樣溝通，也像他們那樣待人處事。「他不能為我帶來正面的影響。」你和朋友這樣說，或者是「她讓我看見自己最醜陋的一面。」你對自己這麼說。**你並不是在意識層次上改變了，而是彼此之間的振動鄰近性讓你們產生共振。你的系統試著要和對方的系統和諧一致，無論你是否願意。**

　　當你開始明白所有關係都是一種振動的關係，你會驚訝地發現，曾經相遇的所有人，以及現在生命中的所有人，原來都在隨著振動起舞。你很可能已經開始透過新的「振動鏡片」來看待你的關係，並發現許多令人目瞪口呆的重要關聯。這或許能讓你明白許多事，用更慈悲寬容的心去看待自己和他人。

　　稍後我們會介紹一個新概念——振動選擇，並更深入地探討你的振動會如何影響其他人，以及他人的振動會如何影響你。

你的振動是所有訊息的必要媒介

「你是怎樣的人，比你所說的話更有份量。」

——愛默生（Ralph Waldo Emerson），美國文學家

　　在我十八歲開始對傳播學感興趣時，馬歇爾・麥克魯漢（Marshall McLuhan）出色的作品就深深讓我著迷。麥克魯漢是加拿大哲學家、傳播與媒體理論家，早在網際網路出現的三十多年前，他就已預知到這項科技的誕生。麥克魯漢最著名的一句是「媒介即訊息」（The medium is the message），他是最早針對溝通方式進行研究的先驅。當年，他的研究主要聚焦於人們所使用的溝通媒介（例如電話、打字機及電視），藉此探討這些媒介如何影響人們傳遞訊息，進而成為訊息的一部分。

　　同樣的，你也是你的訊息或振動的必要媒介：

> **你必須整個人都投入，才能振動出你的真實。**
> **你不能只是說說，或在腦海裡想著。**
> **你表現在外的話語和行為，**
> **必須以內在的振動為依據。**

　　現在，你已經開始將自己視為一個振動體，你對自己溝通方式的理解也即將有所轉變。與其問自己：「我該說什麼？」或許你會想再多問一句：「我正用什麼樣子的方式在振動？」

靈魂轉化

轉化：從「只說真話」
到「真實的振動」

> **我們認為言語就像華麗的包裝紙，**
> **能掩蓋自己的振動模式；**
> **事實上，振動才是我們言語的包裝紙。**

　　你說出來的話永遠都會被你的振動模式包裹住，話語不可能單獨從你的意識之屋偷溜出來，也不會在不經過大氣層的情況下，離開你的意識星球。記得嗎？靈魂轉化的一個基本概念就是：你是一個振動的存在。因此，你說出口的話，是一連串語言排列成你決定要傳達的內容，它們會成為一種特定的振動包裹，被傳遞出去。

　　你的振動模式無法假裝，也不可能被隱藏。你不可能用言語掩蓋它，也不可能用行為包藏它，或試圖改變它的樣貌。人們可以感覺得到你的振動，即便他們沒有發現自己正在感覺到這些。

　　就算你口口聲聲說「相信我，我知道我在做什麼」，只要你的話還是被焦慮或恐懼的包裝紙包裹著，人們都能感覺到。就算你說「沒有，我沒有因為你做的事情生氣」，只要你的話是被憤怒的振動包裹著，人們都能察覺到。就算你微笑說著體貼的話，只要話語裹著批判的包裝紙，別人一定能察覺。縱使你是世界上最辯才無礙、魅力無窮的溝通專家，那些說出口的話永遠也不如你的振動方式更擲地有聲。

「不管你讀過多少神聖經典，說過多少話，沒能據此行動，又有何用？」

——佛陀

　　當人們透過振動表達出真實的自己，當他們說出口的話完全和內在一致，那會是什麼樣的感覺？我曾在偉大的聖人面前潸然淚下，他們無需言語，光是能量場的高頻振動就足以讓我淚流不止。我清楚記得自己兩次面見靈性老師時的情景：一九七〇年我見到瑪哈禮希‧瑪赫西‧優濟；一九九五年，我見到古魯瑪依‧契瓦拉沙南達（Gurumayi Chidvilasananda）。這兩次會面，我都距離老師十多公尺遠，但當下我的眼睛都立即泛出淚水，即便我不知道為什麼。我的心，就像因喜悅而炸了開來。

最近，我有幸和達賴喇嘛見面，並幸運地再一次體驗到類似的經歷。我們共同出席一場會議，兩人還上台演講。達賴喇嘛在人群中看到了我，他穿過人潮向我走來，在我脖子上掛了一條「哈達」長巾，然後握住我的手。我們閉上眼睛面對面站著，時間不過一分鐘，卻像經歷了永恆。達賴喇嘛沒有說幾句話，但話裡有來自遠古的讚許，以及一座藏有無盡智慧的振動圖書館，為我的心和靈魂捎來訊息。那一刻猶如永恆，期間發生的事遠比表面上看起來多得多。

在我遇見這些偉大導師的當下，究竟發生了什麼事？我感覺就像走進一片充盈著神聖之愛的振動海洋中，事實上就是如此。**這些大師從內在核心振動出智慧、慈悲及恩澤的頻率，他們的話語是次要的，所有宣之於口的話語都只是承載著靈性導師強大療癒振動的容器而已。偉大的導師們不需要任何言語，他們的振動頻率如此之高，光是接近他們，就能使人莫名感動。**

今天早上，在為這一章做最後修改時，我讀到麥克魯漢寫過的一段優美文字。那是關於耶穌基督，以及訊息與傳訊者在振動上合而為一的現象：

> 以耶穌基督來說，媒介和訊息之間不存在任何距離或分離：這是一個用來說明媒介與訊息完全合一的例子。

關於這個靈魂轉化的概念，還有一個更現代、更優美的描述方式：當我們以真實的高我在振動時，我們所說的話，乃至於我們整個人，都會和真實一起脈動——於是，我們將會成為一個能呼吸行走、完整如一的典範。

再多的行為或言語的華麗包裝，
也無法掩蓋住你的振動。
振動永遠比說出來的話更大聲、更有份量，
即便你不發一語，它也會自動向外廣播。
我們能做的，唯有一步步在振動轉化上真正下工夫，
除此之外，再無其他。

從表現到存在：讓自己成為一個振動傑作

我希望現在你已經明白，你的振動十分重要，並且開始了解到振動如何運作的迷人機制。這一切與你想營造的形象或你說出的話都沒有關係，人們會自然而然地感受到你在當下透過振動要傳達的一切。

那麼，剩下的問題便是：**你的存在會帶給他人什麼感受？出現在人們面前的你，是一個什麼樣的人？**

靈魂轉化

轉化：從問自己：「別人喜歡我嗎？」 到「我的振動狀況如何？」

這一個靈魂轉化技巧，能幫你把覺知從試圖由外在去管理他人，轉移到從內在為自己調頻。隨著本書一步步推展，你將會學到許多評估和重新校準振動頻率的方法——現在才剛開始而已。

在那之前，下列幾個靈魂轉化的問題，能幫你大膽地開始思考：

靈魂轉化：幫你重新校準的幾個問題

出現在人們面前的我，是一個什麼樣的人？

我的存在讓人們感受到什麼樣的振動或能量？

人們從我的話語背後，接收到什麼樣的能量訊息？

當人們進入我這顆星球的大氣層，他們會有什麼感受？

我對周遭的人帶來什麼樣的振動影響？

我的振動如何影響他人，尤其是我身邊最親近的人？

我算是其他人的振動資產嗎？

還有另一個用語可以用來表示你的振動品質：存在（presence）。什麼是存在？

你的存在，就是他人從你身上感受到的振動。

你的存在，就是你這一生每個想法、感受及經驗加總的結果。

你的存在，就是你獨一無二的能量頻率振動配方，而且時時刻刻都在改變。

你的存在，是一首獨一無二的樂曲，由你的振動管弦樂團擔綱演出。

你的存在，是話語背後正在脈動的能量，是無聲無形的實相，從你內在一波波向外遞送，一一道出關於你是誰的真相。

你的存在，就是生命中每分每秒的振動產物。

是你意識的簽名，以振動的方式呈現。

最終，它使你為他人帶來感動、激勵和鼓舞。

我們活在一個只注重表現而忽略存在的世界，並且習慣了這樣的制約。當我們想獲得成功、影響他人及貢獻世界時，我們首先問自己的問題總是：我要怎樣表現得更好？

下面是本章最後的一個靈魂轉化技巧，也是這本書想傳達的核心目的。

靈魂轉化

轉化：從「在表現中求精進」
到「在存在中求精進」

真正的精進都跟存在有關。存在的樣貌無法假裝，你不可能表現出你沒有的東西。我們在接下來的靈魂轉化之旅中要談的內容是：我們將學會如何讓自己盡可能以最高的境界來振動，而這正是能讓你在生活各個領域中表現得更好的關鍵。

「要如何做，才能讓別人對我印象深刻？」這是個錯誤的提問。
你該問的是：「我該如何重新校準，並盡可能以最高的頻率振動？」
一旦你這麼做，就不需要努力地在他人面前留下深刻的印象。
因為你的存在本身，就足以令人印象深刻了。

「人們該擔心的不是自己做了什麼，而是自己是誰……我們不該去想如何做才能展現神性，因為神性已在我們身上；不是我們的所作所為讓我們神聖，而是我們讓自己的所作所為變得神聖。」
　　　　　　　　　　　　——艾克哈特大師（Meister Eckhart），德國神學家

艾克哈特是十三世紀的德國神祕學家、神學家與哲學家，我非常喜歡以上這段發人深省的引言，因為它恰恰呼應了這本書要探討的內容。我們是誰——我們存在的樣貌、我們真實的振動狀態，而不是我們的所作所為——使我們變得神聖，並且為我們帶來生命中的所有一切。這就是真理。現在，我們要往前邁進一步，走進比這更重要的另一個真理：

你能為這個世界所做的最好的事，
就是提升你的振動品質。

這就是這趟旅程的終極本質，也是我們從開頭到現在一直都在進行的工

作——學習如何重新校準自己的振動狀態，讓你的振動盡可能維持在一種最和諧、最令人振奮的頻率。

這是你的天命：成為一個振動的傑作。

成為一支最獨特的樂曲；

成為最縈繞不去、療癒人心的旋律；

成為最令人陶醉、最歡快舞動的能量和光波。

讓人們忍不住奔向你、靠近你，

就像我們興奮地跑向波光粼粼的海洋；

人們會忍不住地轉向你，

就像我們滿懷感激地面向耀眼的陽光。

讓人們因慶幸有你而感謝上帝，

感謝上帝讓你活生生地存在於此時此地；

因為，光是想到你，他們就確定自己來到了對的星球。

如此一來，單單是你的存在，

就能使這個世界變得神聖。

第7章

每一件事都很重要：
培養你的振動信用

「快樂就是所思、所言和所為，均和諧一致。」

—— 聖雄甘地

　　許多年前，當我開始在事業上嘗到甜頭後，決定去墨西哥一個有名的海灘度假村好好放個假，當作是完成第一本書的獎勵。那時，我的出國旅行經驗並不多，但身邊的朋友已說過許多關於這個熱帶天堂的見聞，我也讀了旅遊手冊上色彩斑斕、令人心動的介紹（那時還沒有網路）。我等不及要感受溫暖的天氣、藍綠色的海水，以及明亮美好的陽光。不過，天公不做美，我一到飯店，狂風暴雨就接踵而至，整整五天假期都是陰雨綿綿的日子。我一心期待能輕鬆愉快地放個假，實際上卻只有清冷無情的雨水、透著濕氣的房間、滴滴答答的餐廳和我相伴，大部分時間連電都沒有。我想搭最早的飛機回家，機位卻班班售罄，我只能被困在無比掃興的悲劇中，動彈不得。

　　在這個濕答答旅程的最後一天，我和一個比較熟的服務生聊天，我說到自己很失望，這趟旅程真是運氣不好。

　　「呃……女士，」他說道：「要是下次妳選在不是雨季的時候來，我相信妳一定會覺得運氣好多了。」

　　「雨季？」我驚訝地說：「你是說現在是雨季嗎？旅遊手冊上可沒提到這一點。事實上，我記得手冊上的廣告還說，這是墨西哥陽光最燦爛的地方，尤其是夏天。」

　　「是沒錯，大部分時間都是這樣。」他小心翼翼地向我解釋：「晴天的時

候，陽光非常耀眼，氣溫高，景色無比美好。但現在是七月，是會下雨的時候。很遺憾聽到妳為了陽光而來，卻天天颱風下雨。」

　　這個故事描繪了我們都曾有過的經驗——我們自以為會得到某樣東西，實際上卻不如所願，因此，某部分的我們會感到失望，覺得被誤導，甚至被欺騙。當年我最生氣的是，我以為等著我的會是廣告裡看見的宜人風景，實際到了當地才發現並非如此。

　　我們每個人就像多年前的那本旅遊手冊一樣：透過某種振動訊息為自己「做廣告」，希望藉此邀請別人來跟我們互動，或雇用我們或愛上我們。換句話說，就是來造訪我們這座「度假村」。**但是，當我們刻意地以某種方式呈現自己，與人們實際經歷到的體驗有所出入時，就會出現問題。代表我們的那座「度假村」，在手冊裡看來美輪美奐，但當人們終於抵達後，才發現眼前出現的狀況不是他們原先所期待的。**

　　我把這種情形稱為「混淆的振動訊息」。我們用某種振動模式來「廣告」、行銷自己，同時在有意無意間去掩蓋另一種通常更真實的振動模式。舉例來說：

　　‧你努力讓一切看起來都在你的掌握之中，但實際上，你的內心卻慌亂無比。那麼，你就是在給出混淆的振動訊息。

　　‧你努力讓自己看起來冷靜又自信，但實際上，你的內心既害怕又不安。那麼，你就是在給出混淆的振動訊息。

　　‧你開口閉口都是愛，說的都是積極向上的話語，但實際上，你的內心充滿了批判和憤怒。那麼，你就是在給出混淆的振動訊息。

　　‧你努力讓自己看起來處變不驚、獨立自主，但實際上，你的內心既不安又需要人陪。那麼，你就是在給出混淆的振動訊息。

　　‧你努力讓自己聽起來堅定又真實，但實際上，你的內心充滿自我懷疑和困惑。那麼，你就是在給出混淆的振動訊息。

混淆的振動訊息不見得是以積極正向的外在表現來遮掩惶惶不安的內在感受，有時候，情況會正好反過來：**你也可能向外播送出某種振動訊息，讓別人降低對你的期待。**以墨西哥的那間度假村來說，廣告中搭配的照片看起來設施一般、房間老舊，但等旅客一到才發現，整個豪華設備完全不輸給五星級飯店。先讓他人放低期望值，就沒有人會失望了！

下面是幾個這樣的例子：

・你努力讓自己看起來又酷又冷漠，但實際上，你是個內心溫暖、充滿關懷的人。那麼，你就是在給出混淆的振動訊息。

・你為了讓自己看起來不具威脅性，故意表現出低調、溫馴、不安、畏縮的樣子，但實際上，真正的你強勢、博學又有智慧。那麼，你就是在給出混淆的振動訊息。

・你努力讓自己看起來庸庸碌碌、缺乏競爭力，但實際上，你不僅多才多藝，還渴望做些與眾不同的事。那麼，你就是在給出混淆的振動訊息。

所以，這類混淆的振動訊息會帶來什麼影響呢？答案是：我們會投射出一種我稱之為缺乏「振動一致性」（vibrational coherence）的狀態。正如我們討論過的，人們總是在事物和諧一致的時候，在實際經驗與心中期待一致的時候，才會感到舒坦愉快。我們點了一份火雞肉三明治，就不會預期自己拿到的是鮪魚口味；我們帶孩子去看一部叫做《快樂家庭》（*Happy Family*）的電影，就不會預期看到的是一部恐怖片；我們致電給一個認識多年的好友，就不會預期她冷漠以待。

以上只是幾個簡單的例子，說明當我們心中有所期待，但實際得到的東西卻截然不同時，會讓人感到倉皇失措又困擾，這就是一種缺乏振動一致性的表現。同樣的道理，當你沒有意識到自己缺乏振動一致性時，對你身邊周遭的一切就只會帶來負面而非正面的影響。

當你說的話和你的振動模式不一致，
你所播送的訊息就會缺乏振動一致性。
每一次，當你的表現是人前一套人後一套時，
人們會察覺到隱藏在底下那截然不同的振動真相，
這些混淆的振動訊息就會製造出不安和困惑。

沒有人會喜歡從他人身上接收到混淆的振動訊息。在這趟靈魂轉化之旅中，相當重要的一部分就是勇敢去看，我們是如何在不知情的狀況下，傳遞出混淆的振動訊息。

什麼是你人生的配樂？

現在，想想你最喜歡的電影。不管你是去電影院看的或是從電視上看到的，請從中挑選一部你覺得最感動、最扣人心弦，讓你情感澎湃的電影。回想一下，你在看這部電影時的感覺——感動、激昂、害怕、興奮、歡樂、悲傷、憤怒或是深受鼓舞。這部電影棒呆了，你根本不可能沒有受到任何影響。或許你還能想起某些經典橋段的配樂，甚至直到現在，只要聽到同樣的旋律或音樂，就能讓你想起電影的情節。

想像一下，要是這部電影完全沒有任何配樂，只有人物對話，會怎樣？好好想像一下。

比如說，你看的是一部超級精彩、劇情跌宕起伏的電影——阿凡達、鐵達尼號、星際大戰、大白鯊、手札情緣、教父、第六感生死戀、飢餓遊戲、蜘蛛人、駭客任務、E.T. 外星人或洛基——但從頭到尾沒有任何音樂。人們在船上驚慌失措、在叢林裡奔跑、在拳擊場上比賽，或正深情地向彼此告別、互訴衷曲……但就是沒有任何聲音，沒有任何配樂。那得多無趣啊，對不對？如果你看過介紹幕後製作的紀錄片，就可能出現還沒有加入配樂的片段，看起來真的

會很奇怪，而且也很難打動你。

　　為什麼會這樣呢？因為配樂就是電影的振動訊息和振動內容。配樂賦予了電影生命，挑動觀眾的情緒，也能使那些戲劇性的場景和對話更有意義。這種特定的振動方式讓我們知道，恐怖的事即將發生，或者接下來會有好笑的梗，會有悲傷的事，會有開心的點，或可能有轉機發生。電影配樂正透過振動訊息和我們的大腦溝通，讓特定的情緒頻率開始共振。然後，突然間，我們的眼淚掉下來了，或者心臟緊張得怦怦直跳，或者開始害怕⋯⋯這種種反應，都和我們聽到的音樂有關。

　　現在，請再次想想你喜歡的那部電影，但這次有了配樂，只是配樂和主人翁的對話或行為明顯不符。

　　舉例來說，在男女主角正要浪漫相吻的場景，播放的是警匪追逐的音樂；或者在外星人即將攻擊地球的緊張時刻，搭配著浪漫感人的舒緩音樂；或者一個父親正悲慟地和死去的孩子告別，卻播放歡樂輕快的馬戲團音樂。如果你看到像這樣的一部電影，不管是在電影院或坐在電視機前，你一定會覺得：太詭異了！這配樂根本和劇情不符，我不知道自己應該做出什麼反應。真令人毛骨悚然！

　　作曲家要為一部電影或電視劇創作配樂時，必定會努力創作出與劇情、對話在振動上產生一致性的旋律。他們不會為悲苦、心酸的場景配上歡快的旋律，也不會在充滿歡笑的橋段，配上懸疑緊張的音樂。要是這樣的話，他們就沒飯吃了！一個熟練的配樂家，會希望配樂的振動能夠融入劇情、對白及運鏡中，一旦配樂和視覺畫面能如此有機又完美地交融在一起，觀眾就壓根不會分心去發現到背景音樂的存在。

　　看到這裡，你應該猜到了，這個電影配樂的譬喻不只是個譬喻而已。你想得沒錯，我想說的是：**你的人生也有它自己的配樂！如果把人生視為一部電影，而你的話語和行動是劇本，那麼，配樂就是在你的內心日夜不休「播放」或是傳輸的振動能量。**

　　你的人生配樂不過是用來說明振動場的另一種字眼而已。它能幫你更進一

步理解我們之前所用的其他譬喻——你的振動廣播、你的振動包裝紙，或你這顆星球的大氣層。你的每個念頭、每個感受以及發生在你身上的每一件事，都共同造就了你的人生配樂，就像是一支振動的能量管弦樂團一樣。人們沒辦法實際聽見這個樂團所演奏的音樂，但是，現在我們都知道，人們能從振動層次去感受到。

有一支專屬於你的振動管弦樂團。
它彈奏著來自你意識的配樂，
潛藏在你的言語和行動之下，
把振動訊息向外廣播到全世界。

還記得那個靈魂轉化的問題嗎？「我的振動如何？」回答這個問題的方式之一就是問問自己：**「現在我的人生中，播放著什麼配樂？」**

你的振動頻率向他人傳遞出什麼樣子的情緒訊息？當別人來到你所在的地方，他們會出現什麼樣的感受？他們在你身邊時實際感受到的，可能和你希望讓他們感受到的，截然不同。

以下是幾種常見的振動配樂：

• 你總在人前表現得情緒高昂、無憂無慮，但你的振動配樂卻哀傷陰鬱、縈繞不去，就像在悲劇電影中會聽到的音樂一樣。

• 你努力在人前表現得瀟灑自信，但你的振動配樂卻像恐怖片那樣緊張不安，就像隨時會有厄運降臨一樣。

• 表面上你試著讓自己看起來強勢獨斷，但你的振動配樂卻像是安親班遊戲間會放的兒童音樂一樣。

• 你隨和好相處，總是以和為貴，但你的振動配樂卻陰森險惡、不懷好意，就像暴力電影裡會出現的音樂一樣。

現在你已經知道，你總是能察覺到別人向你傳遞的振動訊息，甚至早在他們開口之前就能感覺得到。現在，你可以更明確地說，那不是一種模糊不清的能量感應——其實你是「聽到」或接收到一種特定的振動配樂，其中傳遞著某種特定的情感訊息。如果你仔細想想，就會發現在你的人生中，已經有過非常多這樣的經驗。某個人正對著你說話，談話內容一點問題也沒有，但你從頭到尾卻不斷想著：「我是怎麼了？為什麼他會讓我這麼不舒服？」或是「她明明這麼貼心友善，為什麼我總覺得她好像在生氣？」

> **你不斷從他人身上接收到振動訊息，**
> **但那和他們說的話一點關係都沒有；**
> **同樣的，人們也不斷從你身上接收到振動訊息，**
> **那和你想傳達的內容，也一點關係都沒有。**

當然，你人生的配樂不只一種，並不是不管你做什麼、和誰在一起，都播放著同樣的音樂。你會有各式各樣的配樂，來搭配人生中各種類型的電影——關於工作和職場的電影、關於親密關係的電影等等，好多好多！每一部「電影」或人生境遇都會在你內心激起不同的振動反應，於是會出現不同的振動配樂。舉例來說，或許你在人際關係中總試著表現出瀟灑又獨立，甚至和你的親密愛侶在一起也如此，但其實你內心的配樂卻是大起大落十分情緒化；或是你在職場上表現得隨和好相處，但你內心的配樂卻是挑釁偏激又畏懼膽小。

你正在傳達令人混淆的振動訊息嗎？

想像一部電影的配樂和劇情不符時，就像是電影在傳達混淆的訊息給你。電影配樂的振動說的可能是：「現在你應該感到悲傷。」但劇情和對話卻告訴你：「現在你應該覺得興奮。」這就是一個缺乏振動一致性的例子，我把這樣

的現象稱為「振動失調」（vibrational dissonance）。

當你的言行舉止和振動表現不一致時，
就會出現振動失調的現象。
兩者之間若是缺乏一致性或沒有共鳴，
就會讓你和身邊的人產生緊繃的張力。

字典對 dissonance 這個字的定義是「當兩種不協調或不合適的元素組合在一起時，所產生的張力或衝突」。振動失調就是這麼一回事：**它是一種能量上的騷亂或衝突，來自你內在尚未整合或不和諧的部分。**

振動失調會深刻影響著人生的每個面向。當你仔細思考其中的道理，並發現自己的言行背後播放的是哪種配樂時，你瞬間就會明白，為什麼某些關係總是無法順利發展下去，或者為什麼別人會用那些意想不到的方式來回應你。

我們經常覺得發生在身上的事一點都說不通，
這是因為我們只看到人生電影的「對話和劇情」，
亦即我們的言行，而沒有考慮到，
這一切背後的振動性播放——配樂。

幾年前，有一個性格體貼、名叫艾夏克的男人曾經來尋求我的幫助，原因是他在科技界雖然有傲人的經歷，在找新工作時卻屢屢碰壁。他在老東家已待了好幾年，因為公司要縮編，他必須開始尋求類似職務的工作機會。他的履歷很豐富、學歷亮眼，面試時也能應對沉穩、自信又有魅力；然而，他卻一再接到同樣的電話：「我們喜歡你，但你不是我們要的人。」

我和艾夏克才面談了幾分鐘，就已感覺到他的振動失調了。他就像是一個

活生生的戰場，試圖傳遞出自信、專業與穩定的振動頻率，但他內在的實際感受卻是不安全感，幾乎時時刻刻都在天人交戰。他表現出來的樣子是「我很可靠，我會有出色的表現，你可以相信我」，然而，我能察覺到他內心惴惴不安的部分。

我向他解釋我的感覺，他一臉迷惘。「但我說的話完全出自真心，而且大家也都說我的行為舉止看起來很有自信。」

「沒錯，」我同意他的說法：「但這反而讓人更不安。你說的話夠吸引人：『我有這些傲人成績，我辦事牢靠，要是你們夠聰明，就會雇用我。』你的經歷也無可挑剔。現在，想像你有一個雙胞胎弟弟，和你一起參加面試。當你安靜地坐在椅子上，散發著老神在在的聰明人氣息時，你的雙胞胎弟弟卻站在你身後大喊：『別相信我！我跟你們看起來的不一樣；這一切都是我裝出來的！我知道我一定會搞砸！』」

「雖然你沒有把這些話說出口，」我繼續解釋：「但這是你的內心對外廣播的一種振動配樂，是一種存在已久卻未被解決的情緒能量。**人們能察覺到你的振動失調，即便他們不明白那是什麼。**他們只知道你不是對的人，於是最後選擇雇用別人。」

艾夏克張大眼睛看著我。「妳剛才說的那番話，簡直總結了我的一生。」他坦誠：「這正是我內心深處的想法，尤其是承受壓力或覺得自己被評價的時候。我幾乎隨時都處在心口不一的狀態，就連和女人見面時也一樣。我幾乎可以感覺到有一個隨時可能會崩潰的『艾夏克二號』就站在我身後，而我必須用極大的精力才能叫他閉上嘴巴。」

「更不可思議的是，」艾夏克說：「剛才妳在形容我的振動方式時，用字和我父親以前對我說的話幾乎一模一樣。他總說我老是把事情搞砸，他說別人會因為我出身印度移民家庭而評判我，我就是低人一等。」

「那就是你的振動配樂，」我點頭同意：「你在人生電影裡的所有言行舉止，都在告訴別人這是一個優秀的史丹佛畢業生在科技業裡大放異彩的故事，但電影的配樂卻像《貧民百萬富翁》（*Slumdog Millionaire*）。**這就是為什麼**

別人會從你身上感受到振動失調。你一直散發著令人混淆的訊息：你的振動方式帶著自我貶抑，和你優秀的經歷及成就並不相襯。」

幾個月後，艾夏克的轉變令人嘖嘖稱奇。他用了幾個我接下來要教你的重新校準技巧，把那些認為自己是騙子的老舊振動內容給「振開」了。他繼續找工作，接下來發生的事你大概也猜想得到：他成功進入業界最大的一家公司，還獲得擔任資深管理職的機會，這比他原本預想的工作要好太多了。他打電話告訴我這個好消息時說，這次經歷最棒的部分，就是公司的執行長特別告訴他，他之所以被錄用是因為他讓人感覺到「沉穩可靠，知道自己是誰，來自哪裡，要往何處去」。

「現在我身上已經看不到一點《貧民百萬富翁》的影子了！」艾夏克笑著說：「我想我已經正式把我的人生配樂改成《捍衛戰士》（*Top Gun*）了。」

那是什麼聲音？你的振動騷亂

你是否有過這樣的經驗——你到別人家裡參加一場安靜優雅的晚宴，但從頭到尾就只聽到孩子們在走廊和房間裡嬉鬧跑跳的聲音？你心想，今天大家聚在一起就是要安靜地享受這個夜晚，你也盡最大的努力投入，但整個晚上背後的聲響沒片刻安靜，各種吼叫、碰撞、哭鬧、尖叫聲從未停歇，就像在瘋人院一樣。雖然孩子們在另一個房間，你依然很難放鬆下來，因為你還是感覺得到身後的某個角落有一片能量亂流。

當我們出現振動失調（我們呈現給外界看的樣子，和我們躲在後面的意識狀態不一致）時，別人的感覺就是如此，我把這種現象稱為「振動騷亂」（vibrational commotion）。別人不知道我們內在的真正想法，但他們能感覺到那股亂流。

想像一下，平時和人們寒暄打交道的你，就像是在許多不同的你當中那個「門面擔當」，那也是你希望被別人看到的「你」，是裹上包裝紙的你。除此

之外，還有其他各式各樣的你，正像個孩子一樣在他身後的房間裡叫鬧碰撞，被諄諄告誡不能亂跑出來。別人看不到你那些面向，但他們能感覺到這些面向在你意識中引發的振動騷亂。

這就是之前發生在艾夏克身上的問題。表面上他看起來平和穩定，但面試官感覺得到，在他人格深處的房間裡有振動騷亂傳出的吵鬧聲，這樣的亂象使他們下意識認為，這個人不是該被錄取的最佳人選。

想想最近你曾經遇過的人，有沒有誰一出現就讓你感到氣氛緊張？或許他們看起來平和歡喜，但你就是覺得哪裡不對勁。很可能，當時你就是感覺到他們的振動騷亂了。

> **你一直都能下意識感覺到他人的振動騷亂，**
> **而他人也同樣能感覺到你的。**

「振動騷亂」是另一條原理，可用於解釋我們目前為止所討論的內容。如果你身上有許多振動騷亂，旁人都能感覺到。因為這種情緒亂象會造成很大的干擾，沒有人喜歡靠近。

一旦你開始營造內在的和諧，想把不一致的矛盾整合起來，你房間裡的「孩子們」就會安靜下來！你的振動騷亂會越來越少，當你出現在人們面前時，他們會感覺更平靜、更安心，也因為你的出現而有好心情。你會因為振動，變得更有魅力。

> **一旦你解決了自己的振動騷亂，**
> **你的能量會產生振動和諧一致的感受。**
> **你越具有這樣的振動和諧度，**
> **別人就越想待在你的能量場周圍。**
> **一致性、和諧感，沒有人不喜歡。**
> **大家都會被完整合一的能量所吸引。**

　　我們都想要平靜。能量場的騷亂越少，就越能為自己和他人帶來平靜的感覺。那麼，這會如何影響你的生活呢？答案是：所有可能的方式！

你在哪些地方顯得搖晃不穩？

「測試一個人是否正直，最確切的方式或許是看他是否懂得拒絕說或做任何可能會使自己看輕自己的事。」

——湯瑪斯‧孟蓀（Thomas S. Monson），美國宗教領袖

　　想像你有一個十分珍視的寶貝，可能是父母給你的傳家寶，例如一只絕美的水晶花瓶、一座雕像，或是某個絕無僅有的家族寶物，你想把它放在桌子上展示。如果你發現桌腳長短不一或有某隻桌腳損壞，以至於桌子搖搖晃晃，你還能放心地把你的寶貝擺放上去嗎？答案當然是不放心。你可不想冒這樣的風險，因為不牢固的桌子有可能會倒塌或傾斜，摔壞放在桌上的寶貝。你的結論會是：我不相信這張桌子，它太不穩了。

當我們以缺乏振動一致性的方式生活時，
就會呈現我稱為振動「不穩」的狀態。
我們的能量在有些地方會讓人覺得不夠穩定或無法信賴，
因為對方能感覺到能量失調及騷亂。

　　我剛開始教授靈魂轉化時，想找個方法讓學生理解振動失調與振動騷亂的影響。我想到的，就是搖晃不穩（wobbly）一詞。當身邊有東西搖搖晃晃，我們會有什麼感覺？答案是焦慮不安。我們都有過這樣的經驗：準備用餐時，卻發現餐桌的桌腳長短不一，搖晃不穩的餐桌讓我們無法放鬆下來。所以，我們會請服務生過來處理，或者換到其他座位。這樣才能好好安心享用餐點。

想了解他人在搖搖晃晃的你身邊有何感受，可以想像自己和一個雙手堆滿重物的朋友在聊天。你會看到對方試著讓手上的袋子和箱子保持平衡，但東西實在太多，隨時都有可能掉落。你努力地要談下去，但對方卻一直心不在焉，因為他必須時刻小心著，才不會讓手上的東西掉下來。因此，他沒能專心聽你說話。光是看著這樣的他，就會讓你緊張，因為你感受到他緊繃的壓力：他的能量不穩定。

處在振動失調的狀態下，在別人眼中，我們的能量就是搖搖晃晃的。就像餐廳那張不穩定的桌子，我們同樣看起來不夠穩定、不夠牢靠。每當我們試著跟他人說話、互動或做決定，就會像是風雨飄搖中的一艘小船。我們說的話聽起來或許沒有問題，但給人的感覺就是靠不住、無法信賴。

當我們的能量搖晃不穩時，
會振動出一種不穩定的訊息傳送給他人。
讓我們看起來像是失去平衡，
不僅難以取信他人，也不會讓人有安全感。

多年前我在峇里島旅遊時，導遊曾經帶我走過一條鬱鬱蔥蔥的美麗步道，最後來到一條廣闊的大河邊。河上有一座年久失修的步橋，橋上的木片都已開裂，繩索看起來也十分老舊。「妳可以走上去，女士。」他笑得一臉燦爛；而我盯著那座橋，一臉驚恐。為什麼？因為它看起來搖搖晃晃的，我不確定能否承受我的重量，我會不會摔進又深又暗的河水裡。

導遊看出了我的遲疑。他小心翼翼地走到橋的另一頭，又快步走回來，想讓我知道這座橋是安全的。「妳可以走上來，女士，沒有問題的。」他又說了一次。

我緊抓著他的手，一步一步慢慢走。橋開始晃動，我踏出的每一步都危機

重重。我小心避開那些隨時像要散掉的部分，每每聽到木塊嘎吱作響或裂開的聲音，都只能咬緊牙關撐過去。就這樣，我終於安全抵達橋的另一端。

熱情的導遊笑容滿面地看著我，為我感到驕傲。他鞠了個躬，熱烈慶祝的模樣就像我剛才征服的是聖母峰。事實上，我只不過是緩慢地走過了一座橋！他說：「妳走得很棒，女士！非常棒！」接著，他的下個舉動完美反映出峇里島人的純真及虔敬——他轉身向橋又鞠了個躬，說：「很棒的橋，你很棒。」

某方面來說，我們每個人都像是一座振動的橋。我們邀請人們踏上去，試著走過去。「相信我，」我們說：「相信我。投資我。雇用我。愛我。」我們承諾自己不會倒塌，我們保證自己足以令人信賴，我們是堅實的、穩固的、安全的。我們都希望自己是一座「很棒的橋」。

> 身為追尋者，我們有義務去找出自己搖晃之處，
> 以及內在缺乏振動一致性的部分；
> 如此一來，當我們說「你可以走上來」的時候，
> 我們才有足夠的自信，
> 知道這座以自己性格及意識所搭建的橋，強健到足以承擔。

在峇里島的那次過橋經驗，給我帶來極大的啟發，我一直銘記在心。不過老實說，我經常會猜測，那個快樂的可愛導遊稱讚橋「很棒」，究竟是因為這是他每次過完橋都會做的例行儀式，還是他真心感謝那座橋表現得「很棒」，沒有因為來了一個焦慮的遊客而崩塌！

事無大小，每一件事都要在意

「重複的行為造就了我們。因此，優異不是一種表現，而是一種習慣。」
　　　　　　　　　　　　　　　　——亞里斯多德（Aristotle），古希臘哲學家

　　搖晃不穩的能量會帶來破壞性的影響。每天在新聞裡，總能看到一個又一個這樣的故事。我們看到某些人雖然在業界成就不凡，但在其他地方往往不堪一擊。他們有穩定的收入，卻沒有穩定的情緒狀態；或者他們在事業上呼風喚雨，卻沒有正直誠實地過日子。他們的「桌子」（或說人生）有幾隻桌腳很穩固，但也有幾隻桌腳被忽視，導致整張桌子因而傾斜或崩塌。

　　為什麼會這樣呢？那是因為，**他們一心認定，只需要對生活中的某個領域以高標準態度來要求，其他領域則無所謂。**

　　一個精益求精的運動員，在做訓練準備和體能管理時表現得一絲不苟，卻可能認定生活上的其他領域，例如人際關係，不需要用同樣的態度去對待。

　　一個在家庭生活中時時保持覺知、慈愛寬容的女人，卻可能因為貪圖方便，而選擇對不完全合法的買賣行為睜一隻眼閉一隻眼。

　　一個知名的優秀創業家，對產品的品質要求嚴格，卻可能不願對自己搖搖欲墜的婚姻投入同樣多的時間和心力。

　　以上這些例子，都在說明什麼是選擇性意識（selective consciousness）——選擇有意識地去看待、經營某些人事物，但對其他人事物卻輕忽以待。

當我們決定在某些時候非常有意識，

而在某些時候忽視或放水時，

是導致我們大部分痛苦的源頭，

同時也是能量搖晃不穩的最主要原因。

　　那麼，我們該如何修復搖晃不穩的能量，來培養自己的振動信用呢？首要原則是：時刻提醒自己，每一件事都很重要。

靈魂轉化
轉化：從「選擇只在某些時候有意識」
到「記得每件事都要在意」

　　這是一個相當深刻的靈魂轉化，也是先前許多靈魂轉化技巧的基礎。這個靈魂轉化邀請你：從選擇性的有意識，轉為無條件的有意識──不是只在某些時候保有意識，而是無時無刻都要清楚覺知。當你承諾自己時時保持意識及覺知時，就相當於承諾自己將做到靈魂轉化真言裡的那句話：「今天，我要去看見能看見的」。**你越願意去看，轉化的程度就越高，也就越不會搖晃不穩。**

　　身為教師及追尋者，最讓我難受的事情之一，就是看見有人自行決定什麼重要、什麼不重要，好像人生中的某些日子就算被隨便浪費掉也無所謂。今天，我要完全不帶意識、不跟從高我去做選擇；今天，我要當一個冥頑不靈、防備抗拒的人；今天，我要全然關閉我的情感，因為我深愛的人把我惹得怒火中燒；今天，我要把自己的挫折感發洩在孩子身上；今天，我要在工作上擺爛，或交出一份不盡完美的報告。

　　大多數的人都不是有意識地做出這樣的決定，但當我們選擇允許自己以不那麼有意識的方式行動時，基本上就像在說：那一天、那個小時或那一刻並不重要；不值得我們珍惜，或不值得我們依據高我來對待。

你的人生還剩下多少個日子：
六千天？九千天？一萬一千天？
這段時間裡，你願意劃掉多少個日子，
說它們不重要，或可有可無？

　　如果我出個作業，要你看著日曆，把下半輩子對你來說不重要的日子都標

示出來——那麼，有哪些日子是你可以浪費，毫不在意的？你當然給不出答案，也不會想這麼做。然而，這難道不是許多人的生活方式嗎？就好像某些日子不值得我們用盡全力去過一樣。

　　要是宇宙、上帝、神靈（或任何你對至高意識的稱呼）來到你面前，對你說：「我決定，從現在開始，某些日子將不再重要。所以，我現在宣布：這個世界每四天會有一天可以呼吸到新鮮空氣，但在其他不重要的日子，你將只能吸到有毒的混合氣體。雖然抱歉，但你不能期待我天天都能做到最好。」或許你會覺得這個譬喻有點牽強，但當你決定不要每天都用同等的意識和覺知來支持自己時，和這個例子又有什麼不同呢？難道你不值得以最好的方式度過每一天嗎？

　　難道你會跟孩子說：「我每兩天才當一次好媽媽」嗎？或者，難道你說的是：「我會一個禮拜有意識地跟隨高我，另一個禮拜放任自己隨意發怒，因為你不值得我每個禮拜都有意識地對待你？」要是你聽到別人這樣跟孩子說話，應該會覺得很恐怖吧 ?! 然而，**當我們試著和自己的意識交涉時，這就是我們對待自己的方式。**

　　每一天，都可能是有些人在這世上的最後一天。每一天，都可能有人願意不計代價去換取，只為了想和心愛的人再多相伴一天。每一個某些人覺得不重要的日子，都有人無比樂意地想接收過來。所以事實是，每一天都很珍貴，每一天都很重要。

要是你真的決定，
不是只在某些日子保持清醒，
而是每一天都好好過，
你的人生會是什麼樣子？

靈魂轉化：重新校準的技巧

試著把下面這些話大聲說出來，或者當你不那麼帶著意識去做選擇時，試著運用它們，看看會讓你有什麼樣的感覺：

- 「今天，就算我被怒氣沖垮也沒關係，因為今天不重要。」
- 「今天，就算我把自己的情感封閉起來、冷漠以對也沒關係，因為今天不重要。」
- 「今天，就算我不依循我所知道的真理，不用正直的態度做決定也沒關係，因為今天不重要。」
- 「今天，就算我把自己的價值觀放一邊，用不敬的方式對待他人也沒關係，因為今天不重要。」
- 「今天，就算我〔請自行填入〕也沒關係，因為今天不重要。」

這應該是一個非常不舒服且艱難的練習，但它卻很重要。因為這樣的不快，能促使我們更清醒，不再去否認。

我的學生經常會用這個重新校準的技巧，改成自己適用的版本。當他們發覺自己即將做出或已經做出不那麼有意識的行為時，這些話就像一記耳光，能把無意識的自己狠狠打醒。你可以這麼說：「現在，就算我＿＿＿＿＿＿＿也沒關係，因為今天不重要。」空格裡填上你正打算做或已經正在做的事。

舉例來說，你現在忍不住想罵另一半，把對方所有的不是數落一遍。這時，你可以選擇先去旁邊靜一靜，把下面這句話說給自己聽：「現在，就算我尖酸刻薄地讓對方傷透了心也沒關係，因為今天不重要。」

下面還有幾個例子：

- 「現在,就算我沒有為了剛才的失控行為向孩子道歉也沒關係,因為今天不重要。」
- 「現在,就算我喝到爛醉,昏昏沉沉去寫明天的報告也沒關係,因為今天不重要。」
- 「現在,就算在老闆問我進度時,說謊也沒關係,因為今天不重要。」

　　當你把這些話說出口,讓自己親耳聽見,就會創造出機會,讓你瞬間被強而有力地轉回到高我狀態。

人生不是零和遊戲,每一件事都很重要

　　你要怎麼決定什麼重要,什麼不重要?你怎麼知道今天是一個可以隨便過過的日子,這個月是你可以把做過的承諾拋在腦後的月份?你怎麼去決定哪些時候要用正直的態度生活,哪些時候無視高我也沒關係?

靈魂轉化

轉化:從「全有或全無」的想法
到「明白每一件事都很重要」

　　人們經常會落入「零和」(all or nothing)的思維陷阱中,這也是我們習慣把某些事歸為不重要的主要原因:

- 我們決定某些事是重要的,而某些事不是。
- 我們相信自己在某些領域的作為,不會影響到其他領域。

・我們百分百投入某件事，然後認為除此之外的其他事都「不算什麼」，因此不全心投入也沒有關係。

現在我們已經知道，我們和現存的所有事物之間，都是相互振動的關係；因此，我們必須做出這樣的結論——每一件事都很重要。

每一件事都很重要。
每一件事都會影響著每一分每一秒。
每一個選擇都會影響其他的選擇。
今天你表現自己的每種方式，會影響你明天的感受。
你是無意識地生活，還是清醒地隨時保持覺知，
將影響明天你能投入多少意識及覺知。
每一件事都要在意。

此時此刻，或生命中的任何時刻，都只是過去每分每秒累積而成的結果。要是你在過去只投入百分之二十五，就不可能在這一刻突然達到百分之百。

我們是如何讓自己認為某些事物不重要的？那是因為我們會在無意識之中，進入一種經常和自己討價還價的過程：

・「我會用百分百的力氣去做這件我真心想做的事，至於另一件不那麼想做的事，就不用那麼拚命了。」

・「老闆在我身邊的時候，我會把工作做到最好，等她出差管不到時，就可以隨便應付了事。」

・「我會對我愛的人完全誠實，但不需要對每個人都如此。」

・「我會在每個週日讓自己提升到高我狀態，因為那是我上教堂的日子。但其他時候，我清楚知道自己是個凡人，就算有缺點、有不光彩的地方，也是沒辦法的事。」

上述這些念頭，都是非常危險的決定。就是這樣的念頭，讓我們的振動變得搖晃不穩——因為我們刻意選擇不一致。**那些會跟自己討價還價的人，終將成為人生的輸家。因為，每一件事都很重要，都要在意。**

當我們用「沒有什麼事會重要到不行」的心態生活時，就會出現以下這些徵兆：

・找一堆藉口，說明為什麼不做某些事。

會把某些事看得不那麼重要的人，從來都不喜歡老實承認，因為這種話聽起來不近人情，例如：「我覺得回電話給你／準時完成工作／認真做事，實在不是件重要的事。」或「我就是不想做啊，所以我決定忽視你的要求或需求。」因此，他們會用藉口來包裝：「我找不到你的電話號碼；我想多蒐集一些資料；我以為你當時不是說真的……」。

・沒有用盡全力，會帶給我們一種詭異的偽勝利感。就像慶幸自己沒有全力以赴，或認為自己勉強應付也能安然度過，從中獲得某種成就感。

我看過好多人都用這樣的方式在生活。例如：「我知道自己沒有盡全力。因為我沒有那麼在乎，所以也沒有把這件事看得很重要。因此，要是我表現得不好，這就是原因所在。」這樣的想法是在掩飾什麼？答案是：恐懼感。害怕必須正視自己能力不足，或是害怕承認自己內心惶惶不安，而不是去克服它。你擔心就算自己真的用盡全力，還是會失敗，所以不如在那之前就告訴自己它無足輕重。

小地方帶來大不同

「多數人的幸福，不是因為天大的災害或致命錯誤而毀於一旦，而是被一再重複的小事慢慢破壞殆盡。」

——歐尼斯特・蒂姆尼特（Ernest Dimnet），法國牧師

　　讀到這裡，你或許會想：「我知道每件事都很重要；我也從來不是故意要讓自己搖晃不穩。」但對大多數的人來說，事情卻不是這樣的。

我們不是決定要無意識地生活，
而是選擇無知無覺地度過某個小片刻。
我們不是決定不去在乎，或把某件事看得不重要，
而是選擇輕忽一些小事。
但是，這些無意識度過的每個小片刻，
每一個做出來的小選擇和小決定，
都會加總起來，變成重大的結果。

　　沒有一件事是所謂的小事。事實上，生活中那些小事，通常都是至關緊要的。只要有一個螺絲鬆脫，或一條沒有正確接好的線路，就足以造成飛機失事。只要一個小小的火光，就足以引起燎原大火，摧毀上百個家庭，造成好幾百萬的損失。只要一個極小的細菌微粒，就足以帶來像黑死病這樣致命的疫情。七百年前的歐洲，就是這樣損失了三分之一的人口。只要駕駛在路上稍微分心查看手機訊息，就足以造成一場死亡事故。

一個無意識的瞬間，
就足以永遠改變我們和他人的人生。
你在這世上擔負的靈性責任，
就是盡全力並始終如一地帶著意識生活。

　　那麼，我們該從哪裡開始呢？我們必須明白，自己並不是突然之間變得無知無覺。我們不是突然變得搖晃不穩，也不是突然決定某些事情不重要。**那是一連串往下墜落的過程，一開始我們只是稍微偏離正軌，接著又再偏離一點——結果，在我們發現之前，一切已完全離開正軌。**

你是否有過這樣的經驗——去海邊游泳時，從岸上看海水平靜無波，實際上卻暗潮洶湧？你會發現自己很快就被浪潮帶走，遠離了剛下水的地方。這股將你迅速帶走的潮水是如此洶湧，以至於游回岸上變得非常費力。

通常在人生中，我們並不知道
自己正被某種能量潮或振動暗流帶著走。
它可能來自某個人、某個情境、某件對我們很重要的事，
或是我們身上某些自己沒有意識到、卻需要被療癒的部分。
在我們發現之前，我們已經被浪潮帶走了。
一旦發現自己正在漂流，奮力要逆流游回來，
事情就不再那麼簡單了。

小地方帶來大不同。要是我們不注意自己身在何處，或有哪股力量正在帶走我們，很容易就會漂離原地，不管是人際關係、事業、健康，甚至是我們正直的生活態度，都是如此。我們都有過這樣的經驗，或許是在財力上，或是在情感上或靈性上，漂離了自己的中心。

這樣的漂離，是什麼樣子？那是一種隱諱的、含糊的，是對慣有的價值和信念的微調，也是一種自己跟自己的討價還價。我們會堅稱「這沒那麼嚴重」或「就這麼一次」，但我們會一而再、再而三地一直這麼做下去。我們不明白，這些看似微小的漂離，加起來卻會把自己帶得很遠很遠，想回頭時已變得非常吃力。

要是不注意，我們就很可能在不知不覺中漂離。
我們會忽略小事，是因為我們選擇無知無覺地生活。
然後，有一天，我們會突然發現自己
已置身在一個不願久留之處，
或去到一個不知道如何回頭的地方。

　　所以，有什麼好的解決方案呢？答案是：意識。請帶著你的覺知去生活。除了保有意識，別無他法。沒有什麼能取代注意力，也沒有什麼能取代「我要看見我所能看見」的信念。

　　當我們試著從漂離的遠處游回來，或試著說服自己或他人說我們並沒有漂走，或試著清理因漂離而造成的情緒混亂，這都需要時間；而且不管是氣力或時間，都遠遠超過你在一開始就一直保有意識好好地生活。

培養你的振動信用

「如果你堅持誠信，其他一切都不重要。如果你沒有誠信，其他一切也都不重要了。」

——艾倫・辛普森（Alan K. Simpson），美國政治家

　　從我有記憶以來，一直都把每件事看得很重要。在我讀高中時，從來不會跟自己說：「這不過是學校，又不是真實世界。畢業後我就不會再遇到這些老師了，何必要好好表現呢？在學校的表現不用在意。」每一次考試、每一個學習計畫，乃至於在班上的每一天，我都認真以待。每一次我都盡力做到最好，不隨便輕忽。我對感情也是一樣的態度，無論跟誰在一起，就算已察覺到對方不會是我共度一生的伴侶，我還是會盡全力經營這段關係。我會敞開心去付出，並信守承諾。

　　我在二十歲開始教授靜心冥想時，也用這樣的態度對待每件事。我還清楚記得為第一次公開演講做準備的情景，那時我固定在週二晚上去社區的公共圖書館辦靜心冥想說明會。我親自做海報（完全手繪，那時還沒有電腦），張貼在鎮上的每個告示板上，邀請大家來了解冥想和靈性自由是什麼。那時是一九七一年，很多人連冥想都沒聽過，更不用說是試著去練習了。每次我都會好好打扮，帶著筆記本和小黑板去圖書館，等著和那些追尋真理的人分享這無價的

資訊。

多數時候，現場都只有一個聽眾──就一個人，坐在偌大的圖書館教室裡，用期盼的眼神盯著我這個留著黑長髮的二十歲女生瞧！那麼，我是否想過：「可惡──我可不想只對一個人演講。我要快點結束掉，用十到十五分鐘講完，然後趕快離開。」完全沒有。**我同樣花九十分鐘，對著唯一的聽眾從頭講到尾，不論是內容的精彩度、我的熱情或投入程度絲毫未減，就跟對著一萬名聽眾演講一樣，沒什麼不同。**

我一次又一次地演講，貼了一張又一張的海報；然後我開始上廣播節目，參與小型的研討會和地方電視節目，累積的經驗超過上百次。最後我在事業上的成功程度，以及我所累積的名聲，都是我從來沒想過或渴求過的。我一心想要的，就只是好好當個老師，把份內的事情做好，為提升這個世界盡一份心力而已。

接下來，你猜怎麼著？等到我真的站在一萬名聽眾面前演講，或當我在電視上對著百萬觀眾說話，當我迎接命運為我安排的種種際遇時，我已經做好準備了。為什麼？**因為我從一開始就從未輕忽過任何一件事。我對專業的駕馭，不是靠最後一分鐘臨時抱佛腳辦到的。那是我切實走過的每分每秒，是我在整個人生旅程中不斷練習所造就的。無論有沒有人看到，我都始終如一。**

一直以來，我都知道自己會全力以赴、真誠以待，付出百分百的努力。這樣的理念，為我後來的輕鬆駕馭創造了堅實的基礎。我不是只在嘴上說說而已，我是選擇每一天都用這樣的態度生活，早在我沒沒無聞時，我就已經這麼做了。所以，當宇宙想把「珍貴的任務放到我身上」時，我的狀態一點都不搖晃。

這麼多年來，究竟是：什麼讓我能隨時準備好，有機會以這麼多重大的方式為人類服務呢？答案是：我一直都在**培養的「振動信用」**（vibrational credibility），我也把這個名稱用於一項非常重要的靈魂轉化技巧上面：你可以拿到這世上最好的文憑和證書，但若是少了振動信用，一切都是枉然。

前面幾章的鋪陳，都在試著幫你了解創造振動信用的機制：當人們感覺到你的振動方式、說的話以及表現出來的樣子，是跟你本人吻合且一致的，你就

是具有振動信用。你沒有給出混淆的振動訊息，你內在的振動配樂，跟你表現在外的樣子是對得上的。

靈魂轉化

轉化：從「試著讓自己看起來很棒」
到「培養裡外一致的振動信用」

很多人都想擁有物質上的信用：受人尊敬的工作、一定的財力水準、一長串精彩的履歷，或是臉書有上百萬人按讚、推特有無數人追蹤。這所有一切，在別人看來是足夠優秀的，當然，當事人也會對自己感到很滿意。這不是問題，**但光是表面看起來很棒，不代表你就具有振動信用。更重要的一點是，你是否活得內外如一：別人眼中的你以及別人感覺到的你，形象是否一致。**

要知道自己是否具有振動信用，可以問問自己以下的問題：

靈魂轉化：用來檢視重新校準的問題

- 我是否相信自己能以高我的面貌、最忠於自己的面貌、最真實的面貌呈現在他人面前？不是只在必要時，而是時刻都如此？
- 我是否相信自己能在不處於高我狀態時及時察覺，並知道如何調整回來？

不管你的答案是「有時候」或「還做得不夠」，或是「沒錯，除了在我家人面前」，或「救命啊！你說的高我是什麼意思？」全都不用擔心。在接下來

的旅程中，我將會教給你更多新的靈魂轉化技巧，不只能幫你知道哪些地方需要被轉化，還會告訴你該如何轉化。

我不清楚生命會在明天準備什麼給我，沒有人會知道。但我能確定的是，無論何時，我都一定會以高我的狀態、內外一致的狀態出現。不管我遭到多麼不堪的對待，不管情況有多嚇人或多艱難，我都會以這樣的態度生活。為什麼我能這麼篤定？答案很簡單：**因為對我來說，除此之外的做法都不在選項之內。**

所以，我能提供給你的另一個重要觀念，就是下面這個靈魂轉化技巧。它將幫助你改變對於「在生活中精進」的看法。

靈魂轉化
轉化：從「把精進看成是一種心態及企圖」到「把精進化為實際的練習與習慣」

真正的精進不是一種理想化的態度，而是一種習慣和練習。精進是一種技巧，唯有不斷練習、精益求精、做到百分之百，才會習慣成自然。當你用這樣的態度看待生活，並且無法接受任一方面有任何妥協，一種深度的靈魂轉化便會發生在你身上。

你不可能在得到理想工作、找到夢想中的伴侶，
或收到千載難逢的機會邀約時，
才突然決定做一個能夠掌控全局的人。
你不可能因為眼前的事物顯得如此重要，
就突然能夠完美駕馭，並期待自己的技藝一躍千里。
你必須在過去的每一天，都把練習精進當成習慣，
並且在意每件事，你才能辦到。

假設你要跑一場馬拉松，你不可能在賽前兩週才開始練習。萬一真是如此，會怎樣？你的耐力會不夠跑完全程，你將無法在不受傷的情況下撐到最後，因為你的肺和肌肉都需要經過相應的訓練，而訓練需要時間，不是一蹴可幾。你沒有捷徑可走。

人生也是如此。精進沒有捷徑可走。我常跟人說：「每件事都要用心，想走捷徑就會露出馬腳。」

當我們試著想掩飾缺乏振動信用的事實時，看起來就像在能量和振動上處於窒息的狀態。那就好像你在考試或會議即將開始的最後一刻，才匆匆衝進教室或會議室，還默默希望沒有人發現。但人們其實都一清二楚。

天將降大任，你準備好了嗎？

「用我吧，神啊！告訴我如何接受我是誰、我想成為誰、我能做什麼，以及讓我為比個人更偉大的目標而存在。」

——歐普拉·溫芙蕾（Oprah Winfrey），電視節目主持人

我的祖母艾瑟爾生前很愛為兒孫編織顏色鮮豔的可愛小毯子，我很珍惜這些小毯子，就像深深愛著祖母一樣。即便祖母已經過世多年，我依然緊抓著手上最後一條破爛不堪的毯子，直到有一天它終於壽終正寢。

我還記得小時候看著祖母用毛線織出一個個小方塊的樣子，每個方塊都有獨特的圖案。這些織物本身就很美麗，祖母在全數織完後還會再使出最後一道魔法——把籃子裡所有的小方塊縫成一條美麗的毯子。裹著毛毯的我，就像被祖母滿滿的愛包圍著。

所有人同樣也是由許多片段組成的，就像我祖母的毯子，你所說的「完整的自己」就是把所有片段連接起來，拼成一個完整合一、和諧一致的「你」。

藏文有個很美的字叫 wangthang（汪淌），意思是真實的存在，也就是

「真威相」（authentic presence）。汪淌的字面意思是「力量的場域」。如何創造或實現真威相呢？知名的藏傳佛教導師及學者丘揚創巴（Chögyam Trungpa）告訴我們，「清空和放下」是不二法門。

我非常喜歡這個字和它深刻的含意，我相信它和我在靈性道途中的個人體會及汲取到的智慧是一致的，它和我在本書中闡述的內容也有異曲同工之妙：**無論是真實的存在（真威相）或真正的精進，都不是持續加強或堆疊那些讓我們看起來更引人注目的行動或特質來達成的，而是恰恰相反——我們必須釋出、放下，並且重新校準內在那些並非真我的部分。**

清空後所剩下的，就會是完整的自己：一個真正的振動傑作，也是我們本來如是的面貌。

這就是我們正在進行的靈魂轉化。
你越是完整，就能展現出越多的神性，
讓越多的神性通過你去運作。

多年前的某一天，我正陷於深度冥想的寂靜振動狀態中，一個神聖的聲音在我耳邊說：**「宇宙等不及要賦予妳重任。」**

多簡單的一句話，所蘊含的真相卻強大到幾乎使我無法呼吸。宇宙等不及要賦予我重任，我得趕快準備好，無論要給我的什麼任務，我都要讓自己成為一塊堅實的礎石。

現在，我要介紹給你的是這一章的最後一個靈魂轉化技巧。

靈魂轉化

轉化：從「追求卓越」
到「為卓越做好準備」

宇宙等不及要賦予你重任，多麼美妙又值得深思的一句話！那麼，你該做什麼呢？就是上面那句話：為卓越做好準備，讓你的意識變得強大又穩固，在你身上建立起良好的基礎，一點都不怕搖晃不穩。你將成為最可靠的橋梁，讓智慧、愛、創造力和服務能通過你，來到等待著它們的這個世界。

為了幫你時時記得為什麼要做這些努力，我寫了下面這篇祝禱詞：

◇ 為卓越做好準備的祝禱詞 ◇

宇宙等不及要賦予我重任，
願我不再追求卓越，而是為卓越做好準備。
願我不再竭力證明自己有多重要，
而是讓自己成為一塊穩固的礎石，
如此一來，我自然會成為一個平台，
足以支撐所有重要的事物。
願我成為一座「很棒的橋梁」！

PART **3**

靈魂轉化實務篇

SOUL SHIFTS FOR PRACTICAL SPIRITUALITY

第 8 章

堅守你的覺醒立場：
從收縮到擴展

「無論你處於什麼樣的靈性狀態，無論你認為自己在宇宙中的定位為何，你面臨的選擇始終如一：是要擴展你的意識，還是收縮它。」

——賽迪斯・葛拉斯（Thaddeus Golas），美國心靈作家

　　現在，我要介紹的一個宇宙法則，將成為你按圖索驥的轉化地圖，讓你真正開始進行靈魂轉化。一旦理解了這個宇宙法則，你便能把本書第一部的概念落實到行動中。這個簡單卻深奧的法則，是所有自我開發和自我成長的基礎。事實上，它現在就在你體內、在你周圍和整個宇宙運作著。它就是：**擴展和收縮的法則**。

　　先前，在討論靈性物理的時候，我們已經知道，能量或意識一直都是以特定的頻率在振動，而且從未靜止下來。然而，振動**不是隨便動的，而是根據兩種方向擇一運行：一是擴展，一是收縮**。

　　能量一慢下來，就會收縮（contract）。能量或振動頻率動得越慢，就會越濃厚、越密實，最後成為一種僵化的物質，就像水結成冰一樣。液體中的分子一經冷卻，就會被迫向彼此靠近，成為收縮的固體形態。

　　能量一加速運行，就會擴展（expand）。溫度升高，原子或分子就會更有能量，以更活潑的方式振動。這使得它們可以更自由移動，並和彼此拉開距離；這樣的狀態下，體積會增加，形成一種擴展的狀態。能量振動得越快，其形態就越擴展，或說密度越低、越不收縮，就像冰塊融化成水。

擴展和收縮是宇宙的基本運作法則，
因此，對身為宇宙一份子的你也同樣適用。
你就和宇宙一樣，一直在擴展和收縮著。

　　擴展和收縮這兩股力量，一直都在你的內在運作著。你和你的生命中，存在著一股我們稱之為「滋養生命」（life-enhancing）的擴展能量流，也存在著一股我們稱之為「削弱生命」（life-diminishing）的收縮能量流。

滋養生命的能量＝擴展
削弱生命的能量＝收縮

　　滋養生命的能量流（或說是擴展的能量）和削弱生命的能量流（或說是收縮的能量）是兩個極端，彼此之間一直保持著極性對立的狀態。你的身體之所以能鮮活運作，就是拜這兩股力量所賜。

　　現在正讀著這些文字的你，能夠好好活著，就是因為你正在進行擴展與收縮。你的心臟正以每分鐘六十到一百次的頻率擴展和收縮，就像幫浦一樣每六十秒就把五或六公升維持生命的血液輸送至全身。同樣的，你的肺在吸進空氣時擴張，然後經由收縮排出不需要的廢物，也就是二氧化碳。生命之初，是胚胎擴展成完整人形的神奇過程，也是母親以擴張的子宮容納日漸擴展的你，接下來，分娩的陣陣收縮促使你離開子宮，誕生到這個世界。

　　然而，對我們來說，最重要的擴展或許不是發生在身體之內，而是時時刻刻發生在意識之中：

每一個經驗若不是在擴展你，就是在使你收縮。
每一個念頭若不是在擴展你，就是在使你收縮。
每一段關係、每一場對話，或每一次與他人的互動，
若不是在擴展你，就是在使你收縮。

凡是你看到的、關注的、讀到的，以及感覺到的，
若不是滋養生命的振動，就是削弱生命的振動。

　　一直以來，你都在不知不覺中經歷擴展和收縮的狀態。舉例來說，感到害怕或焦慮，你的身體會出現什麼狀況？你的胃會縮成一塊，你的喉嚨會變緊，你的肌肉會繃起來，你的呼吸會變得短淺。這些身體上的情況，都是在反映發生在你的情緒體／靈性體的收縮狀態。相反的，感到開心、安全、受人喜愛，你的肌肉會放鬆，呼吸變得深長，全身都能鬆懈下來。

　　讓我們做一個簡短的實驗：

　　　　現在，想像你正在做一件會讓自己真心感到快樂的事：和心愛的人在一起、參加喜歡的活動、置身在大自然中、和孩子玩耍，或是把寵物摟在懷中。請觀想在那個情境中的你，會看見什麼、感覺到什麼。花點時間沉浸在那種感覺，需要的話可以閉上眼睛。

　　　　然後，抽離你所想像的情境，讓意識回到現實世界。感受一下，現在的你有什麼感覺。你很可能覺得自己比之前更擴展了。

　　　　最後，做一個深呼吸，把剛才的經驗從腦海中消除。

　　　　接下來，再想像自己正在做一件完全無法忍受的事，某件你想抗拒的事。例如，參加一項會讓你害怕的活動、和某人開始一段你不敢去談的對話、看見曾經傷害或背叛你的人，或是做一件你明知道應該做、卻一直推托的事。

　　　　觀想自己處在那個情境中，想像你會看見什麼、感覺到什麼。讓畫面多停留幾秒鐘……好，現在請深呼吸，把這一切釋放掉。

　　　　現在，把意識帶離你想像的情境，回到現實世界。感受一下，現在的你有什麼感覺。你很可能覺得自己比之前收縮了，說不定在我要

求你開始想像時，你還會不情不願！

　　為了不讓你留在這樣的狀態裡，請再花點時間，想像自己被所愛的人抱在懷裡──可能是你的另一半或家人，或是一個許久不見的朋友，甚至是已經不在這個世上的人。允許自己去感覺包圍著你的愛，以及超越時空的深刻連結，多沉浸在其中一會兒。好啦，現在你應該覺得自己又重新擴展回來了！

即便這只是個簡短的練習，你應該也能注意到收縮和擴展是兩種不同的體驗。擴展就像冰塊融化成水：我們會感覺敞開、寬闊，有能力去移動和流動。收縮更像是水結成冰：我們會覺得緊繃、僵硬、受限、動彈不得。

擴展的能量使人自由，帶來療癒；擴展的能量讓人得以前進，為你騰出空間，讓宇宙的禮物──愛、富足、智慧和創造力──流入你的生命。**這是為什麼擴展是一種能滋養生命的振動方式，也是為什麼它能成為你進行轉化、重新校準和轉變時不可少的一股助力。**

收縮的能量恰恰相反。收縮的能量令人停滯，產生束縛；收縮的能量使人受苦，帶來屏障和阻礙，讓你無法接收到宇宙要給予你的。**這是為什麼收縮是一種削弱生命的振動方式，也是為什麼它會使你難以成長。**

這麼看來，該選擇哪條路，應該很明顯了。

> **為了療癒、敞開、自由及成長，**
> **為了消除眼前的阻礙、破除所有屏障，**
> **讓宇宙和神的恩典能流入我們的生命，**
> **為了體驗靈魂本就具有的擴展性，**
> **我們必須強化能滋養生命的能量流，**
> **同時減少會削弱生命的能量流。**

靈魂轉化

轉化：從「收縮」到「擴展」
培植擴展狀態，削弱收縮狀態

　　這是最重要也最基本的靈魂轉化訣竅，能幫我們做出轉變。它邀請我們多採取那些能強化生命的內在和外在行為，讓自己以更擴展的能量來振動。**與其把焦點放在生命中那些使我們僵滯、卡關、堵塞或受阻的部分，不如盡可能去耕耘自己的擴展狀態，並使收縮狀態削減到最低。**當你從收縮轉移到擴展狀態，就相當於創造出一個理想的條件，讓自己可以重新校準到高我意識，這也就是所謂的終極擴展。

展開：勇於表現你最好的一面

「若你將內在展示出來，你所展示的將拯救你；若你不將內在展示出來，你未展示的將摧毀你。」

——《多馬福音》（Gospel of Thomas）

　　小時候，我很喜歡玩一種神奇的動物膠囊。或許你對這種玩具也有印象，或是買給你的小孩玩過。小塊的海綿被裁切成動物形狀，然後塞進像藥丸一樣的膠囊裡，當你把膠囊丟進水裡，膠殼會慢慢溶解，而浸在水裡的海綿會慢慢擴展、再擴展，直到展現出它真正的形狀——某種顏色鮮豔的動物，例如長頸鹿、狗、龍蝦或大象。我最喜歡看海綿在水中擴展的樣子，會仔細觀察每個小角落是怎麼舒展開來的。我的最愛是特大號膠囊，因為特大號的海綿動物需要更多時間才能舒展開來。

　　我決定要用這些動物來建一個海綿動物園，每次洗澡把膠囊丟進澡盆時，總會殷殷盼著，不知道這次會出現哪一種動物。然而，不知道為什麼，某些動物的數量似乎不像其他動物那麼多。我還記得自己等了好久，好不容易才盼到一隻橘色的小猴子，把它擺進書櫃動物園中，和其他兄弟姊妹們放在一起。話說回來，動物膠囊讓我最沮喪的一點，就是沒辦法反覆觀看海綿舒展的過程。雖然我曾試過把動物再擠回膠囊裡，但它卻不能再像原先那樣縮回去了。一旦舒展開來，海綿動物就回不去了。

　　多年後，當我在授課中解釋到擴展和收縮原理時，突然想起小時候被我當成寶貝的海綿動物。我終於明白，為什麼看著海綿漸漸舒展開來，會令我如此著迷：

我們就像是被壓縮的海綿動物，

被壓得密實又緊縮，

我們的振動被迫擠進有限的小小空間，

以自己的模式和遺忘為殼。

我們看不清楚自己是誰，

也不明白當自己的潛能完全擴展時，

能夠成為什麼樣子。

或許有些人已經開始舒展，

但我們清楚知道，這仍是一趟未竟之旅。

　　是什麼讓我們被緊緊壓縮起來呢？前面我們已經探討過，發生在我們身上最初的「擠壓」，就是高我意識被移到我們的肉身「殼」內，我們真實的本性因此被掩蓋，靈魂深處也開始浮現一種失去連結的感受。而後，我們的外在際遇和內在設定也經常會擠壓我們，甚至凍結我們，於是我們就成了這副渺小的模樣。我們讓思想變得渺小，讓自己的力量變得渺小，讓愛也變得渺小。

　　這種擠壓的問題在於，我們會漸漸習慣，並且適應這種被壓縮的狀態。只

要經過一段時間，我們就不會再覺得自己渺小，只會覺得這很正常。

　　我們很容易就能舒坦地去適應這種壓縮狀態。我們習慣只用被限縮的能力去感受；習慣在親密關係中無法盡情地表達自己；習慣自己只能用某種被限縮的方式去做決定或面對問題；習慣在那些無法讓我們真實做自己的家人朋友面前，只能用限縮的方式來應對進退；我們也習慣了用限縮的方式來思考。我們學會忍受這種被壓縮的不適，讓自己日漸麻木。

　　這就是多數人生活的方式。我們把自己擠進一個狹小的人格特質、狹小的心，或一個狹小的、未能完整開展的生活之中；但其實，我們就像膠囊裡的海綿動物一樣，有著龐大的身軀——只要我們能讓自己自由舒展開來。

> **活在自己狹小的內在空間是一種折磨。**
> **我們假裝自己住的是別墅，**
> **但隱約之中，又覺得像被塞在衣櫥裡。**
> **就像海綿動物等著展開、擴張成原有的形狀，**
> **我們也準備好了，要把自己從限制的牢籠中釋放出來，**
> **擴展成完整的、壯麗的樣貌。**

　　海綿動物需要水才能順利擴展，那我們的「水」是什麼呢？什麼能使我們擴展，我們又要去哪裡找到它？

　　答案再簡單不過，就是能擴展並滋養生命的能量。這股能量不僅存在於我們周遭，也早就存在於我們之內。那是愛的能量，是喜悅、親密、連結、美、智慧、心靈和恩典的能量。我們不需要期盼哪天有某種神奇的力量會把我們拎起來，放進宇宙的水池裡。我們早就置身在那一汪水池當中了！現在只需要把你自己沉浸其中，然後就會像海綿動物一樣，一旦擴展開來，就再也難以回到狹小的限縮狀態。

　　這個足以轉化靈魂的認知，就是我賴以維生的準則，也是我做過最強大的練習之一，能給我的覺醒最強有力的支持，同時也是我的學生在這趟追尋之旅

中最關鍵的一盞明燈：**耕耘你的擴展狀態，削減你的收縮狀態。讓擴展你的更加擴大，收縮你的更加縮小。**

我們再試試下面這個實驗：

> 把一隻手握成拳頭。一直緊握著，不要停止擠壓你的手。請一邊做，一邊感受你的身體有什麼感覺。你很可能會覺得整個人都變緊繃了，呼吸可能起伏不定，或者你可能憋著氣，甚至心跳也可能加快了。好，現在你可以鬆開你的拳頭。

你可能會訝異地發現，鬆開拳頭後，你的手指頭不會馬上就完全舒展開來。這是因為它們已經習慣受到擠壓，即便從頭到尾你可能只花了十五秒的時間握緊拳頭。或許你也會訝異地發現，身體上一個小小的地方受到擠壓，卻能馬上大大影響了你的神經系統。

這個小練習，讓我們進一步了解到另一個與擴展和收縮有關的重要概念：

收縮會耗費很多能量。
我們需要很多能量才能維持住一個收縮的動作，
或是一種緊縮的情緒、心理狀態，
即便我們可能從頭到尾都沒有意識到這一點。
當我們把精力用來維持緊縮的狀態，
能夠用在擴展上的能量就更少了。

我在請現場聽眾做以上練習時，通常還會有第二步：請他們在緊握拳頭的狀態下，試著和身邊的人輕鬆愉快地交談。如果現在你身旁有人，你們也可以一起試試看。相信我，這真的不容易。從你內在振動出來的緊縮能量，使得你

很難不用緊縮的方式去看、去聽以及去感受外在世界。

　　這可以解釋你在某些關係裡曾經有過的感受。想像兩個人的內在都很緊縮，並以這樣的方式振動，就像他們的內心正緊握著拳頭，卻試著表現出愛、關懷、敞開和體貼的樣子。光是想像這樣的情景，我就全身緊繃！

> **當你內心緊縮，**
> **就很難用擴展的方式去愛。**
> **你的感受和你的溝通或行為方式之間，**
> **將會在振動層次出現衝突。**

　　如果你身上存在著許多收縮的能量振動，就會把這樣的緊縮傳遞到周圍的人身上，甚至傳到整個世界。記得我先前的譬喻嗎？當你和一個雙手捧滿東西、搖搖晃晃，必須時時保持平衡的人說話時，對方通常都無法專心。現在我們談的這個概念，就是這個譬喻的延伸：我們會呈現出搖晃不穩的樣子，不只是因為我們的內心無法保持平衡，也因為內在的緊縮狀態讓我們無法專心。

擴展的療癒力量

　　先前我們提過一個靈魂轉化原則，目的是移除會阻止我們通往高我的那些障礙：也就是說，要把那些阻擋生命力流入的能量模式與未消解的負面情緒能量給「振開」。這個移除要如何發生？什麼情境能為我們創造出這樣的振動轉換？下面是另一個新的靈魂轉化練習：**當你想移除某樣東西時，就創造一個擴展的情境。**

　　比如說，如果你的手扎進了一根小刺，怎麼做才能更容易取出來呢？答案是：創造一個擴展的情境。把手泡進熱水裡，小刺可以更容易拔出來。相反的，你不會想把手放進冰水裡，因為一旦皮膚緊縮，小刺會扎得更緊。擴展才

是更理想的做法。

假如蓋子卡得太緊打不開，同樣的，還是創造一個擴展的情境：把瓶口放在熱水下沖一沖，熱脹冷縮下，蓋子會更容易轉開。如果把瓶口放在冰水下沖，你絕對更打不開蓋子。

腳趾頭感染發炎時，醫生會建議你把腳浸泡在熱水裡，幫助膿血排出去。他不會建議你泡冰水，這樣會讓傷口附近的皮膚更緊繃。只有熱度，才能創造出擴展的情境。

> 擴展的情境可以創造機會，
> 讓事物在能量層次上移動及轉換。
> 例如，熱度能使冰塊分子振動得更快，並彼此分離，
> 於是冰會從固態融化成水。
> 同樣的道理，熱水也能讓手上的小刺鬆脫。
> 由此可見，能量上的擴展狀態可以創造出空間，
> 讓你身上卡住或僵滯的事物被化解開來。

當我終於把擴展和療癒的相關性想清楚後，整個人都興奮不已。我早在自己和數以萬計的學生身上體驗到這一點，卻從未真正剖析出其中的運作機制──當我們在內心創造出一個擴展的振動情境，卡在我們內部的舊能量就會自然開始鬆脫及消散。

舉一個最簡單的例子。假設你的孩子或你愛的人受了傷，當下發生的事故或傷痛，會使他們從內在激起一種恐懼、焦慮的收縮能量；此時，你會下意識地過去抱抱他們，或說些溫暖的慰語。這時的你，就是在用愛創造一個充滿擴展能量的情境。愛是宇宙間最具擴展性的力量。

擴展的振動方式就像是「熔爐」，能融化因為恐懼和驚嚇而生的收縮能量；不用多久，你深愛的人就會平靜下來，並且覺得自己好多了。這股擴展的振動能量，實際上也真的重新校準並消除了對方當下的收縮振動。

靈魂轉化

轉化：從「試圖抗拒或移除某種情緒模式或不想要的能量狀態」到「創造出擴展的情境，讓這些能量在振動層次鬆脫及消解」

　　這個靈魂轉化的技巧可為我們帶來新的視野，讓我們看見轉化可以如何發生。**與其跟情緒、固有模式及習慣硬碰硬，不如創造一個擴展的情境，讓緊抓著這些固有振動模式與結構的能量，可以開始重新校準。**

　　你也可以把擴展的情境想成是一種情緒或心靈超音波。當身體出現緊繃或痙攣，醫生和物理治療師會用超音波療法，讓該部位的肌肉溫熱起來。聲波能擴張肌肉纖維，周圍的肌肉就不會一直緊緊抓著痙攣的部位，無法舒展開來。這個過程就像鬆開緊握的拳頭一樣，一旦周圍肌肉擴展開來，就能創造出一個空間，鬆開緊繃的節點。

　　現在，我們對於能滋養生命的擴展能量已經有了更多了解，接下來我們需要更深入探討削弱生命的收縮能量。收縮能量的運作方式，和擴展的能量完全背道而馳：收縮的能量會令人緊繃，而不是放鬆；會使空間變少，而不是創造空間；會抑制行動，而不是促進行動。

　　想像水不斷收縮，最後在某物體周圍結成冰；緊緊受困在冰中的物體，沒有空間能移動。越是收縮，就越不可能移動。

　　遺憾的是，人類的天性會讓我們很自然地在自己的痛苦、問題或議題周圍收縮起來。我們的應對方式不是敞開，而是選擇封閉；我們拒絕愛，選擇了隔絕；我們不把困擾說出來，讓能量流動，而是默默吞下自己的感受。我們選擇的不是擴張，而是收縮。一旦這麼做，就等於把能讓我們解脫痛苦的療癒和釋放拒之門外，而那明明是我們急切渴望的。

　　我們身上都還帶著老舊的傷痛、失望、心碎和背叛的殘餘碎片。我們曾與自己深愛或試著去愛的人對抗，曾與自己信任或希望能獲得對方信任的人奮戰，或許還曾與自己的正直與自尊交戰。這一場場的大小戰役所留下的關於天真、希望和信任的碎片，就深埋在我們的內心深處。

　　我們用堅硬的、收縮的繭覆蓋那些傷口，心想這樣就能防止自己受到更多傷害。**但是，這樣的保護卻成為牢籠，讓我們的愛與生命力成為困在其中無法逃脫的俘虜。**

　　那麼，我們該用什麼工具，才能刺穿這層假防護罩的堅硬外殼呢？答案：智慧。

智慧能刺穿我們收縮的堅硬外殼，
把光帶往我們用黑暗來隱藏的東西。
我們會找到那些死結、碎片以及能量的尖刺，
然後用擴展的振動能量──
慈悲、勇氣和愛一一加以消解。

堅守你的覺醒立場：擴展與收縮之戰

　　不管是滋養生命的能量流，或是削弱生命的能量流，都不是靜靜潛藏在你的內在，等你決定要跳進哪一條能量流。它們不是被動的，它們會拉扯你、會推動你，就像自然界所有的作用力一樣。所謂的作用力，是一種拉力或推力，能改變物體的狀態或樣貌。也就是說，擴展和收縮一直都在你的內在互較高下，爭奪主權。

　　這場擴展和收縮之戰，時時刻刻都在你的內在上演；而且，根據我的經驗，當你決意踏上自我轉化之路，這場戰爭只會越演越烈。別搞錯了──成長、轉化和覺醒，是一連串的振動之戰，絕非一覺醒來就能攀升到極樂之境。

你越早接受振動之戰存在的事實，你的轉化過程就能越放鬆、越穩定，也越成功。如果你假裝不存在這些內在之戰，就只會一次又一次地被逮個正著。

我幾乎可以肯定地說，你一定有過類似的經驗。比如說，你曾在減肥過程中，發現一部分的你想要嚴以律己，另一部分的你卻想要繼續寵自己，兩股力量在你的內在搶奪地盤！或者，你決定戒菸（或其他癮頭），卻發現一部分的你想要健康、想要擺脫衝動，但另一部分的你卻不想放下這種倚賴，兩股力量相互拉扯。又比如，曾經有人重重傷了你，你可能會發現有一部分的自己想要重新去愛，另一部分的自己卻沒辦法再相信任何人，拒絕別人靠近。

在靈魂轉化的旅程中，你的內在之戰就是擴展與收縮之戰：擴展的你想把自己從所有限制中解放出來，但收縮的你卻總想要掌控一切。擴展和收縮這兩股對立的勢力，總是互有輸贏。

所有的個人轉化和靈性轉化，

都是一連串的振動之戰與對立衝突：

一方是想擴展的你，另一方是想維持收縮狀態的你；

於是，你的真實和偽裝互不相讓；

你的憧憬在和恐懼打仗；

你承諾覺醒的決心，和想繼續沉睡的蠢動在對抗；

你日漸浮現的高我，和亟待解放的受限自我在爭奪。

重獲新生的過程，你的內在一定會出現衝突，而衝突必定會讓你感到不舒服。越是這種時候，越能看出靈魂轉化的無上價值。每當你感覺不舒服，與其問自己：「我要怎樣才能擺脫不舒服的感受？」不如換一個更具擴展性的問題：**「現在，我內在是哪兩股力量在抗衡？」**例如：

- 我對這個新計畫的興奮感，和我害怕失敗的恐懼相互衝突。
- 我對親密關係的渴望，和我不敢信任、害怕受傷的恐懼相互衝突。

- 我對創業的渴望，和我缺乏自信的感受相互衝突。
- 我對朋友即將結婚的開心祝福，和我嫉妒的感受相互衝突——她已找到好伴侶，而我卻沒有。
- 我對妹妹的不幸深感同情，卻看不慣她酗酒放縱的生活；我的同情，和我的憤怒相互衝突。

　　衝突意味著有兩股力量同時在我們內在運作，從上面這些例子可以看到，這兩股力量是往不同的方向拉扯——雙方都在爭奪掌控權。所以，與其說：「我好憂鬱、好悲傷，我今天感覺很不舒服。」不如問問自己：「現在，我內在衝突的是哪兩股力量？」跨越那些情緒上的困擾，去尋找讓你不舒服的真正源頭。多數時候，你會發現自己處在振動之戰中，一個專屬於你的振動之戰。**一旦你明白，相互衝突的是哪些情緒或意圖，你就能做出該支持哪一邊的重大決定。**

加油，擴展隊！

「所謂的信念……在化為行動之前，都毫無價值可言。」
　　　　　　　　——湯瑪斯・卡萊爾（Thomas Carlyle），蘇格蘭作家

　　今年夏天，我在電視上看了幾場世足賽。體育場裡人山人海、氣氛高漲，七萬名足球迷在場內高聲喊叫。雖然我不迷足球，也不太知道是哪兩個國家在比賽，但我很容易就能進入情況，因為不同陣營的支持者一目了然。球迷穿的衣服是支持隊的球衣顏色，臉上的彩繪也是支持隊的顏色，頭上戴的假髮、手上拿的旗子，全都是支持隊的顏色。

　　當鏡頭掃過某一區，會看到球迷的穿著打扮盡是黃色和紅色；鏡頭來到另一區，舉目所見都是藍色和白色。場內似乎沒有人是中立的。比賽結束時，觀

眾要不是狂喜激動，就是一副心碎崩潰的樣子，好像見證了一場莫大的慘劇。

賽後的畫面來到了一間酒吧，在地記者訪問了幾個在酒吧裡看比賽的大學生。「你們支持哪一隊？」記者問。

「我們支持的球隊不久前被淘汰了，」其中一個年輕人說：「所以我們想先看有誰晉級，再從中選一個支持的球隊。」

我很喜歡這個回答。我們得先知道有哪些選擇，才能決定要站哪一邊。對於目前你的轉化之旅來說，這是一個非常棒的譬喻：你得決定要站在哪一邊。

你的內在，永遠存在著兩支振動隊伍，一支是擴展隊，一支是收縮隊，雙方陣營都希望能取得勝利。**你會支持哪一隊呢？你應該選擇擴展的那一方，因為擴展隊的勝利才是真正重要的勝利。**

靈魂轉化
轉化：從「被動觀看哪個陣營能取勝」到「站在擴展陣營加油打氣」

你內心的戰役不像打冠軍賽或其他體育賽事，

每一年或隔好幾年才舉辦一次。

內心的交戰二十四小時都在上演，而且沒有停歇的一天。

與其被動地看著擴展隊和收縮隊相互拉扯，

不如你自己決定要站在哪個陣營，

希望哪邊的能量贏得勝利。

你說：「我選擇能代表高我及自由的那一方。」

然後你選好隊伍，積極現身，

為你的擴展隊加油喝采，支持它贏得勝利。

你會想要站在抗拒、恐懼和收縮的那個陣營，加入這終將失敗的一方嗎？不會，你會想加入穩贏的隊伍。意識終將取勝，智慧會贏得勝利。所以，請選好陣營，然後在生活中積極表現，為對的隊伍加油打氣。你不會每天早上醒來，對自己說：「呃……不知道今天誰會贏？今天我要支持擴展隊，還是收縮隊呢？」你會一直選擇擴展隊——順帶一提，你就是擴展隊，擴展隊就是你。

舉例來說，你正因為手上的計畫，感覺到內在有兩股衝突力量：一部分的你想要積極進行，另一部分的你卻覺得好累、好挫折，一想到要花好多時間，就只覺得煩躁。每天，你都感覺到擴展隊和收縮隊在你的內心打仗。

你的一天通常是像這樣的：你進入上班模式。擴展隊雀躍不已，因為你找到了一條新人脈，對方可能會幫你，或為你引介某個重要的相關人士。擴展隊得一分！這時，收縮隊會用各種負面的想法來還擊，它會告訴你為什麼不能輕信別人，它會提醒你，上次說要幫你的那個人從來沒有兌現過。於是，你洩了氣。收縮隊得一分。

你遲遲沒有等到那通重要的電話，擴展隊很沮喪、士氣低落。收縮隊乘勝追擊，對這個計畫的可行性投入更多的懷疑，擴展隊累到無力反擊。收縮隊發現你的軟弱，於是隊員齊心協力繼續用自我批評碾壓你，說從一開始這就是個爛點子，你很可能永遠都辦不成。收縮隊再得一分。

時間來到晚上，你差不多該睡了。今天的比數是二比一，收縮隊贏得比賽。這時的你，有什麼感覺？沮喪、緊張、挫折。

這個情境裡少了什麼，你看出來了嗎？答案就是你——你的高我、你的眼界、你的主動支配，以及你的意識。你支持哪支隊伍？你能用什麼方式為它加油打氣，讓它取得成功？你能做些什麼，來讓擴展隊變得更強？

隔天，你重新出發，帶著你靈魂的轉化智慧，準備再一較高下。首先，你會花十五分鐘冥想，然後拿起你最喜歡的勵志書或聖經，讀了幾段文字；或者花幾分鐘聽一段鼓舞人心的演講或音樂。一大早，擴展隊就已經先得一分。

接著，在前往辦公室的路上，你會吃優質健康的早餐（能擴展能量的食物），而不是隨手抓個甜甜圈就吞下肚（收縮性的食物）。你尊敬你的身體，

擴展隊再拿一分。現在比數是二比〇，擴展隊暫時領先。你打電話給自己的好友，感受到愛與連結，然後給對方正在經歷的危機加油打氣。付出愛和慈悲，擴展隊又得一分。

目前為止，今天的你棒極了。接著，考驗來了：你一直期盼能和某個可能為計畫帶來進展的人物見面，對方卻來電告知沒有興趣合作。現在是這場戰役的關鍵時刻──誰會扳下一城？收縮隊奮勇推進，繼續端出老掉牙的故事，叨叨說著從來沒有人支持過你；不過這一次，你有備而來。擴展隊拿出一長串的名單，列出過去幾個月讓你感覺可靠、支持你的人，同時心中也想好了幾個能聊聊的人選。收縮隊一敗塗地，只好落荒而逃！擴展隊再次得分，最終取得了勝利！

以上只是個有趣的譬喻，卻能幫你精準了解每一個念頭、每一次選擇，以及每分每秒內在之戰的運作方式。

> **你的每一天都不單純，**
> **持續不斷都在面臨擴展或收縮的選擇。**
> **掌控生活不是坐在場外，**
> **被動看著誰贏誰輸；**
> **掌控生活是指站在高我的陣營中，**
> **用盡所有資源去強化擴展的能量，**
> **好幫擴展隊取得勝利。**

身為父母，你不可能讓孩子兩手空空去參加露營。你會希望他過得舒坦，所以你鉅細靡遺地幫他準備好了一切。你會確保他帶了足夠的保暖衣物、額外的零食（以免突然肚子餓）、防蚊液、急救包、手電筒（外加備用電池）……你會提前想好可能發生的情況，然後做出因應的對策。

你對轉化之旅，也應該抱持同樣的態度。收縮隊的伎倆你已瞭若指掌，所以你會預先準備好，並計畫因應的對策；然後你會帶著強而有力的擴展大砲，

忠心耿耿地守護你的擴展隊。

超越是非善惡：以振動的角度看待一切

「真理的試驗如下：任何在身體上、心智上、靈性上讓你感到軟弱的東西，就把它當成毒藥一樣去拒絕；那當中沒有生命，所以不可能是真的。」

——斯瓦米・維韋卡南達（Swami Vivekananda）

在本書一開頭，我們就提到一件很重要的事：你我都是振動的存在，而我們與他人的關係是一種振動層次上的互動。當時，我請你不再把過去視為一連串的情緒事件，而是了解到，它們是在振動層次上影響著你的一連串振動事件。現在，我們要用更實際的方式，把這樣的智慧帶到你現在的生活。

發生在你身上的每件事，都會影響你的振動。你無時無刻都和每一個經驗、每一個接觸過的人、每一件聽聞過的事物，在振動層次上互動，也互相影響。那麼，這些人事物究竟在振動層次上，會對你造成什麼樣的影響呢？

靈魂轉化

轉化：從「評判處境和事件的好或壞」
到「評估它們在振動層次帶來的影響」

在評估一段關係或處境時，常見的做法就是以「好」或「壞」來加以評判。例如「他可以給我帶來好影響」或「她總是為我帶來不好的影響」，以及「那天我過得很開心」或「那天糟透了」。

還記得嗎？在這一章的開頭我說過：

> 每一個經驗若不是在擴展你，就是在使你收縮。
> 每一個念頭若不是在擴展你，就是在使你收縮。
> 每一段關係、每一場對話，或每一次與他人的互動，
> 若不是在擴展你，就是在使你收縮。
> 凡是你看到的、關注的、讀到的，以及感覺到的，
> 若不是滋養生命的振動，就是削弱生命的振動。

　　一旦你明白擴展和收縮的原理，就可以不再只是被動地去經歷發生在你身上的事，然後在事後做出評價，把它區分為正面的、負面的、開心或不開心的。相反的，**你要從振動層次上去評估身邊的人或你的處境，並據此做出更好的選擇——這些人事物帶來的影響是滋養生命，或是削弱生命？**

　　你和每一個人的相遇，你所經歷的每個事件，從來都不會是中性的。每一次你和某個人或某件事互動時，就會透過以上這兩種方式去轉移或調整你的振動，就像調音時，選擇把弦旋鬆或旋緊一樣。有些人或處境能以滋養生命的方式重新校準你，創造出更多的共鳴，讓你在特定的振動影響下，被調整到和高我的振動同一頻率，就像把樂器調到最完美的音準一樣。反之，有些人和處境會以削弱生命的方式校準你，在你身上創造出更多的不和諧與不平衡，就像把樂器調到不成調一樣。

　　這個新的靈魂轉化觀念，讓我們脫離對或錯／好或壞的固有思維（這種觀念本身就令人收縮），並帶來幾個關鍵問題。

靈魂轉化：幫你重新校準的幾個問題

- 這個人／處境／環境／活動／電視節目／對話／關係／食物，在振動層次上會對我帶來什麼樣的影響？
- 他／她／它能幫助我用一種更擴展的方式振動嗎？還是會讓我用一種更收縮的方式振動？
- 他／她／它適合我嗎？

你可以開始用這樣的問題，去檢視你生命中的所有人事物，亦即透過我稱為「振動眼鏡」的角度去看待所有的處境和人物。下面是幾個假設性的例子：

例子 #1 有同事邀請你去他家參加一場夜間泳池派對。

　　這個男同事總是讓你感到緊張。正常情況下，你不用考慮就會答應去參加派對。一方面是因為你很愛參加這種活動，一方面也因為他家不但很豪華，提供的食物也很好吃。但是，當你戴上振動眼鏡，用上述的靈魂轉化問題去檢視這個處境時，你的答案卻讓自己大感意外：

　　這個人為你帶來的影響是負面的。只要他在場，你就會變得焦慮、批判、激動。和他待在一起，你總是變得更收縮。他的能量既有侵略性又負面，而且他總喜歡說其他同事的閒話。上次你參加他的派對時，他喝得醉醺醺，開始當著妻子的面羞辱她。離開後，你一整天都無法安心下來。

　　結論：你一點都不適合去參加那場派對。

例子 #2 最近，家庭和工作讓你忙得團團轉，幾乎沒有時間留給自己。有朋友問你要不要和她一起去公園走走。

　　光是想到這個邀約就讓你心煩，因為你覺得自己根本擠不出時間。而且你

最近還胖了，想到要換上貼身的運動服就覺得壓力好大。但當你戴上振動眼鏡，用上述的靈魂轉化問題來檢視這個處境時，你的答案卻讓自己大感意外：

去公園散步，在振動層次上可以讓你振奮起精神。親近大自然，你會覺得心情舒坦不少。公園和朋友顯然會幫助你用一種更擴展的方式振動，說不定當你回到家時，整個人會因此放鬆許多。雖然一開始你想到要特地外出運動而有點抗拒，但這項活動絕對符合你的最高利益。

結論：和朋友一起去公園走走，是可以滋養生命的一項活動。

你可以從上述兩個例子看出，有時個人的好惡並不重要，重要的是這些處境會如何在振動層次上影響你──是擴展或收縮？比如說，你熱愛派對，卻不喜歡同事辦的派對，也不喜歡每次參加時的那種緊縮感。你不喜歡運動，也不想在塞滿事情的一天又加上另一個行程，但是當你見到朋友、身體動起來之後，你卻有擴展的感覺。

談到這裡，希望你已經開始懂得珍視這個靈魂轉化概念的寶貴之處。

當你從振動角度去評估自己的人生，
而不是從小我的角度或性格特質出發，
就能為自己做出更擴展、更提振也更滋養生命的選擇。
你不再有那麼多的困惑，內心也不再混亂，
因為現在你已懂得去問對的問題，而不是提出錯誤的問題。
與其問：「我想要嗎？」或「我喜歡嗎？」
現在你會問：「這會如何影響我的意識？」

提醒：重要的是，你的舊有模式很可能會讓你誤以為只要開心的事，就能使你擴展。千萬不要被騙了，那不是我所說的擴展。這就是為什麼，我要用滋養生命來解釋擴展這個概念。因為擴展不只是一時半刻的感覺，而是確實在你的振動場中擴展你的力量。

曾經有個人試圖說服我，說放縱自己能讓他感覺到擴展。「我參加派對，喝下五杯酒後，整個人就會變得很放鬆，開始大笑大叫。我覺得超自由，感覺棒呆了！我非常樂在其中，所以我一定是擴展了，對不對？」

「呃，這是個不錯的嘗試。」我回答他：「可惜，我必須告訴你，這不是擴展——你就只是喝醉了而已。喝到失去意識、毒害自己，無知無覺地影響他人，這並不是滋養生命的事。」

如果你需要依賴外界事物才能感到自由，

這樣的你，又有多自由呢？

真正的自由，不是能夠去做任何事，

而是由內到外，你都擺脫了不符合高我意識的事。

遠離無益的人事物，做最好的自己

「關鍵是只和能提升你的人在一起；他們的存在，能帶出最好的你。」

——愛比克泰德（Epictetus），古羅馬哲學家

十六世紀的印度女詩人米拉白（Mirabai），是我最喜歡的靈性詩人之一。她曾說過一句名言：「離開那些對你無益的夥伴，去和那些敬愛神明的人在一起。」她所說的無益的夥伴，指的是在能量上無法聚焦於高我的人，他們的能量會削弱生命而不是滋養生命，跟這樣的人在一起，只會讓你緊縮。當你反思自己都和什麼樣的人在一起時，要把握很重要的一點：你需要的是評估的態度，而不是評判的角度。

當我們和他人在一起時，

會無意識地重新校準自己的振動狀態。

這種情況會自然發生，無法控制。
能量的振動狀態會在接觸其他能量時發生變化，
這是它的天性。

想像你把水倒進三種不同的容器：一個玻璃杯、一個方形的金屬盒，以及一個細長的花瓶。水與不同的容器互動時，會根據不同的容器來調整自己的形狀。在方盒子裡是方形的，在玻璃杯裡的是圓柱形的，而在細長的花瓶裡，則變成一條細細的管子。水的本質並沒有改變，改變的只是它的外觀。

親密關係中的你，或是和他人相處互動的你，就像是上面的水。這就是為什麼好好想想自己都和什麼樣的人在一起，會是明智之舉。這時，有兩個字可以幫你一把：辨別（discrimination）。

你有好好地使用自己的辨別能力嗎？舉例來說，身為一個好朋友，是否意味著必須經常聽對方傾訴各種抱怨、八卦和負能量才行？一看見顯示來電，你的胃就縮成一團，每次掛掉電話，你都感到筋疲力盡、情緒低落，這是真的友情嗎？這一切是如何影響著你的意識，以及你自身的完整性？

我把這種根植於負能量的關係，形容為「放縱自己大吃情緒垃圾食物」，因為收縮性的對話和行動，通常在一開始會讓你覺得味道很不錯。一開始，那些嘲諷和評判可能讓你的小我瞬間興奮起來，但很快的，你就會開始覺得不舒服，甚至厭倦。

我們所吃的，不只是餵養身體的食物，
還包括我們放進內心、放進意識的食物。
所以，要吃得明智。

你認識的人中，有些是「擴展型」。他們一出現，自然就能讓你變得更擴展。這不是因為他們為你做了什麼，或怎樣稱讚你，單純只是因為他們的振動狀態。現在，你可以花點時間想一想，身邊有誰是擴展型。光是想到他們，應

該就能讓你感覺擴展了。

相反的，有些人是「收縮型」。他們一出現，會自然使你收縮起來，因為這就是他們的振動狀態。你喜歡或深愛的人也可能是收縮型的人，他們依然會削弱你的生命。你可以花點時間想一想，身邊有誰是收縮型——但別花太多時間想他們！

基本上，你要做的就是多跟擴展型的人在一起，然後盡量遠離收縮型的人。就是這麼簡單。

我不是說，擴展型的人就不會有能量收縮的時刻，也不是說收縮型的人永遠不會提升到擴展的狀態。當然，我更不是說收縮型的人就不該被愛，或不值得擁有美好的事物。然而，一旦你開始透過振動眼鏡去看身邊的人事物，你就會發現，在人生的任何時刻，我們自己也無可避免地會落入這兩個類別的其中一種。當然，我們的狀態也隨時可能會改變！

問題在於，根本上你是哪一種人：擴展型，或是收縮型？當人們跟你在一起，他們會變得擴展嗎？還是會收縮？你是像太陽一樣，用光和熱溫暖他人的振波、讓他人更擴展，或是像冰風暴一樣總是凍結別人，使他們收縮？

這就是你正在下工夫的事——你正在重新校準自己的振動狀態，讓自己成為這個星球上另一個擴展型的人。你越是擴展，就越能讓其他人也更加擴展，幫助他們也成為擴展型的人。

不只人能擴展，充滿大智慧的宇宙也為我們提供了無數具有擴展能量的東西。以下簡單舉幾個例子，例如：

月亮	新鮮水果
星星	陽光
樹木	海洋、湖泊與河
花朵	鳥
動物	顏色
音樂	擁抱和親吻

風聲　　　　　　　日出與日落
歡笑聲

　　以上這些事物，都帶有滋養生命的能量。只要花幾秒鐘去感受這些存在於宇宙間的擴展事物，讓自己調整到跟它們一致的能量頻率，就能重新校準你的振動狀態，讓你與高我更趨於一致。

　　我總是盡可能讓擴展的能量包圍著我，無論是擴展型的人，或帶著擴展能量的事物。我家裡有各式各樣擴展型的物品，不管我看向哪裡，總會有某樣東西讓我感覺到擴展，例如：照片（我愛的人、聖人或上師）、神聖的物件、花和植物、色彩鮮豔的簾子或掛布、學生送給我的卡片等等，很多很多。

　　這類擴展型的事物，不一定要花錢。我念大學時，手頭非常拮据，幾乎沒有一點多餘的錢可以浪費。但即便如此，我也懂得擴展的道理。我曾經在二手店淘到一條五十美分的漂亮絲巾，用來裝飾一個牛皮紙盒；我把雜誌上剪下的瀑布、海灘或綠水青山的圖片貼在牆上；每個禮拜，我會奢侈地為自己買花。

　　雙眼所見之物，能為我們帶來極大的影響。它們能立刻轉換我們的振動方式，可能使我們擴展，也可能使我們收縮。當你環顧四周，看看自己的居住環境和生活方式，你覺得你所看見的事物，是擴展了你，還是收縮了你？

每分每秒，每一個你跟隨的念頭或情緒，
都正在使你擴展或收縮。
只要專注於收縮的能量，
你就能讓自己馬上墜落到收縮的境地；
只要專注於擴展的能量，享用你的擴展點心，
就能讓自己馬上轉移到擴展的狀態。

我把那些能立刻令人擴展的事物，稱為「擴展點心」（expansion snacks）。就像我們在正餐之間可能需要吃些點心來補充能量一樣，我們也需要在每天定期補充擴展點心，或是在自己需要提振能量時來一點。最重要的是，當你發現自己可能受到收縮能量的襲擊，感覺心煩意亂或出現負面感受時，就需要立刻補充一點擴展能量，以提升自己的振動狀態。

一旦發現自己開始收縮，
馬上去做一件能立即使你擴展的事。

只要做點擴展練習、採取擴展的行動，或選擇擴展的情緒，你就能為自己創造出立即的靈魂轉化效果。我建議你為自己寫下一份擴展清單，並時時把它帶在身上。接下來我提出的問題，能幫你釐清什麼能使你擴展，以及什麼會讓你收縮。

下面是幾個能幫你重新校準的靈魂轉化問題。這些關鍵問題的目的，是在引導你去反思，你的答案會隨著時間改變，不是一次就能大功告成。我的學生會花好幾個月來思考這些問題，它們就像一把把的鑰匙，可以打開一扇扇振奮人心的大門，帶領你時時刻刻去體驗圓滿、充滿力量、自由的人生。請不要只是現在讀過去，然後就把這些問題拋到九霄雲外。這是我能提供給你最重要的練習之一。

你對這些問題的答案，是帶領你通往覺醒之路的個人地圖。

靈魂轉化：幫你重新校準的幾個問題

- 誰能讓我擴展？
- 誰會使我收縮？
- 什麼能讓我擴展？
- 什麼會使我收縮？
- 什麼樣的經驗和活動能讓我擴展？
- 什麼樣的經驗和活動會使我收縮？
- 什麼樣的念頭能讓我擴展？
- 什麼樣的念頭會使我收縮？
- 什麼感覺能讓我擴展？
- 什麼感覺會使我收縮？
- 什麼時候會感覺自己最像個擴展型的人？
- 什麼時候會感覺自己最像個收縮型的人？

　　靈魂的選擇永遠是擴展。擴展能在你的內在創造空間，讓你的高我得以展現。它們會帶來擴展性的結果，不只會發生在你身上，還攸關你身邊的所有人。當你擴展了，對這個世界來說，你就是一份禮物。

偉大的擴展者：帶來更多的光

　　從十八歲起，我就一直全速奔向真理，而不是遠離它。我從來不會跟自己討價還價，調降速度或目標，即使我眼中的自己或我的處境是如此嚇人或讓我痛苦。我從來不會在祈禱時說：「拜託，請給我少一點的光吧！我不想看到我

所看見的。」相反的，我說的都是：「請賜給我更多的光！請讓我看到更多。每一扇門的後面都藏著什麼呢？我都想看見。請給我更多的光！」

> 光永遠都能釋放你。
> 當你不喜歡你看見的自己，或面對的某個處境，
> 或者，當你不明白自己看到了什麼，
> 或眼前的事物讓你害怕，
> 解決的辦法不是讓光縮小，
> 而是恰恰相反，你應該擴展它——
> 不是期盼能少一點光，而是要召喚更多的光。

　　想像你正在一間黑漆漆的房子裡走動，手上只有一個老舊的手電筒，電池還快要沒電了。手電筒不夠亮，你一直會撞到東西。這時的你只會覺得需要更多的光，而不是希望光線再暗一點，讓你不用去看到路上的任何阻礙。

　　在轉化的過程中帶入更多的光，會使你更加擴展。光是偉大的擴展者，光能帶來生命。有光照射到的植物，才能生長。身為人類，我們自然而然會被光所吸引，因為我們幾乎是本能地將光視為神聖的禮物：

> 光能創造擴展，
> 缺少光的地方會收縮。
> 你帶著越多的光，
> 就越會成為他人的光。
> 當你轉變了，這個世界也會跟著轉變。

　　如果你受不了用同樣的方式去生活、去思考或去愛，你可以祈請光、召喚光，請它為你照亮前路，讓你回歸完整的自己。當你開始能夠看清前路，也為他人開啟了同樣的可能性。當你的光越來越亮，也會照向你周圍的所有人，讓

他們更輕鬆地步上自己的覺醒之路。

靈魂轉化練習：召喚光

　　無論什麼時候，只要感到徬徨、迷惘、害怕、抗拒、衝突、罪惡、生氣，或出現任何讓你不舒服、不想要的情緒；或者，當你發現自己出現「我現在不想面對、不想處理」的念頭時，都可以用這個靈魂轉化的技巧，召喚更多的光來到你身邊。同樣的，在你希望看清楚某個問題或困擾的時候，這個練習也能派上用場。請記得：光能帶來即刻的振動轉化，讓你擴展開來。

▌召喚光

　　閉上眼睛，做幾個緩慢、深長、飽滿的深呼吸。

　　雙手抬高放在身體不遠處的心臟前方，掌心朝上，雙手交疊，就好像你正準備用雙手去接東西。

　　現在，想像你把關於某個問題、某個困擾或某種情緒的覺知，放在你的掌心上。把這份覺知看成是一個具體的東西，你將它放在手心上，準備讓人看見。

　　繼續豐富你對覺知的想像，允許自己充分地用身體去感受那個問題、困擾或情緒的振動狀態，就好像你已跟它合而為一。

　　當你覺得自己準備好了，就開始帶入這個念頭：「多一點光。」

　　你也可以輕聲說出來：「多一點光。」

　　或是想像，自己正在對著平時較有感應的那個更高的存在說話，祈請祂為你帶來多一點光，例如：天使、耶穌、克里希那、濕婆神、

佛祖或太一。

不需要試圖去看見什麼，或想像自己接收到什麼，也不用去想像任何畫面。只要靜靜坐著、臣服，並且敞開。

至少花幾分鐘靜靜坐著。當你覺得差不多完成了，就把你放在掌心上的那個無形的東西，以及伴隨著它的光放回心裡。即便你根本沒有任何感覺，也請你跟著這樣做。

接著，雙手合十放在胸前，微微低下頭，大聲說：「謝謝祢。」重複說三次。

完成後，就可以睜開眼睛。

「召喚光」是一項威力強大的練習，能夠重新校準你的振動狀態，從收縮的能量轉為擴展的能量。我的經驗是：多做幾次後，效果會越來越強。不要期待只要做了這個靈魂轉化練習，事情就會奇蹟似地出現轉變。你只需要一步一步跟著做，放下對結果的羈絆。

或許你只是感覺到自己平靜了點，或是焦慮和急迫感消解了一些，或是憂鬱和絕望感舒緩了，這都是振動能量變得擴展的徵兆。可能在接下來的幾個小時或幾天，你會對原本掛心的那些事有了新的見解或不同的心態。

有些人每天都會做這個練習，把它列入每日靈性儀式的一部分；也有人只在有需要時做這個練習。我有許多學生都透過這個練習，得到許多美好的收穫。你越是深入練習，越能放下個人的意圖和想做些什麼的衝動，你得到的結果就會越深刻。

願你持續召喚更多的光！

智慧正在被你擴展，無知正在被你收縮。
知識正在被你擴展，困惑正在被你收縮。

希望正在被你擴展，不安正在被你收縮。

篤定正在被你擴展，疑慮正在被你收縮。

自由正在被你擴展，束縛正在被你收縮。

愛正在被你擴展，自我保護機制正在被你收縮。

回憶正在被你擴展，忘卻正在被你收縮。

你還在不斷擴展、擴展、擴展、擴展……

第 9 章

做每個當下的主人：
在選擇中修行

「任何時候你都能做選擇，是要更靠近自己的心靈或遠離它。」

——一行禪師（Thich Nhat Hanh）

接下來是一個宇宙最強大的神奇魔法，你準備好要學習了嗎？這是一個超級進階的靈魂轉化練習，能瞬間讓動彈不得的你走出困境，讓灰心喪志的你受到鼓舞，能重新編寫你的振動內容，並且在頃刻之間，讓你從緊縮轉為擴展。這個特別的練習，是一個重要的關鍵，能幫助你整合目前為止獲得的所有智慧和領悟；而且，我保證，它將完全改變你的人生。它就是：**練習做選擇**。

我不是在玩文字遊戲。當我說**選擇是一種最強大、最有力的靈性實踐方式，在靈魂整合及轉化中扮演著關鍵角色**，我是認真的。

我們已經知道，靈魂轉化是一種內在的轉變行為，源自高我意識所揭示的靈性真理，終極目標是與高我趨於一致。與其只專注在如何改變外在事物，我們必須從內在著手，讓自己的認知、感受和意識都實際做出大幅轉變。不過，無論是從外在改變或從內在轉化，我們都必須先學會如何做選擇。

說到靈性活動，我們最先想到的，通常是祈禱、靜坐、朝拜、唱誦、冥想等行為。我們祈求上天賜予恩典，期望藉宇宙之力帶來奇蹟。我們尋求神靈的指引，祈求祝禱平安順遂。

然而，選擇是完全不同的靈性活動。選擇意味著：「**我會記得，我就是終極意識的展現，只不過暫時以這副形體、這個人的面貌存在於此。因此，我可以成為一種神奇的迴路，讓意識、智慧和力量流入我的生活。我將成為生命力**

的載具，讓它透過我而流動。我將成為創造者，塑造屬於我的實相。」

生活的每個當下，都是你練習做選擇的好機會。每天你能做的選擇不可勝數。我說的不只是那些顯而易見的選擇，例如吃什麼、穿什麼、先做哪項工作、打電話給誰、看哪個節目、幾點睡覺⋯⋯這些不過是行為上或邏輯上的選擇。在你做的所有選擇中，最重要的可能是你根本看不見的選擇——也就是攸關振動層次的選擇、內在的選擇，以及會影響靈魂轉化的選擇。

從進化觀點來看，選擇是生而為人的最重要元素。
需要運用到生命力、神的意識、神聖能量、
宇宙脈動、夏克提[1]、氣或任何其他稱謂，
才能具體顯化出來。
選擇就是我們一直在尋求的奇蹟與祝福。
當我們做出選擇，就成為主宰自己這個小宇宙的造物者。

這聽起來似乎沒什麼稀奇。你一定會想：「我不是一直都在做選擇嗎？」沒錯，但還有一些選擇你沒有做。在你的每一個選擇中，還有好多是你需要也應該選的，但你卻沒有或不願意這麼做，例如下面這些情形。

你明知道自己很累，隨時可能被激怒，但你沒有選擇休息，去小睡片刻或靜心冥想來改變自己的狀態，或是去做些能讓自己平靜下來的事，反而不斷地對別人發脾氣，把自己煩躁的振波傳送到外界。你沒有選擇去做能讓自己舒服點的事。

你一直有胃痛的毛病，醫生也建議你要改變飲食習慣，不要吃某些食物。你明知道必須照顧自己的健康，卻什麼也沒做。你沒有選擇好好照顧自己。

某人對待你的方式讓你不舒服，你眼睜睜看著自己開始在情感上遠離對方，並覺得愧對自己。你明知道應該勇敢地表達自己的感受，試著把話說清

---

1 編按：在印度教中，夏克提（Shakti）是宇宙洪荒時期的創造力量，也代表女神的生殖力。

楚，但你一句話都沒說。你沒有選擇和他人保持連結，也沒有選擇讓自己擺脫受害者的感受。

　　大多數的人都不會用選擇的角度來處理這類處境。在前面三個例子中，你看起來什麼都沒有做，但事實上，你確實做了選擇：你注意到自己的感受，卻沒有選擇去改變。從這些例子可以看到，即便你選擇的是「不選擇」，也會帶來相應的後果。

生活中的每個當下，你都在做選擇。
即便你覺得自己沒有在選擇，
但事實上，你只是選擇了「不選擇」而已。
「不選擇」就是你當下的選擇。

　　當我們開始轉化，通常會變成注意自己的專家：「我注意到我離題了」、「我注意到我沒有開口要求自己想要的」、「我注意到我最近對孩子很嚴苛」、「我注意到最近我有好多負面的想法」……當然，注意自己的感受以及發生的事，是非常重要的。這就是靈魂轉化真言的第一句話所要表達的：今天，我要看見我能看見的。

　　但是接下來，我要進一步說明注意和選擇，是不同的兩回事。一旦**我們看見所能看見的，把該知道的都弄清楚了，就等於為轉化做好準備了。接下來，才是做出選擇。**

靈魂轉化
轉化：從「注意到發生什麼事」
到「有意識地在每個當下做選擇」

　　我們不是呆坐在這裡，等待轉化隨機發生。注意自己不是像注意天氣那樣：無論今天是下雨或出太陽，我們都無法改變，但是對於發生在自己身上的事，我們確實可以做些什麼，包括從內在改變或透過許多方式從外在使力。**我們可以從注意，變成有意識地做出選擇。**

　　可以問問自己：「現在，對我來說最符合高我的選擇是什麼？」「什麼樣的選擇能讓我提升到高我的振動頻率？」以及「有沒有其他更好的選擇？」

光是注意到自己陷於困境是不夠的，

你要選擇讓自己走出困境。

光是注意到自己心扉緊閉是不夠的，

你要選擇讓自己把心敞開。

光是注意到自己偏離中心是不夠的，

你要選擇讓自己想辦法回到中心。

光是注意到自己一直在舊有模式中打轉是不夠的，

你要選擇讓自己找到出口擺脫它。

確實做出改變，不要光說不練

「只有做或不做，沒有所謂的試試看。」

　　　　　　　　　　　　——尤達大師（Yoda），《星際大戰》

　　小時候我最喜歡的獎賞，就是坐在車子裡看車子通過洗車機。坐在後座的我，看著車子在軌道上前後移動，感覺好神奇。當洗車機把肥皂泡沫和水噴在車子上，我會因為自己竟然沒有被淋濕而驚叫出聲。我會著迷地盯著窗外看，直到再也看不見任何東西，因為車子被白色泡沫完全覆蓋了。接著，毛刷瞬間登場——咻！咻！——色彩鮮豔的毛刷拍打車身，長而柔順的布條瞬間把車子

擦得一乾二淨。

　　然後，我會感覺自己就像進到熱帶雨林，一波波水柱奔流而下，把車身上的泡沫沖洗得一乾二淨。最後來到吹風區，整台車子在強勁的風力下搖晃起來，我驚訝地看著水滴在車子表面跳舞，最後神奇地消失在空氣中。洗車過程就這樣結束了。前方亮起綠燈，表示車子已經被洗刷得通體晶亮，而我們也已平安度過這趟旅程。

　　不久前，為了帶領一個靜心營，我驅車前往加州的莫哈韋沙漠（Mojave Desert）。半路上，我從交流道下高速公路加油，意外看到馬路對面有一台老式的洗車機。幾天前我才洗過車子，但實在不想錯過這個重溫兒時記憶的好機會。雖然現在我已經六十三歲，但洗車過程中的興奮感仍像當年那個八歲的小女孩一樣！

　　有些人誤以為踏上轉化或個人成長之路，就像是車子進到洗車機裡一樣。他們以為所有一切都會自動搞定，只要一路走到最後，車子就會清潔溜溜。他們想像的畫面是，一旦簽名同意踏上旅程，就只要坐著好好享受，無論自己怎麼做，最後都會開悟得道。

覺醒不是進入宇宙的洗車機。
你不是坐著當個乘客就好，
你才是轉化過程中最重要的元素。
重點不在於，你有沒有觸及到智慧和洞見，
而是你選擇如何利用這些智慧和洞見。

　　有些人認為，只要讓自己大量接觸來自某個老師、工作坊、書本、支持團體、教會或靈性社群的知識，就可以因為這些幸運的際遇，使自己神奇地自然成長。這是一種完全不實際的想法。你必須在過程中獻出你所能給予的，包括：願意深入思考；用敞開的態度，跳脫出一直以來看待事情的框架；承諾自己將不斷深入挖掘，即便你會覺得不舒服；以及可能是最重要的一點，也就是

準備好做出選擇，讓你從深受啟發轉變成實際行動。

我曾經在電視上看到一個訪談節目，來賓是剛結束戒癮治療的某個知名演員，這是他進入勒戒所後的第一次公開亮相。主持人小心翼翼地完成開場，閒聊了幾句後，提出這樣的問題：「你覺得自己改變了嗎？」

演員的回答令人深思。他說：「我想，重點不在於覺不覺得，而是有沒有改變。」

我一聽到這個意味深長的回答時，全身都泛起了雞皮疙瘩。這就是多年來，我一直在課堂上教給學生的觀念，但聽到別人親口說出來，實在非常感動；尤其他才剛結束兩個月與世隔絕的勒戒生活，現在面臨著必須實際「做出改變」的艱難挑戰。

做出改變，不是滔滔不絕、情緒激昂地說勢在必行，也不是有能力可以清楚指出現有的心智模式和自我設定。這些都只是嘴上功夫而已。或許你確實感覺到自己渴望轉變，甚至相信自己的內在已經有某些地方不同了，但是，這些仍然不等同於做出改變。

靈魂轉化

轉化：從「注意到什麼需要改變」 到「有意識地選擇去做出改變」

做出改變的意思是，藉由從外在做出新的選擇，去整合、運用及貫徹在你內在所發生的變化。你必須不只是注意到有什麼需要被改變，而是更進一步地去選擇讓改變發生。

這比理解改變還要難得多。通常，在我協助他人進行深層的心靈工作，而對方終於看見自己的盲點時，他們會對我說：「我知道了。」（I get it.）而我的回應都一樣：「**那就讓我們看到你實際的行動。**」

　　「知道了」（get it）就像是有人把一個沉重的包裹交到你手上時，你會說的話。對方拿給你，你接過來，然後說：「我拿到了。」（I've got it.）現在包裹已在你手上，你要拿它來做什麼呢？你會把它打開嗎？或是仔細看看裡面放了什麼東西，然後把它們一個個用在該用的地方？

> **做出改變，意味著以一種新姿態現身。**
> **每一刻，都以改變的新樣貌呈現，每分每秒都如此：**
> **你以改變的方式去溝通；以改變的方式去行動；**
> **你以改變的方式去生活；以改變的方式去愛。**
> **你不可能只在理論上改變，不可能只在原則上轉換。**
> **內在的理解和覺知的轉變，必須透過外在的行動**
> **也就是一個又一個的選擇，加以落實。**

　　發現模式和消除模式，有著莫大的區別；獲得重大的、真正的啟發，和實際選擇在每日生活中做出轉變，也有極大的不同。下面這個靈魂轉化技巧，是一個非常關鍵的概念。當你決定從更了解自己進展到轉變自己，並逐漸從實踐中熟悉如何做選擇，將會為你帶來相當大的幫助。指出問題所在和真正去處理問題，是完全不同的兩回事。

靈魂轉化
轉化：從「發現及揭示問題」到「選擇轉化」

　　從知道問題到揭露真相，並不等於轉變。找到你的問題、你的心智模式和你的設定程式雖然都很重要，但不等於去改變或轉化它們。真正的轉變，並不

是在智性上蒐集更多關於自己的資訊，然後說：「我已經找到這麼多關於自己的有用資訊。我現在看清楚了，也能理解了。」這只是蒐集，它和轉變一點關係都沒有。

把事情搞清楚並不等於轉變。

談論那些你終於弄清楚的事，也不等於轉變。

轉變是發生在能量和振動層次的變化。

它是一連串的靈魂轉化，會讓你的世界天翻地覆。

它是根本而徹底的，是顯而易見的。

你根本不需要做出任何聲明或宣告。

你值得這一切。

你是做不到，還是沒有去做？

「地獄始於上帝賜給我們清晰視野的那一天：我們看見自己原可做到的成果，看見自己所浪費的天賦，看見那些我們本來可以去做卻從來沒做的事。」

——梅諾第（Gian-Carlo Menotti），義大利劇作家

近日，我收到一位讀者的來信，抱怨自己很難在生活中做決定。她一直重複用「我為什麼不能……？」的方式在陳述自己的情況：「我為什麼不能擁有更多的客戶？我為什麼不能接觸到更多的人？我為什麼不能向我老公提出自己的要求？」

我相信你一定也經常從你愛的人口中聽到類似的話，或許你自己也常這樣說。**這種「我為什麼不能……？」的問句，事實上是沒有答案的。因為，這其實是一個偽裝成問句的抱怨，是一種受害者的哀嘆。**想想看，你是不是也曾說過類似的話，例如：

「我為什麼不能忌口？」

「我為什麼不能找到喜歡的工作？」

「我為什麼不能讓孩子乖一點？」

「我為什麼不能拒絕別人的要求？」

「我為什麼不能把計畫完成？」

「我為什麼不能杜絕垃圾食物？」

「我為什麼不能搞清楚害怕別人靠近的原因？」

「我為什麼不能找到一個有本事的水電工？」

現在，試著用幾個新字取代「我為什麼不能……？」的問句：

與其說：「我為什麼**不能**拒絕別人的要求？」

不如問問自己：「我為什麼**沒有**拒絕別人的要求？」

再多舉幾個類似的例子：

與其說：我為什麼不能找到對的事業夥伴？

不如說：我為什麼沒有找到對的事業夥伴？

與其說：我為什麼不能減掉幾公斤？

不如說：我為什麼沒有減掉幾公斤？

與其說：我為什麼不能在他人面前好好表現？

不如說：我為什麼沒有在他人面前好好表現？

與其說：我為什麼不能提出要求？

不如說：我為什麼沒有提出要求？

「我為什麼沒有……？」是一個可以被確實回答的問題。當你問自己：「我為什麼沒有……？」的時候，局面就立刻被扭轉了；原本那個覺得自己被宇宙拋棄、獨自承受痛苦、無能為力的你，現在可以真正去探討這個議題了。

靈魂轉化

轉化：從問自己：「我為什麼不能？」
到問自己：「我為什麼沒有這麼做？」

當你問自己：「我為什麼沒有……？」的時候，就立刻扭轉了局面，讓自己掌握了主導權。舉例來說：「呃……我為什麼沒有說出自己的想法呢？或許是因為小時候只要我一說話就會被斥責，或許是因為我不想惹人生氣。不過，這些理由聽起來都不足以讓我再繼續吞忍自己的情緒。」

你正在做的，就是「看見我能看見的，感受我能感受的，以及知曉我能知曉的」。你提出一個意識層面上的問題，然後盡你可能地去挖掘答案。

你能看出其中的不同嗎？「我為什麼不能……？」的問句，是出於無助、無力且不願承擔責任的振動方式。當我們問「我為什麼不能……？」的時候，事實上是把自己放在一個孩子的角色裡。孩子最常問的是什麼？

「我為什麼不能熬夜看電視？我為什麼不能玩那個玩具？我為什麼不能吃冰淇淋當早餐？我為什麼不能像姊姊一樣穿耳洞？我為什麼不能跟朋友在外面玩得晚一點？」

當孩子提出這些問題時，他們並不是真的想聽到答案，不是嗎？「我為什麼不能」，言下之意其實是「這不公平」。「我不能熬夜看電視，不公平！我不能穿耳洞，不公平！我不能玩那個玩具，不公平！」

現在，從這個角度來看看你那些「我為什麼不能……」的問句。「我得去找新的事業夥伴，這不公平！我必須加倍認真投入這個計畫，這不公平！我對

於提出自己的要求感到害怕，這不公平！」

鼓起勇氣問自己：「我為什麼沒有這麼做？」
一句話就能讓你的感覺從一個受害者馬上變成掌控者。
這是你能穿越的轉換門中，最強大的一個。

「我為什麼沒有拒絕別人，只會一而再地在答應後感到後悔？我為什麼沒有及時現身？我為什麼沒有去面對不舒服的情緒，只是一再忍讓？我為什麼沒有提出我的要求，只是不斷任由別人把我推入失望的境地？」這些都是非常勇敢的自我叩問，而且每一個問題確實都有答案。

我建議你列出一張關於「我為什麼不能……？」的列表，再把上面的每一個問題改寫成「我為什麼沒有……？」。然後，請花點時間一一思考這些問題，看看會出現什麼答案。當你選擇這麼做時，就等於把意識之光帶入振動能量受阻滯的地方；你將會鬆開那些無意識的死結，卸除不符合高我的舊模式。

讓自己脫困，一次只做一個選擇

「每天早上我會跳下床，然後踩上一顆地雷。那顆地雷就是我。在地雷爆炸後，我就用那天剩下的時間，慢慢把碎片拼湊回來。」

——雷·布萊伯利（Ray Bradbury），美國科幻作家

我最不喜歡的字眼，就是卡住。我們一天到晚都會聽到這個字。那種卡住、困住、動彈不得的狀態，和先前我們討論的「選擇」有直接的關係。

我把這種卡住的感覺，稱為「不選擇」（non-choosing）：處在某種情境下，或正經歷著某種情緒，但無法找到立即的解決辦法。我們覺得自己束手無策，既然想不到當下可以解決這個重大問題的方法，乾脆就什麼都不做。

> **我們從來都不是卡住的。**
> **我們只是做了一些不適合自己的選擇，**
> **或者選擇不去做任何選擇。**
> **也就是說，是我們選擇了「不選擇」。**

　　當我們覺得卡住或停滯不前時，多半都是在鬧「靈性脾氣」（spiritual tantrum）。或許因為我們不喜歡可以做的那些選擇，所以我們乾脆不承認其實自己還有其他選擇。我們就這樣賴在地上，等著有誰經過時能拉我們一把；或者，我們期待奇蹟降臨，情勢瞬間逆轉。

> **只要你還有選擇，就不會是卡住的。**
> **無論昨天的你有多麼落寞失意，**
> **你都可以在今天重新拯救自己；**
> **無論前一個小時的你有多麼無知無覺，**
> **你都可以在這個小時清醒過來；**
> **無論前一分鐘的你有哪裡做得不對，**
> **你都可以在這一分鐘重新再來。**

靈魂轉化
轉化：從「試著改變一切」
到「選擇先做點什麼」

　　這是一個簡單卻強大的技巧，能瞬間轉化你的靈魂。每當你感覺自己卡住、低落、徬徨、害怕、喘不過氣或糟透了的時候，請記得在那個當下，你可以使用這個關於選擇的靈性練習。告訴自己：「現在，讓我選擇做點什麼吧！」

就是這麼簡單。現在，讓我選擇做點什麼吧！

選擇去冥想，選擇去祈禱，選擇出去散步十分鐘，選擇去喝點水；選擇打電話給朋友，選擇做幾次深呼吸，選擇抱抱你的狗，選擇從你的「擴展小點心」中挑一件事來做；選擇聽一首你最喜歡的歌，選擇看看你愛人的照片，選擇列出五件今天做得很好的事，選擇把碗洗一洗；選擇回某個人的電話，或是選擇列出你可以先做的事！

當你選擇先做點什麼的時候，就能立刻讓自己的振動狀態從收縮轉換為擴展。甚至你選擇做什麼都無所謂，只要是一件能滋養生命的事就行。你能給自己的禮物，就是做出選擇、付諸行動，並為那個當下負起責任，把你的意志和能量灌注進去。你馬上就會覺得自己好多了，於是這小小的情緒提升，將會促使你接著做一個又一個的新選擇──在你意識到之前，原本糾纏你的陰鬱與疲憊感，早已煙消雲散了。

如果你正和嚴重的絕望或憂鬱奮戰，可能每五分鐘就需要用一次這個技巧。我已經多次在害怕或悲傷的時刻，使用過這個技巧：現在，我選擇走到冰箱那裡，倒一杯果汁來喝；現在，我選擇去外面待一下子，做幾次深呼吸；現在，我選擇回家後把那兩個髒碗盤洗一洗；現在，我選擇去寫日記。

以上的每個小小選擇都不過是幾分鐘之內可做好的事，但只要加總起來，你會發現自己花了一個小時去有意識地做出能滋養生命的選擇。光是明白這點，你就會感覺自己更強大了。**或許痛苦並沒有減少，但你的無力感和壓迫感真的變少了。**

有一句老話是這麼說的：「發現自己陷在坑洞裡，首先要做的，就是別再繼續往下挖。」要做到這一點，你必須先選擇不要再挖。然後，我們才能自由地做出另一個更擴展的選擇，讓我們走出自己挖出來的收縮之坑。

當你感覺卡住或停滯不前，

不要什麼都不做。請做個選擇吧！

一旦做出選擇，就等於重新連結上你的意志迴路；

一旦做出選擇，就等於讓自己從收縮中擴展開來；
一旦做出選擇，就等於去攪動僵滯的能量狀態。
只要做一個選擇，然後再做一個，然後再一個。
很快的，你就會感覺到生命之流再度在體內流動。

牽一髮動全身，只要改變其中一處，很快的，其他地方也會開始出現轉變。為什麼？而當你選擇要做點什麼的時候，又真正轉變了什麼？你所轉變的，正是你自己；你轉變的是自己不選擇的狀態。所以，當你轉變了自己和某件事物的互動狀態，不只是當下的情況會改善，你也會跟著改善。

當你決定在某個地方做點改變，這個選擇會讓下一次的選擇變得更容易，再下一個選擇更是如此，以此類推。

在任一處做出改變，
所有地方將會跟著改變；
在任一處做出選擇，
所有地方也都能做出選擇。

沒有一個選擇是只要做一次就直到永遠的，你只能為當下做選擇，然後再為下一個當下做選擇。多數人不明白這個道理，才會把自己嚇得既無助又動彈不得。

舉例來說，你決定從今以後要更果敢、更開朗。這種概括性的說法是一個很模糊的目標，缺乏時間或空間上的界限。在一般情況下，你沒辦法選擇變得更果敢，所以你要給它下一個時間、地點以及相關事件的指令，包括在哪裡發生？什麼時候發生？該如何發生？然而，光是想到這些，你就心灰意懶了。

那麼，你可以怎麼做呢？**你可以選擇在接下來的五分鐘裡，活得更果敢。**要是你哥哥打電話來請你幫忙查資料，你可以選擇告訴他現在不方便，你晚點再回覆。如此一來，你就達到你預設的目標了。你在這五分鐘裡是果敢的。

然後，你可以再為接下來的五分鐘，做一次同樣的選擇，接著再做出同樣的選擇，明天也比照辦理。這樣做，你是在為每個當下做選擇，而不是為整個人生做選擇。攸關一生的事，只會讓人喘不過氣。

選擇是每個當下的練習。

你不可能給予概括性的指令，

改變必須落實在某個當下。

如果你可以在每個當下做出選擇，在你發現之前，

這些當下就已經成為一連串有意識的時刻；

接著，你的一天會成為有意識的一天，

你的一年會成為有意識的一年，

然後你會發現，你早已走到一個原本想像不到的地方了。

每分每秒的選擇，都要帶著覺知

「性格源於你的選擇。每一天你做出什麼選擇，腦中有什麼念頭，實際做出什麼事，都會決定你成為什麼樣的人。這樣整合出來的你，決定了你的命運⋯⋯這就是引領你走向前路的光。」

──赫拉克利特（Heraclitus），古希臘哲學家

無論發生什麼事，我們最大的自由，就是永遠可以做選擇。雖然依據個人情況，不見得能在外部世界完全落實自己的選擇，但是，我們內在的自由是無限的。

沒有人能剝奪你根據高我去做選擇的自由；

沒有人能剝奪你以最大的愛去做選擇的自由；

沒有人能剝奪你用最有意識的狀態去做選擇的自由。
這才是真正的自由。
當你做出符合高我的選擇，
就相當於辨認出在你之內的高我，
並使自己轉移到高我的狀態。

下面這個靈魂轉化練習非常簡單，卻有驚人的深度轉化效果。它能幫助你在每天的生活中，活得更有意識、更有覺知。這是在我所有的教學內容中，最強大的一個重新校準技巧。

一旦發覺自己偏離中心、失去清明、無法平靜，一旦發覺自己的情緒不對、處於自己不樂見的狀態下，可以問問自己：「現在，我的選擇是什麼？」

假設你發現自己正在生另一半的氣，這時要問問自己：「現在，我的選擇是什麼？」然後誠實回答這個問題。你是選擇連結，還是疏離？你是選擇批評，還是同理心？你是選擇倔強到底，還是信任？你是選擇責備，還是原諒？真實的情況又是什麼？

以上的問法不是批判，也沒有夾槍帶棍的譏諷。它們只是很真誠的一些問題，引導你去看見真相。

最後一問：「真實的情況又是什麼？」，也是刻意安排的。**或許你會發現，我問的不是：「現在發生什麼事？」**因為，這樣的問法會讓你有機會逃避，不對自己的所作所為或選擇負起責任。**別人怎麼做、怎麼對你，其實都不重要；對你來說，唯一重要的，是明白你自己在這個當下會做出什麼選擇。**

「現在，我的選擇是什麼？讓我想想，我究竟做了什麼選擇？嗯……剛才我花了兩個小時坐在那裡自怨自艾；我選擇冷漠去對待我的另一半，讓他知道他把我惹毛了。我還選擇了什麼？大概是回想過去幾個月他做過的每件錯事。這表示我選擇的是去責怪他，以此證明我是對的。我選擇置身事外，也選擇懲罰他。天啊！這聽起來糟透了。我不敢相信我竟然會做出這樣子的選擇。」

現在，你對於自己的所作所為和選擇，都更有意識了。只要能夠真誠地回

答這個問題（或許要嘗試幾次才能辦到），你很可能就會發現，你並不喜歡自己做出的選擇，甚至可能感到震驚。**這就是這個技巧的重點，它強迫你有意識地去看待自己的選擇，去看見你能看見的，去感受你能感受的。**

　　由此可知，這個練習跟對方讓你產生什麼感受沒有任何關係。不管他們是否做了很過份的事，唯一重要的，只有你怎麼做選擇。這才是你的力量所在。

　　這個問句還有一個值得注意之處：「現在，我的選擇是什麼？」你發現了嗎？這是一個中性的問句，不帶任何意見或先入為主的想法。它能在振動層次將你移到一個中性的空間，當你在這個中性的空間裡再提出同一個問題，你猜會如何？這時候的你已經轉化了，**光是選擇去問自己這個問題，就已經在振動層次上轉化了你。**你現在已經處在一個有能力為自己做出選擇的空間裡。

　　這個練習還有第二步。在你回答完「現在，我的選擇是什麼？」之後，可以接著回答這個問題：**「現在，我想要做什麼選擇？」**

　　第二個問題，本身就是威力強大且效果立現的擴展者。它能在片刻之間，讓你提升到自己的高我狀態。或許開頭的幾個回答，未必是出自高我，但請繼續詢問自己，看看接下來會出現什麼樣的答案。

　　「現在，我想要做什麼選擇？我想把自己關在房間裡看一整晚的電視，因為我實在太生氣了。我想要我的另一半不好過，這樣他才知道他傷害了我。對，我就是想要他也嘗嘗他帶給我的傷害是什麼滋味。」天啊，聽起來是不是很恐怖。你不是真的想要讓他難受，甚至你根本不想繼續冷戰下去。你只是想讓自己好過點。所以，你可以重新再問一遍：「現在，我想要做什麼選擇？」

　　「呃……我絕對不想再次體驗我現在的這些感受，因為現在的我糟透了。我想要做什麼選擇？我想，我會選擇讓自己好過點。我想選擇同理心，我想選擇不對他粗枝大葉的性格鑽牛角尖，然後找到某種方式和他重新連結，或者和他談一談。雖然我還是很生氣，但我想選擇去愛他。」

　　你可以看到，當你開始思考自己想要做什麼選擇時，發生了什麼變化嗎？問自己想要什麼，能讓你提升到自己的高我狀態。光是去想這些事，就已經讓你開始以高我的頻率振動了。你的每個念頭、每個情緒，都會讓你轉化。當你

開始思考自己想要做什麼選擇時，就等於讓那個選擇在當下發揮作用。一旦浮現「我想選擇去愛他」的念頭時，你就已經選擇了愛。

　　如果你還是覺得現狀沒有解決，或自己似乎拒絕去回答這個問題，或你實在不知道自己想要的選擇是什麼，下面這個問法或許能幫助你：**「現在，我還能做出什麼更有智慧的選擇？」**

　　即使其他所有的靈魂轉化練習你都忘了，只要使用這一個技巧，也能為你帶來永久性的轉變，並且改變你的人生。這不是一個偶爾想到才用用，或遇到極端狀況時才使用的技巧；我建議你每天都可以把這些問句當成意識的擴展者來使用。它們就是送你直達高我的特快車。

「世上本無路，路是人走出來的。」

──安東尼奧‧馬查多（Antonio Machado），西班牙詩人

你早已擁有一個神聖的禮物：每天你都能重新開始，
並成為那個重新來過的創造者。
每個當下的選擇，造就了你。
有智慧地去做選擇，
喜悅地去做選擇，
自由地去做選擇。

第10章

找到回歸高我的路

「願我提升到至高之境。」

—《阿闥婆吠陀》（*The Atharva Veda*）

　　上面這句引言是來自一部印度的古老經書《阿闥婆吠陀》，透過口述流傳，比耶穌誕生的時間還早了將近一千年。所謂的至高之境在哪裡呢？這不是一個真實存在的地點，也不是我們在社會中的地位。**至高之境就在我們之內，是我們至高意識的所在，也是我們真正的本源和真實自我（我稱之為高我）的所在之處。**

　　各種文化和宗教都告訴我們，至高意識就在我們之內，無論使用的是什麼名稱。你可能將之稱為神、聖靈、基督、阿拉、女神、神聖智慧，或是宇宙脈動。這不是概念，而是一個實際在發生的振動。所以，提升到至高之境的意思，就是讓自己調整到高我的頻率，然後如高我般振動。

在你之內的高我，不只是思維。
它是你靈魂最原始也最完美的振動藍圖。
你原本的設計，就是為了表現出高我。
當你和高我一同振動，
就等於提升到了高我的境界。

　　我們要怎麼知道自己是否已提升到高我的境界呢？現在，你應該已經很清

楚了：當我們處於最擴展、最連結、振動方式最高頻的狀態時，就是處於高我的狀態。高我是實際發生的振動狀態，而不單純是思想上的概念；所以，當我們想要獲得啟發或是以適當的方式行動時，並不是想一想高我就能辦到的。

靈魂轉化

轉化：從「想像高我」
到「像高我一樣振動」

心中有上帝、諸神，或時時保有能提高境界的想法都很好，只要你記得，你所想像的這些實相，並不是發生在你之外。你並不是像回想起某次愉快的旅行那樣，期待哪天還能再度回去那個地方。**高我就在這裡，就存在於此刻，祂不是在你之內，祂就是你。**

與其去想意識存在於你之內的某處，
不如時刻牢記你所認為的那個「你」，
實際上是一種存在於意識之中的個人脈動。
你就是被裝載在肉體之內的意識。

我們是帶著身體的靈魂，不是帶著靈魂的身體。當你告訴自己：「我想處於我的高我狀態。」這個靈魂轉化技巧就只是一句輕聲的提醒，讓你想起「你」意味著什麼。你不需要去到遠方，這只是一個身分認知上的轉換而已。

幾年前我在海邊散步時，突然對「受苦」這件事，有了一個簡單卻深刻的

領悟。那天我壓力很大，工作進度不如預期，心中充滿了失望和不安，還跟一個下屬鬧得不愉快。我一邊爬著每次來到這裡都會走的山路，一邊想起昨天登山時的自己。昨天的我更快樂、更放鬆，而且絕對是以更擴展的方式在振動。

我猛然發現，我並不是在過去二十四小時之內改變了。只是因為情緒上的不愉快，干擾了我的振動方式，以至於我沒能像平常一樣與我的高我充分連結。我之所以感到痛苦，是因為有部分的我斷開了連結。高我並沒有遠離我，是我遠離了祂。

你之所以感到痛苦，通常是因為你和自己的高我振動斷開了連結。這不是很有道理嗎？你天生的自性，以及你被設定的振動方式，是愛、完整、智慧與平靜。要是你感受不到這些，無法持續保持在這樣的狀態，並將它們傳遞出去，就會讓你受苦。

無法和高我一同振動，是造成諸多痛苦的原因。
我們並不是有缺陷、被詛咒、不夠好，或需要被矯正，
我們只是沒有以高我的頻率在振動而已。

與其告訴自己：「我簡直一團糟。」你可以換一種說法：「我現在很痛苦，那是因為我沒有以高我的頻率在振動。」你看出這兩者的差別了嗎？第二句話沒有非難你的所作所為，只是指出了還有一種更有意識的選擇。**它意味著「我可以跟著高我的頻率去振動，可以用一種更高的頻率去振動，只是先前的我沒有這麼做而已。我並不是一敗塗地，只是需要重新校準我的振動狀態，讓高我的頻率到來。」**

這就是靈魂轉化，能幫助我們從是非黑白的二元論跳脫出來，轉而從意識的角度去理解自己。我們不再用批判的態度，認定自己是不好的或是軟弱的，而是客觀地去評估自己的行動是否與高我一致。

「今天因為老公忘記打電話給我，所以我對他冷言冷語，那時的我沒有和高我同頻。早上送孩子去上學，路上我凶了他們幾句，那時的我沒有和高我同

頻。昨天晚上我看了好幾個小時的真人秀，因此沒有好好準備報告，那時的我沒有和高我同頻。今天我因為計畫案的進度不佳，花了好幾個小時暗地自責，那時的我沒有和高我同頻。那天晚上我和母親通電話時，因為她叨念起去年過世的朋友，讓我很不耐煩，那時的我沒有和高我同頻。」

你看出來了嗎？當我們浮現「沒有和高我同頻」的念頭時，發生什麼事了？這是哪一部分的我們帶來的覺知？答案就是高我！祂就這麼介入並拉住了我們的意識，彷彿溫柔地說著：「你或許要多留意一下正在發生的事。」

真正的自由，是能自由地在每一刻
選擇從高我去感受、去說、去行動。

我們已學到越來越多如何提升到高我境界的方法，讓自己能以高我的頻率去振動。然而，我們不只要學習如何根據高我來生活，還得在發現自己在無意識下偏離高我時，能夠在振動層次上，讓自己回到高我的振動頻率。

運用你的意識指南針

「若不知去向何方，就等於從未起步。」

——歌德（Johann Wolfgang von Goethe）

先前我們提過，小事如何帶來大不同，也談到我們生活上的大小事，也可能經常會漂離正軌。現在，我們可以進一步用偏離高我的角度，來理解漂離的原理。**我把這稱為「振動偏離」（vibrational drifting），因為你不是真的在形體上移動到其他地方，而是你的內在不再與高我一同振動**——偏離了你的智慧、你的連結、你穩定的狀態，以及你的愛。雖然沒有人能看到你的振動偏離，但大家終究會感覺得到，也包括你自己。

靈魂轉化
轉化：從「只是試著讓自己處於高我狀態」 到「注意到自己在何時、以何種方式， 因為什麼原因而偏離了高我」

所謂的有意識、有覺知，
不只是知道自己該怎麼做才是最好的，
而是必須在你突然偏離原本的最佳狀態時，
也能注意到這一點。

是什麼造成了你的振動偏離？這就是我們在這趟靈魂轉化之旅中，一直在探索的主題。答案可能是，你被某個人偏負面的振動方式影響了；也可能是你本身的設定或無意識的習慣，讓你和高我之間的連結發生短路；或是因為我們先前討論過的許許多多的原因。或許，是你發生了什麼意外，或有誰突然出現，或是你的內心發生大變化……於是，你的方向就改變了。一開始只是偏離一點點，慢慢的，微微偏離的角度越來越大，然後你就發現自己處在一個完全不在計畫中的情緒地帶。

你之所以會偏離原有的軌道，是因為你必須很費勁才能讓意識之船繼續穩定航行。一旦定好通往自由的航線，就必須全程專注、投注心力、眼界清明、有勇氣，才能一路堅定不移。尋找高我就像正面迎向陽光，意識之光與探索自我之光亮得如此刺眼，你很容易就會不自覺地望向他處或閉上眼睛。你會說：「這實在太難了。」

這時，就是靈魂轉化技巧派上用場之處。我提供的靈魂轉化技巧，就像是一個個「意識的指南針」，這些指南針能為你指出正確的方向，能在你偏離軌道時，指引你回到高我。它們就是被設計來幫助你做出必要的振動調整，讓你

能順利前行，去到通往真正自由的終點。

當你發現自己偏離軌道，

並有必要拿出你的意識指南針時，

你就已經在調整航道了。

當你告訴自己：

「我似乎偏離中心的高我，需要轉換回去」時，

轉換就已經發生了。

在你一發現自己沒有以高我的頻率在振動時，

就已經在回歸高我的路上了。

你的意識指南針絕對不會把你帶往錯誤的方向。

提升到高我境界：爬上光之長梯

「我們活著，於是靈魂得以成長。人生在世，就是為了開發你的靈魂。萬能的神正藉此讓自己獲得相稱的連結。」

——約翰・雷克（John G. Lake），加拿大布道家

先前我們提過關於選擇的練習，現在，我們要把這樣的概念，和時時刻刻與高我連結的意圖結合在一起。

不管你正經歷什麼樣的情況，在每一個當下，你都可以做出選擇。以下是另一個靈魂轉化的校準問題：「我打算依從我的高我而活嗎？」

事實上，你唯一需要問自己的問題，也就這一個而已。因為，光是這一個問題，就足以做為你的意識指南針。「我打算依從我的高我去說話嗎？我打算依從我的高我去選擇嗎？我打算依從我的高我去做這項工作嗎？我打算依從我

的高我去愛嗎？我打算依從我的高我去回應這個人嗎？即使他並不是以他的高我在行動？」

你可以根據自己的情況，將合適的字句填入下面空格：「**我打算依從我的高我去＿＿＿＿嗎？**」

這是一個非常強大的校準工具。根據我的經驗，它幾乎能在所有情況下發揮作用。我的學生也曾在許多特殊情況下使用這個問句。以下這些例子，就是他們在遭遇真實的個人處境時，為了重新將自己調整回到高我，而實際拿來問自己的問題：

「我打算依從我的高我去裁掉這個員工嗎？」
「我打算依從我的高我去沖浪嗎？」
「我打算依從我的高我去參加這場相親聚會嗎？」
「我打算依從我的高我回家去探望媽媽嗎？」
「我打算依從我的高我去籌備這場婚禮嗎？」

我必須說，我真的愛死了這個靈魂校準技巧了。這個問句精準地傳達了我的用意：先幫你跨越任何會讓你感覺動彈不得或困惑的情況，然後再帶你搭乘一座超快速電梯，直達高我的殿堂。

這個技巧是這樣發揮作用的：當你問自己是否要依從高我去做某件事時，這個念頭會馬上將訊息傳到你的大腦，然後大腦會把高我的可能狀態調閱出來。你的大腦會打開一個標示為「我的高我」的資料夾，裡頭那些神經資訊瞬間就能供你使用。此時，你就已經開始以高我的頻率在振動了。而你所做的，不過只是問自己一個問題而已！

就算只是短暫地拜訪你的高我，
也能瞬間改變一切。

　　你一定曾在自然而然的情況下，有過許多依從高我的經驗。你一定曾以高我的頻率振動、依從高我去愛，根據高我去看見。你清楚知道那是什麼感覺。不過，很重要的是，你必須提醒自己，高我並不意味著完美。對你來說，祂是境界最高的狀態，是你最睿智也最有愛的狀態。「高我」意味著至高的我，因此一定會比你曾經有過的最好狀態更好；換句話說，當你繼續轉化時，你的高我也會跟著持續擴展。

　　下面這個靈魂轉化練習，我稱之為「高我的選擇」。你可以和先前的重新校準問題一起使用，或者分開使用也可以。

　　剛才的靈魂校準問題──「我打算依從我的高我去做這件事嗎？」──可以讓你的意識從收縮轉移到一種更加擴展的狀態。下面這幾個適合深思的問題，則更進一步幫助你把高我會怎麼做、怎麼想，具體給描述出來。

靈魂轉化練習：高我的選擇

- **如果現在我處在高我的狀態下，會是什麼樣子？**
- **對於眼前這個情況，高我會怎麼想？**

　　想像你正在看一部電影，片中的英雄必須做出一個非常重大的決定。他穿過喧囂的人群，人們七嘴八舌地博取他的注意力，這些人要不是有求於他，就是想出謀獻計。英雄堅定地將他們推開，最終來到他的目的地──一間靜謐的修道院，裡頭有個德高望重的智者。他走進修道院，和偉大的老師並席而坐，他的意見是英雄唯一要的答案，因為他知道，這將是境界最高、最接近大智慧的建議。

　　這就是你每天都有的經歷。各種念頭和情緒就像喧囂的群眾一樣，吵著爭取你的注意力。你的情緒先說話，然後你的小我又霸道地插嘴，要你站在他那

邊。你老舊的心智模式和振動還會不斷老生重談，把過去的觀點拿出來叨叨念念，干擾你。

然而，當你問自己：「如果現在我處在高我狀態，會是什麼樣子？對於眼前這個情況，高我的想法會是什麼？」這就像是把所有的情緒暴民推開，讓你自己進到心的殿堂，來到你個人的偉大指引及內在導師面前。你問你的高我什麼是境界最高的選擇，然後讓祂的建議成為你的指引。

這是一個美妙且真實有效的方法，能幫助你把自己從漂離的狀態拉回中心，或者讓你重新聚焦在最擴展的自我身上。甚至，你還可以想像一個能夠代表這股高我頻率的人物或存在，你可以觀想自己和祂坐在一起，問問祂：「如果現在我處在自己的高我狀態，會是什麼樣子？」坐在你面前的可能是耶穌、佛祖、觀世音菩薩，或者是任何一個你認為能夠跟你的高我頻率共鳴的對象或事物。

你只需要用一分鐘，閉上眼睛，想像自己正準備進行這場玄妙的對話，然後提出問題。就在這短短的一分鐘內，你就能馬上回到自己的高我狀態。

我在這本書裡特別提出來的靈魂轉化技巧及重新校準問題，都是為了幫助你的內在活動重新調整到高我的頻率。**每當你覺得自己偏離中心、變得收縮或不圓滿時，就是需要進行靈魂轉化的時候。你可以翻到本書最後，在「你所需要的靈魂轉化都在這裡」一節，有我們談過的所有靈魂轉化技巧。從中找出一個最符合你當下情境的技巧，把它當成你的意識指南針；實際去練習，你就會回到正確的軌道上。**

我總是跟學生說，無論何時，光的階梯都在我們之上，而黑暗之梯都在我們之下；擴展之梯在我們之上，收縮之梯在我們之下。天使正伸出手要把我們往上拉，但同時也有其他的力量在把我們往下拽。然而，每個當下，我們都能做出選擇。

問題在於：你會選擇抓住哪一個階梯？

我都將手伸向高我之梯。無論有什麼力量拽著我，我都緊緊抓住光的階梯，盡我所能地以最快的速度爬向高處。

即便在你困惑不解的時候，或在你偏離中心的時候，都請記得將手伸向高我。只要想著我正將手伸向高我，你就能感覺到有一股力量抓住你，把你從遺忘的流沙中拯救出來。

保護好你的高我

幾個月前，我在電視上看到白頭海鵰的紀錄片，片子拍得很棒。白頭海鵰是瀕臨絕種的鳥類，終其一生只有一個伴侶。牠們會在高大的樹上或懸崖邊築巢，雌鷹會在巨大的巢穴中一次下二至三顆蛋，在接下來三十五天的孵化期間，雄鷹與雌鷹會一起嚴守巢穴，防止外來者入侵。

紀錄片導演和共同參與製作的專家學者，在鳥巢裡安裝了好幾個攝影機，透過影片為我們帶來驚人的珍貴畫面。我們看到雌鷹先坐在鳥蛋上，接著雄鷹來到她身邊，此時雌鷹會稍微移開，而雄鷹會再往她的方向移動一些，就這樣兩隻鳥逐漸移動位置，直到雌鷹自由飛出巢穴覓食，換雄鷹孵蛋。整個過程中，鳥蛋都被好好保護在父母身下。當雌鷹飛走後，雄鷹會一直擔起保護鳥蛋的責任，防止渡鴉、海鷗和禿鷹等不速之客偷襲。

白頭海鵰會誓死守護巢穴，不會讓自己視若寶貝的後代暴露在危險當中。我看著這部片子，除了著迷又感動外，也帶給我了一個重要的啟示：我們每個人也要善加保護自己的轉化之巢。

把你不斷茁壯的智慧想像成窩巢，那是你在經歷深度療癒之後，在融化凍結的老舊模式之後，所擴展出來的愛。不論是孩子、植物、新點子或是一種柔軟的感受，在成長階段都是脆弱的。它們都是脆弱的意識之蛋，等孵化完成，就會成為生命中難以言喻的美好禮物。不過，當它們還在擴展、整合的階段，

你必須善盡保護的責任，以免掠食者對它們造成傷害，甚至把這個珍貴的寶貝從你手中奪走。

當智慧剛剛開展時，
或當你的擴展能量和自我療癒剛起步時，
都是脆弱的，都需要你的保護。

那麼，所謂的掠食者是指誰呢？有些掠食者就在你的心中，例如恐懼、疑惑、自我批判以及質疑，它們會蠶食你的希望、勇氣和內在的成就。當你發現自己在追尋自由的路上，走得搖搖晃晃時，就代表你沒有善盡保護之責。還有一些掠食者來自外界，例如那些會對你的頻率造成干擾的人，他們會帶來威脅，把你從擴展的、揚升的頻率中拽下來。

什麼會威脅到你在轉化過程中的振動頻率呢？可能是一個愛講八卦的朋友，只要跟你談上話一定會嚼舌根；也可能是某個特定的議題，只要你和同事談到這件事，就會讓你精神耗弱、氣忿難平；或是某部電影或某個電視節目，雖然內容生動有趣，但會擾亂你的振動，破壞你平靜的感受。

我不建議你直白地跟對方說開，但為了保護自己，你要取消和對方的午餐約會。要保護好你的智慧，你必須去愛、去尊重真正的自己，以及你正踏上的道路，還有你內在正在綻放的所有一切。

保護不是推開，
保護是一種愛的行為。
保護是去守護自己所珍視的東西，
是去榮耀正在你內在展現的高我。

我們必須愛自己，並珍視我們的靈魂之旅，如此一來，才能保護正在我們內心成長及孵化的一切。問問你自己：「跟我在一起的那些人，對我的高我是

否有正面影響？」以及「我所來往的人，是否僅僅因為他們的存在，就能幫我提升到高我狀態？」

假如你結交的人無法和你的高我同頻，或者他們對自己的高我不感興趣，甚至他們只是想利用你「不是高我的那個部分」，去陪伴他們「不是高我的部分」，那麼，你要想成長、改變、轉化，並重新校準自己，勢必會難上加難。

如果你一方面想跟批判性最強、能量最收縮
或最負面的人，維持和諧的共振，
一方面又希望能跟你的高我、最有愛的自我
以及最有智慧的自我保持連結，
那麼，你一定會左支右絀而兩頭落空。

我經常告訴別人：「踩過泥巴地，不可能不弄髒雙腳；即便那不是你弄的泥巴，甚至你也可能不討厭泥巴。」

你會在什麼情況下栽進泥坑，或被泥巴吸引過去呢？下面是幾種常見的可能情況：

- 朋友打電話跟你聊另一個人的八卦，而你允許自己被帶進這樣的能量中。掛上電話後，你會發現：我的能量變稀薄了，我被耗乾了。
- 你興奮地和某個人分享你的新點子，對方顯得興致勃勃，但他的言語或表情，卻在你的心中埋下一個個質疑的炸彈。此後，你開始不安，覺得自己似乎被看穿了。
- 你身邊有這樣的人，看什麼事都不順眼，很少有平心靜氣的時候。他會刻薄地批評別人，凡事都是別人的錯。你才跟他說沒兩句話，就想轉身逃走，雖然這些負能量沒有一樣是針對你，你還是感覺到自己就像被痛毆了一頓。

不是每個泥坑都可以輕易察覺。有時候，它會以一種微妙的方式存在，甚

至可能裹著華麗的包裝紙，打上漂亮的蝴蝶結。但當你一觸碰到它，你就會知道，那就是一灘泥。沒錯，你可以提高振動頻率來洗刷掉身上的污泥，但那會耗費許多時間和能量。你還不如把這些時間和精力，用來提升自己的修為。

用這樣的角度去評估朋友，不代表你不愛他們。我這一生中，有很多我愛的人，但卻不常往來或甚至不見面，或者是我會避開跟他們談話，原因就是他們給我帶來的影響不夠正面。我是如此珍視我的意識和能量場，所以會採取強硬的保護措施，對能夠進出的人嚴格把關。

從高我的觀點來看，和別人在振動的泥坑中共舞，不只對你不利，對方也沒有任何好處。這麼做，只會加快往下掉的跌勢，讓他們持續以錯誤的方式生活。最有愛的對待方式，是不再繼續餵養對方的不良模式，並讓你自己成為榜樣，為他們帶來不同的可能性。

所有你認識的人，你能為他們做的最棒的一件好事，
就是盡你所能地依據高我的振動能量來生活。
當你選擇處於高我的狀態下，
就能幫助他人重新與高我狀態校準。
這才是愛的真義，
也才是服務的真正目的。

靈魂轉化：幫你重新校準的兩個問題

- 在我的人生中，有誰能給我支持，讓我離高我更近？
- 在我的人生中，有誰會阻礙我，讓我離高我更遠？

回到高我：靈魂轉化的校準練習

要如何在你的人生中體驗到更多的高我，不是偶一為之，而是天天如此？你要如何創造能幫你重新校準到高我狀態的擴展時刻，就像你在偏離中心時找到回歸高我的路一樣？下面是幾個我特別編寫的靈魂轉化練習，雖然簡單又容易上手，但作用強大。它們將幫助你找到回歸高我的路，並且持續和自己的高我待在一起。

靈魂轉化的即刻校準練習

有時候，我們需要被狠狠甩一巴掌，才能清醒過來，克服眼前正面對的一切。看看這個技巧吧！這是我特別為學生設計的靈魂轉化校準口訣，馬上就能發揮作用，每當他們發現自己偏離了高我，或逗留在明知道不該留戀的情緒或行為當中，就可以藉由它帶來立即的轉化。這是一個簡單卻強大的問題，請問問自己：「**我現在有多餘的時間花在這上面嗎？**」

當然，這個問題跟你的行程沒什麼關係，它不是「我現在有時間停下來喝杯咖啡嗎？」這一類的問題，而是「我有多餘的時間可用來耗在這個負面的收縮狀態嗎？」

這個會立即帶來轉化效果的口訣，適合在什麼時候使用呢？答案是：只要發現你自己沒有處在高我狀態，就可以隨時運用。例如，當你發現自己很在意別人的評價時，即使對方是你不怎麼認識或不怎麼在乎的人；當你發現自己因為一個小小的誤會，而生別人的氣時；當你對幾天前處理事情的方式耿耿於懷，甚至開始自責時；當你因為別人遲遲沒有在說好的時間回覆你，而覺得很不開心時；當你無辜捲入別人的爭吵中，覺得很委曲時……

你現在有多餘的時間可以花在這上面嗎？答案，當然是——沒有！

確定自己沒有多餘的時間可以浪費，你就會有動力去做出不一樣的選擇。所以，你可以先問問自己：「我有多餘的時間花在這上面嗎？」只要你的答案

是否定的，就可以再接著問下一個問題：「現在，我能為自己做出的最好選擇是什麼？」一切就是這麼簡單。

當你提出「我有多餘的時間可以花在這上面嗎？」的問題時，所針對的事應該非常明確，問句裡的「這」，通常不會支持你待在高我的狀態。一旦清楚了這一點，就很容易下定決心不再把時間浪費在這上面。你會為了你的高我做出正確的選擇。

舉例來說，問句裡的「這」可能是：自責；自以為是；焦慮；不好意思拒絕別人；偏執地想掌控自己做不到的事；爭論一些膚淺的事；說服、修正或控制某個你明知道不可能動搖的人；固執地要用自己的方式去處理雞毛蒜皮的小事……除此之外，還有許多狀況都是不值得你花時間的！

剛開始做這個練習時，我會建議你把這個問句寫在便條紙上，貼在各個地方。我不是怕你忘記問題是什麼，而是怕你可能連問都會忘了問！

許多學生都說，這是我教給他們最實用且效果最強大的技巧之一。一下子就能切中要點，能讓你看清楚什麼才是「最重要的」。

靈魂轉化練習：搭電梯到意識頂樓

想像你的意識是一棟摩天大樓，大樓的地下室沒有窗戶，光線照不進來。這個地下室用來處理垃圾，整棟大樓的垃圾都會通過滑道被丟到地下室。

大樓的最頂層是一間豪華公寓，四處都有採光良好的窗戶。因為樓層夠高，沒有被其他建築物遮擋，陽光能直接照進室內。從頂樓看出去，不論哪個方向都有最佳的視野，你可以輕鬆眺望，一無障礙。頂樓公寓遠離了喧鬧的街道，比其他地方都要安靜許多；而且，因為位置如同鶴立雞群，你可以準確地評估所有情況，包括交通狀況、天氣等等——**看見你所能看見的**。

在地下室和頂樓之間，隔著其他所有樓層。大樓裡有一台電梯，可以載你去所有想去的樓層。按下「向上」鈕，可以直達最高的頂樓；按「向下」鈕，可以去到最底層的地下室。當然，你還可以停在途中的任何一樓。

意識就像這棟摩天大樓，其中包括所謂的「高我樓層」，也就是豪華的頂樓公寓。那裡光線明亮、視野遼闊，充滿清明的覺知；當然，還有位於最下面的地下室，那裡漆黑一片、與世隔絕。在這兩者之間，還有許許多多的樓層。幸運的是，意識大樓裡有一台電梯，可以把我們載到想去的樓層，那台電梯的名字叫「選擇」。

在生命的每一個瞬間，我們都能決定自己要待在哪個樓層。這就是為什麼我們要做「選擇高我」的靈魂轉換技巧，不然你會想一整天都待在意識的地下室裡，跟那些該被清理的振動垃圾和情緒垃圾待在一起嗎？難道你想躲在黑暗中自怨自艾？或者你有另一個打算：找到電梯，按下「向上」鈕？

如果你今天過得很不好，而且知道是腦中的念頭和情緒作祟，讓你無法處在高我的狀態下。那麼我要告訴你：你不需要一直待在意識大樓的地下室或低樓層，你可以走進電梯、按下「向上」鈕。去哪裡呢？當然是樓層越高越好。

以下就是這個練習的說明：

▌搭乘電梯直達意識頂樓

閉上眼睛，想像自己正在電梯裡，眼前有一排按鈕可以選擇。想像你看到，其中有一個按鈕寫著「P」，代表的是頂樓，只要按下這個按鈕，就能帶你直達高我的樓層。現在，你看見自己帶著偉大的意圖和承諾，按下了這個按鈕（如果你能實際伸出食指，模擬按下按鈕的樣子，會很有幫助）。你感覺得到自己正在不斷上升，你還可以想像這是一部透明電梯，你能夠清楚地看見自己從目前的生活前往越來越高的地方。

接著，想像這台名叫「選擇」的電梯，在你面前打開門，現在你走進了自己的意識頂樓。你可以花點時間想像這個意識頂樓的樣子，

看起來可能像神廟，或是任何一種神聖空間，裡頭放滿了各種能激發靈感、提振心情，或是讓你想起高我的物件，甚至還有偉大的神性存在等著你到來。或許，你進去的不是在大樓裡的樓層，而是完全不同的一個世界，例如山林或熱帶島嶼。當你來到自己的意識頂樓，就代表離高我的真實、高我的智慧和高我的愛更近了。

　　再想像你在低樓層出了電梯，畫面中的電梯停在某一處，你可能馬上就感覺到這裡比原本待的地下室要好太多了，但這裡還不是你的高我。可能過了十分鐘，你對這個樓層就沒有那麼滿意了。這時，你只需要再想像自己又回到了電梯裡，然後按下「向上」鈕就行了。「我知道我的內在還有比這裡更高的地方，我可以到達多高的地方呢？」一旦你到達最高的樓層，就不會願意再回到地下室了。

　　這真的是一個很棒的練習，**能在幾分鐘內就成功轉換你的狀態，因為你確實擁有一個意識頂樓，而且當你開始往這處下工夫，它還會爬升得更高**。當然，以上所描述的不是說你真的「去了」某個地方，你只是運用了自己的心智，將自己轉換到原本就存在於你內在的更高頻率。

　　就算你正在開會，只要發現自己卡在地下室動彈不得了，就可以做這個練習。不論是參加重要的聚會、社交活動、跟另一半吵架、情緒低落或困惑不安，或是打一通事關重大的電話之前，你都可以做這個練習。此外，你還可以把這個練習當成是每天一早的啟動儀示，讓自己與高我的振動頻率重新校準。

　　還有一個靈魂轉化的小提醒：有事發生時，記得搭「選擇」電梯到高處！

　　看到這裡，你應該已經了解振動轉化的原理了。也因此，我建議你可以養成去意識頂樓的習慣，當成重新校準自己的好方法。**只要持續練習這個技巧（以及其他的靈魂轉化技巧），最後你會發現，你不再需要刻意去提醒自己進行靈魂轉化：因為早在你發覺之前，你就已經自動開始轉化了。**

很快的，你就會在頂樓裡安住下來。只有哪天一不小心喪失覺知，或夢遊了一回，你才猛然發現你已搭了下行電梯，在某個奇怪的意識樓層裡走來走去！

靈魂轉化練習：兩分鐘朝聖之旅

在靈性道路上，很多人都只想等著有人拉一把，就像等待陽光出現，或是等待從天而降的好際遇。當然，我們歡迎且欣羨這種機會，但那不是我們能夠掌握的。關於靈魂轉化的一個基本概念是，只要你願意，轉瞬之間你就能成為自己的「提振者」，你可以自己提升自己。

靈魂轉化

轉化：從「等著被提升」
到「自己提升自己」

走一趟朝聖之旅，不管是造訪古寺名剎或修院教堂，或是大自然一處壯麗的聖地，都是令人身心愉悅的事。像這樣的靈性旅程，未必不能經常發生在日常生活中。我認為所謂的聖地，就是能夠提振我們的精神、擴展我們的能量、撫慰我們心靈，並且使我們憶起高我的地方。因此，你不必遠渡重洋，不必跑到印度、西藏、羅馬、祕魯、以色列或天涯海角的任何一處，才能朝見到高我。你早已擁有所有的材料，足以在自己家裡建造一處高我聖地。

我把下面這個練習稱為「兩分鐘朝聖之旅」，操作非常簡單，只要明白有哪些東西，能夠在振動層次上擴展和提振我們，就可以辦到。

▎踏上兩分鐘的朝聖之旅

請花兩分鐘，帶著正在朝聖的想法或意圖去做或體驗某件事。

花兩分鐘讀一本能啟發你的書，就像有一位智者正把他的智慧傳授給你。

花兩分鐘閉上眼睛聽一段療癒人心的音樂，就像你為了重新校準自己的振動狀態，前往一個特別的地方。

花兩分鐘看看你親愛的家人、孩子或朋友的相簿，就像你敞開自己去接收從照片中流瀉而出的愛與祝福。

花兩分鐘站在院子或街道上的樹下，就像你正在接收來自大自然神聖智慧的祝福。

從上面所舉的例子，你可以看出我並非只是建議你去「讀一本書」或「看一張照片」，而是要你用朝聖的心態去體驗這個小小的活動。在開始與結束兩分鐘朝聖之旅時，請端正你的心態慎重以對，就像你真的在朝聖一樣。

當你走進修道院或神廟道觀，一定會心懷敬畏，也會以某種方式敞開你自己，臣服於神聖的大智慧。所以，不要只是隨意地翻書或看照片，做這些事時請心懷敬畏，你可以十指交扣放在胸前，榮耀照片中你的所愛；你可以像拜見偉大智者一樣，放開自己去接收書中的蘭心慧語。兩分鐘後，請對剛才的體驗誠摯道謝，然後再重新回到日常。

如果情況允許，你也可以在家裡打造一處安靜的神聖空間，在你做「兩分鐘朝聖之旅」時使用。這不是個大工程，幾張親愛家人的照片、一根蠟燭、一些好書，再鋪上一塊有特殊意義的布巾，在牆上掛

一張能讓你心情愉快的圖片，就大功告成了。但請記得，不要把以上
這些物件看成一般的東西，而是用朝拜聖地的心態去看待它們。

　　在我家裡，像這樣的「小聖地」非常多，我會在這些小聖壇上擺
放神聖物件、用獨特的方式去排列照片，還會擺上鮮花、小盆栽提醒
我大自然的美妙。我不會固定在一個地點做「兩分鐘朝聖之旅」，我
每天都有許多小聖地可以自由選擇！每一天，我都可以問自己：「今
天我想造訪哪個聖地呢？」

　　這是一個非常棒的練習，而且每一趟朝聖之旅，都會迫使你去思考是什麼
東西把你的振動頻率調整到與高我一樣。即使你從來沒有做過類似的事，我也
會建議你給自己一段時間試試。我要提醒你的是，**真正為你帶來轉化的不是那
些照片或聖壇、那座聖山或旅程，而是你內在的意念，也就是你想把自己調整
到高我頻率的這個意圖。**

靈魂轉化練習：依從高我去做選擇

　　你能想起過去幾天，有什麼選擇是你依從高我的意識去做的嗎？例如，孩
子讓你很生氣，你快按捺不住了，而你就在當下覺察到自己的狀態，於是做了
幾次深呼吸後，你轉身去抱抱孩子而不是責罵。或許你正在煩惱要吃什麼，在
垃圾食物和健康餐點之間猶豫不決，最後你終於選擇了對身體有益的食物。或
者你開始自我評判，用嚴格的標準審視自己，然後察覺到你忘了用悲憫心去對
待自己，也沒有好好察看面臨的艱困情境。又例如，你發現自己又開始自憐自
艾了，感覺這世上沒有人在乎你，但最後你決定主動求援，打了幾通電話給朋
友，發現他們聽到你的聲音時都很開心。

　　認出這些經驗非常重要。**我把這樣的時刻特別稱為「駕馭人生的時刻」**

（mastery moments），這是你的高我與日常生活整合的時刻。

　　再跟你分享一件事，鼓勵你往前走：**如果這一次你能以高我做出選擇，就算只有一分鐘，你就能在下一分鐘、下下一分鐘再次選擇與高我同在。換句話說，當你選擇以高我的觀點去看待、詮釋或做回應後，你就能一次又一次地成功複製這樣的過程。**

> 每一個依從高我的選擇，
> 不僅在那個當下提升了我們，
> 也使我們在下一次和再下一次面臨選擇時，
> 更容易做出依從高我的決定。
> 因為，我們已經站在一個更高的起點了。

　　意思就是，你會和高我日漸趨於一致：你的想法、行為與理解，會跟著高我的頻率一起振動。每個人都有自己的高我，當然也都有最陰鬱最沉淪那一面的低我。我們都有覺醒的那一面，也有潛意識裡不願意離開被窩的那一面！

　　就算你正經歷特別艱難的一天，或面臨一個棘手的情況，或是必須和一個難以相處的人打交道，即便這樣的你，仍然是自由的——你仍然擁有依從高我去做決定的自由。

你就是自己祈禱的回應

「上帝把我交給了我自己。」

——愛比克泰德

　　聖經《詩篇》有句很美的話是這樣說的：「我要向群山舉目，我的幫助從那裡而來。」

　　我要提高我的目光，我要讓它們從畏縮地望向低處的黑暗、低頭緊盯自己的渺小、看清自己的局限中提升起來；我要舉目望向山陵、望向高處、望向神聖，也望向我的高我。

　　我要提高我的目光，從高我意識的觀點去看待萬事萬物，去知曉真理。

　　那裡有我需要的協助，那裡有愛、有療癒，也有恩典。我唯一要做的，就是透過行動跟祂連結。當我說出「我要提高」時，意味著我不會只是坐等著恩典從天而降拯救我。我會以行動去實現恩典，我會選擇恩典，並投入恩典。我看見眼前的道路，並且會沿路回到我的意識之顛。

在每個當下，你都是自己祈禱的回應。
你具備重新校準自己的能力，
你可以選擇高我、和高我一同振動，可以依循高我而活。

　　你不僅是自己祈禱的回應，也注定要成為他人祈禱的回應。在這個關鍵時刻，地球上的所有人，包括我在內，都不能縱容自己去遠離高我，或逃避為這個世界服務的任何機會。我們不能假設會有其他人在我們流連於遺忘狀態，或沉浸在靈性怠惰期的時候，一定會出來為我們頂住責任。以覺醒的狀態存在於這個世界，不論是對我或你來說，都不只是要求，而是不得不做的責任。

當你與高我重新會合，就能把高我帶給其他人。
當你把高我帶給其他人，就能喚出對方的高我，
讓對方能把他的高我再帶給下一個人，
然後下一個人再把高我帶給下下一個人。
這就是我們改變世界的方式。

❀ ❀ ❀

PART **4**

LIVING YOUR SOUL SHIFTS

活出充滿意義的人生

第 11 章

靈魂成就，
以及宇宙課題

「人生在世，有個人是我們一定得見一見的……是誰呢？就是真正的自己。」

——原田雪溪，日本禪師

　　我還記得，高三那一年，學校要求所有畢業生寫下自己未來的目標。大家的答案被公開展示給每個人看，大部分的答案都不出幾個範圍，包括當醫生、相夫教子、生兩個孩子、創業、在佛羅里達州買房子、當公務員、成為知名藝術家……而我的答案是：自由。

　　當時的我並不確定自由的真正意義，只知道那是我想要的。那個年代，沒有心理勵志書，也沒有鼓舞人心的電視節目或教人轉化的工作坊。「成為一個覺醒者」，也不在我們可以選擇的志向之列，但那是我唯一感興趣的選擇。

　　我還記得，我的名字當時還被列在一份校榜中，是由同學選出來「最可能成功」的一份榜單。想當然的，同學眼中的「成功」，不外乎是名利雙收這一類的世俗目標。或許你們有些人還記得，畢業生有各種各樣有趣的排行榜可以票選，例如：「可能最快結婚的人」、「最可能被警察逮捕的人」、「最可能成為名人的人」等等。雖然當時我很高興看到自己的名字出現在最體面的榜單裡，但如果要我想像未來的自己，我寧可被列入「**最可能覺醒的人**」名單！

　　你的名字想必也曾經出現在「最可能覺醒的人」的名單內，所以你的宇宙鬧鐘才會在某個時間點響起。等你覺醒過來以後，就有必要調整看待自己及人生的方式。

所以，你究竟為什麼會出現在這裡？

你的宇宙課題是什麼，你來到地球又是為了什麼目的？

你要怎麼知道自己是否已經完成這個目的了？

從靈魂轉化的觀點來看，答案是這樣的：**從高我的意識來看，你到人間一遊，不是為了要成為什麼、得到什麼或獲取什麼，單純是為了超越自己的限制，並且療癒那些讓你忘了自己是誰的緊縮狀態，讓你想起自己就是偉大的光與愛。**

你來到這裡，是為了飽覽並學習能提升靈魂的智慧，讓每一天的你都可以這樣說：「今天的我比昨天更明智，比昨天看得更清晰，比昨天懂得更多了。」

你真正的成就會出現在你的性格、你的心及你的靈魂深處，它們無法也不該被這個世界種種限制性概念所衡量。

所以想像一下，如果你每天都能按照下面這個靈魂目標來生活，會如何？

今天，我想要以最覺醒的姿態活著，

我想要盡我所能地成為一個最有愛的人。

我想要保持覺醒，

並在每日將盡時，都能比每天的開始更有覺知。

對探索真理的追尋者來說，這將是我們最求之不得的寶貴成就。我將它稱為「靈魂成就」（soul accomplishment）。

靈魂轉化

轉化：從「只關注外在世界的目標和成就」到「榮耀你的靈魂成就」

　　　　　　　我們透過靈魂轉化所探討的每一件事，
　　　　　　　　都和靈魂成就有關：
　　　　　　　轉變、憶起、療癒、放下、
　　　　　　　擴展、服務、覺醒、去愛，
　　　　　　　為這世界帶來正向的振動。
　　　　　　　當你持續收到回報，
　　　　　　你就知道自己又完成了一個靈魂成就。
　　　沒有任何人、任何事能將這樣的成就從你身邊帶走。

　　靈魂成就究竟是什麼？當你回頭評估自己的一天，要怎麼知道自己真的完成了那些值得驕傲的成就？如果你能說出下面這些話，就表示你已完成了偉大的靈魂成就：

　　「今天，我對某些事情做了深入的思考。」
　　「我看到不同面向的自己，那是我一直不願意面對的部分，但是我沒有放棄探索，直到想清楚為止。」
　　「我察覺到自己正在收縮，而我選擇做些能讓自己擴展的事。」
　　「我發現自己把心封閉了起來，然後我重新伸出手與外界連結。」
　　「我跟自己所愛的人道謝。」
　　「我原諒了自己。」
　　「我對某件事不再耿耿於懷。」
　　「我用悲憫心去看待以往很可能會無情評斷的某個人。」
　　「我對某件事處理得比先前更好一點了。」
　　「我選擇從高我的觀點去思考，並轉變了我對某個議題所抱持的態度。」
　　「我愛我自己，即便我知道自己不完美。」
　　「我記得對活著這事心懷感激。」
　　「我用兩分鐘在心裡走了一趟朝聖之旅。」

「我一直保持覺知。」

「我沒有讓自己回到沉睡狀態。」

這些都是很深刻的靈魂成就。至於外界發生的其他事情，不過就只是當天的業力事件而已。有些日子你賺得多，有些日子你賺得少；有些日子你的工作風平浪靜，有些日子卻如驚滔駭浪；有些日子你的家庭生活平安靜好，有些日子卻爭執不休。如果你要根據這些不斷變化的外在情況來衡量自己是否成功，就等於把自己推入不快樂的境地。

我們經常用類似以下的方式，摧毀自己的成就感：認為**只有得到更多才代表做得好；必須做更多或得到更多，不然就覺得自己很失敗**。

追尋外在的成就沒有錯。我自己就達成了許多外在目標，也樂於幫助他人實現自己的夢想。但是，當你的外在追求掩蓋了靈魂的追尋，就會出現問題。靈魂追尋是一種內在的素養，與達成什麼、獲得什麼無關，它追求的是真正地駕馭人生。

每天我都會看到這樣的人：美好、保持覺知，按照自己的心意過日子，卻總會覺得自己稱不上成功，進而折磨自己或自責。原因就在於，這樣的成就與一般人對成功的期待有落差。他們真誠、慈愛、服務、謙遜、感恩且慷慨，這些都是了不起的靈魂成就，卻無法用傳統衡量成功的標準——金錢、名望、財物——來計算，因此往往被忽視。

我們可以透過下一個靈魂轉化技巧，來重新校準這樣的看法。

靈魂轉化

轉化：從「總是向外尋求更多、要求自己更努力」到「向內看」

要得「更多」，這不是問題癥結，只是這會讓我們經常把注意力放在錯誤的對象，而不是放在能讓我們更接近高我的品質或選擇上。

真的有辦法可以讓我們不用要得更多，卻能成為更富足的人嗎？當然有！每一天，你都可以比昨天更富足。或許你沒有辦法獲得更多或是做得更多，但是你永遠都可以一天比一天富足。這是**因為，真正的靈魂成就不用仰賴任何人或外物，只要有你就能辦到。**

所謂的「更多」，必須以你的內在為起點：
你可以更願意付出，可以更慈悲；
你可以更寬容，可以更感恩；
你可以更有勇氣，可以更願意付出愛。

真正看見自己，看見自己的光，也看見陰影，然後轉化、轉化、再轉化──雖然難以置信，但這就是榮耀高我的方式。這是靈魂的偉大時刻，也是值得被尊崇的偉大靈魂成就。

我把這樣的過程，稱為「透過上帝之眼來看自己」（你也可以用神靈、老天爺，或任何你想用的字眼來取代「上帝」這兩個字）。想像一下，這些偉大的宇宙存在或大智慧說出這一類的話：「這個業績數字真不妙；她今天沒有成功完成那筆交易；咦，她剛才一個人吃了兩份冰淇淋嗎？她身上的橘皮組織是怎麼一回事，真的不好看。天啊，桌子怎麼亂成這樣──這樣的環境對她的靈魂可不是好事。不，不，我不認為她能做好這事。」

從上面這些設想的情境可以看出，平常你責怪自己的內容有多荒謬，你只不過是一個常人而已。要是你以為，更高的存在會因為你平常用來苛責自己的這些事，就認定你是失敗的，這種想法顯然荒唐至極。同樣的道理，你習慣對你的靈魂成就視而不見，也是一樣荒唐。

認出並讚許你的靈魂成就

在此，我建議你做的一個靈魂轉化練習，就是列出你的靈魂成就。

這是一個能帶來強大提升效果的練習，能幫助你從神的眼光來看待自己，而不是從你父母、從你大學的競爭好友、從你職場的對手或批評者的眼光來看待你，其中有些批評者還是你自己想像出來的。一旦你這麼做，轉化就會立刻發生。這份清單不是只寫這麼一次，而是一個不斷進行的過程，因此你應該持續關注自己的靈魂成就，把它當成生活的一部分。

▋我的靈魂成就清單

我的心始終如一，為完整的愛敞開，不管我曾受過多少傷，或需要走出什麼樣的夢魘。在我的人生中，沒有任何一刻是關上心門或切斷連結的。

我總是帶著希望、啟發和全然奉獻的態度來教學，即便在我經歷過絕望和失去所愛的時刻也是如此。

我強大、堅韌，有耐心及毅力，對認定的事或人永不退縮。就算這麼做不能帶給我即刻的回報，也無法馬上看到進展，只要依然相信這是對的事就會堅持下去。

當心愛的寵物必須永遠離開自己時，就算有多麼捨不得，依然果斷地幫牠們前往下一段旅程。

我懂得主動拒絕那些與高我頻率不符的合作提案，即便這個合作案會為我帶來更多的名利，或拒絕後我的收入將遠不如其他同事，物質生活無法像他們過得那麼好。

我會給自己騰出足夠的時間和空間，讓脫胎換骨般的重生數度發

生。我不會為了追求事業上的成功而逼迫自己每年出書，而是耐心等待對的時刻到來，讓新的智慧自然誕生。

　　早在靜心冥想和個人靈修被大眾接受之前，甚至在成為熱門活動之前，我早就甘之如飴地進行教學、寫作及演說。

　　我學會在必要的時候放下，不再執著於某些情境或某些人，然後頭也不回地往前走。

　　我願意離開自己苦心經營的職涯，追隨靈性老師學習，讓自己的覺醒體驗更深邃、更穩定，意識不斷擴展。

　　就算沒有人看見，我對每件事都全力以赴，並百分百真誠付出。

　　我明白愛有時需要狠得下心。

　　我從不放棄。

　　我願意和你分享這份清單。

　　現在，就算你的生活還沒有出現任何變化，你依然有許多靈魂成就可以好好稱許自己一番。你可以稱許自己選擇覺醒、選擇帶著覺知活著；稱許自己選擇敞開，選擇去感受、去看見、去轉化；稱許自己服務他人、愛他人的方式；稱許自己經歷了頓悟和謙卑的時刻；稱許自己正在讀這本書，也稱許自己曾經讀過那些引導你走向自由的出版品。

　　幾分鐘前，我剛收到學生傳來的簡訊。上頭寫著：「我珍愛自己即將成為的樣子。」我非常喜歡這條訊息，這也是一句很好的靜思短語，提醒你去珍視那個即將被揭露的、被展開的、偉大的你。

別等到你自認完美的程度，

才去讚美自己。

請讚美那個即將來到的新自己。

愛，是最偉大的靈魂轉化者

「哪裡有愛，哪裡就有奇蹟。」

——薇拉‧凱瑟（Willa Cather），美國作家

　　我們最偉大、最重要的靈魂成就是什麼？我個人認為「愛」當之無愧。愛是強大的擴展者，是最好的解決良方，也是我們能給全人類的最佳貢獻。因此，愛是一種終極的振動解藥，也是最偉大的靈魂轉化者。

　　當你處在振動著愛的空間中，自然就會和你的高我一起振動。**當你選擇愛，就能每天以高我的靈魂成就去生活。**

　　我經常會在我的工作坊發送印著這句話的小卡片：世界正等待著我的愛。

　　這不是現在時興的肯定語，它不是一句口號。世界上真的有一群人等著跟你相遇，只不過你們還沒遇到。將來或許會在一個偶然的機會，你給了他們勇氣；或許是你們在對的時刻閒聊，你的某句話給了他所需要的智慧；或許你給出的愛和慈悲，讓他們懂得對自己寬容一些……你的工作就是把自己準備好，當這些時刻到來時，你就能依從自己的高我去為他們服務。

靈魂轉化

轉化：從「尋找能從哪裡獲得愛」 到「看看能在哪裡付出愛」

　　愛是最高等級的服務。身為覺醒者的一份子，我們的職責之一就是去尋找愛、發現愛，然後將愛傳遞出去。這意味著我們要從四處尋求愛的捕獵者，轉變為提供愛的付出者。

「若你能拉我一把，你必定是站在更高的地方。」

——愛默生（Ralph Waldo Emerson），美國文學家

當我自問，這一生中有誰曾為我帶來最重大的改變，我發現那些人並不是傳統意義的領袖人物，而是能把我帶回真理、帶回完整、帶回愛、帶回高我的人。這些人有一個共通點：他們都有觸動人心的能力，以此來引導我和愛我。

請花點時間，回想一個你曾經被某人或某事感動的時刻。或許你聽了一場激勵人心的演講或布道，或許你在電視上看到關於勇氣的訪談或報導，或許你欣賞了一場才華洋溢的音樂會，或許你看了一部扣人心弦的電影，或是你見證了一個改變人生的事件，例如孩子出生或愛人離世。

當你感覺到「被觸動」時，你的內心活動是什麼？

・某人讓你感動時，不論是因為他說的話或做的事，都是把你從內在原本較小的空間，「移動」到一個更為擴展、更有愛的空間。

・某事讓你感動時，它其實是傳遞出一種關於美、和諧、不可思議或奇蹟的振動頻率，把你從一種受限的狀態「移」出來，以便讓驚嘆和感激的感受能夠浮現出來。

・某人讓你感動時，不論是因為他說的話或做的事，都是把你從原本麻木、恐懼、絕望的狀態「移」出來，讓你更靠近自己的勇氣、熱情與展望。

・某人讓你感動時，是他們的愛、良善與力量的振動能量，暫時融化且「移動」了你的阻礙或抗拒，清理了你內在的振動垃圾，讓你能更接近自己的高我。

感動不只是一種情緒反應，也是一種振動反應，它能實際地轉化你的能量狀態。某些人事物會在能量上影響你，因此你開始用不同的方式振動。這種不

同方式的振動，會更加擴展、更有意識，以及更有愛。

觸動他人，就是幫助他人提升，

讓他們遠離黑暗或恐懼，

更接近光，更接近自己的高我，更接近神。

告訴你一個很棒的消息：當你持續讓自己回到高我，你的振動方式會自然而然地幫助他人也移向他們的高我。這難道不是愛原本應該有的樣子嗎？因為你的存在，讓別人提升到高我狀態，成為另一個覺醒的人。

你所能做的，就是去愛

「愛的真義，是去愛那些不可愛的；否則，就算不上是一種美德。」

── 柴斯特頓（G. K. Chesterton），英國神學家

在我自己的心靈成長之旅中，最難的一課就是眼看著我愛的人受苦，卻無能為力。無論痛苦是來自身體、情緒或人生際遇的折磨，我都希望自己能做點什麼減輕他們的痛苦，我只能祈求情況好轉，祈求黑暗早日遠離。這是我人生中最大的靈性考驗與挑戰，而我知道，這也是許多人早晚必須面對的課題。**我們必須認知到，除了付出愛、臣服事實，我們別無他法。**

我花了很長的一段時間，才接受這個事實：有時候，愛看起來就像什麼都沒做。一開始，我也無法接受，因為我們通常會認為如果我愛他，我就應該……，然後我們有了一長串的待辦清單：我應該幫助他，我應該保護他，我應該療癒他，我應該讓他開心……

我們沒辦法拯救任何人。
我們只能去愛。
但僅僅是愛，就已足夠了。

　　有時候，愛的意義就只是存在，不用做任何事，就只是去愛。因為在那些情境下，已沒有我們能做的事了。

　　想一想，在你生命中，是否有某個人是你曾經希望幫他或療癒他，卻無能為力的？那個人可能是你的另一半、你的孩子、父母或朋友。你希望從內到外都能幫上忙，讓他們修復完好；你希望自己能做點事，希望幫他們更愛自己，或讓他們看到真理，或給予他們勇氣或信心；你希望他們不再痛苦，你希望能夠醫治他們身上的病痛；你希望可以打開他們的心，擊破那道牆，洗刷他們的罪惡感，粉碎執拗、消融憤怒，或幫他們看見光。你努力了，卻徒勞無功。

那種「我幫不了你」的感覺，可能會令你心碎。
但重要的是，你必須知道，
即便你什麼也做不了，你仍然可以去愛。
你永遠都可以去愛。
這樣的愛有其意義，也將帶來意義。
只要愛著對方，愛永遠都能改變振動，
無論你是否能察覺。

　　曾經，我深愛的人經歷了一段人生低谷。我沒辦法給他任何幫助，也不可能代替他去打這場仗。我只能一再地說：「我幫不上忙，我真的好難過。」

　　而他總是這樣回答我：「妳已經給了我很大的幫助了。」

　　「我幫了你什麼？」我沮喪地流著淚：「你還是這麼痛苦啊！」

　　「知道妳仍然愛著我，就是在幫我。」他說：「還有，妳讓我知道妳會陪在我身邊，妳讓我知道，我並不孤單。」

　　我曾經很難接受這樣的答案，對我來說，我的愛好像什麼也沒做。然而，真相是，我的愛只是沒有像我希望的去做點什麼，這並不代表它什麼也沒做。我的愛讓他不會因為無助而沉淪，我的愛讓他沒有落入絕望的深淵；我的愛就像一道火焰，埋藏在他的心底深處，等他準備好，就能用那道不滅的火光照亮黑暗的前路，帶領他回到光中。

　　我相信你一定也是某些人心中永遠會陪在他們身旁的人。現在，只因為你的存在，僅僅是感覺到你出現在他們的生命中，就能讓這些人因此感到幸福、獲得安慰。讓他人知道你將永遠陪在他們身邊，這個事實就是你能給予對方最好的禮物。他們不再覺得孤單，能夠感受到你的愛，並從你身上獲得力量。愛就是一切，愛就是偉大的靈魂成就。

你生命中所有勝利的時刻，

無論可見或不可見，都飽含著愛。

要戴上桂冠，你必須選擇愛。

當你選擇愛，它會帶著你前行，

引領你回家。

　　假如你每天都做出像這樣的靈魂承諾：「不管發生什麼事，不管希望達成什麼目標，我都會選擇與高我同在，並把更多的愛帶進每一個處境裡。」會產生什麼影響？

　　答案是：你只要做到這件事，就會在自己和周遭的人身上看見神奇的變化；然後，你會開始禮敬所有真正的靈魂成就。

知道你正在醒來，
知道你正在敞開，
知道你正在提升，
這就是靈魂最大的勝利。

第 12 章

神聖的愛，
以及神聖的時間

「別只看見對方生而為人的軀殼，要看到其中的靈魂、意識……當你們把彼此看成是和自己一樣神聖而永恆的存在時，就只會對相伴的事實感到無盡的讚嘆和驕傲。」

——高靈伊曼紐（Emmanuel）

　　電話響起時，我在印度孟買的飯店房間裡睡得正好。那是二〇〇六年三月五日，剛好是我生日的隔天。當時，我正在印度進行為期三週的朝聖之旅，這個國家有如我的靈魂故鄉。再過四天，我就要結束旅程返回加州，在那之前，我還計畫去參訪幾座寺廟。電話那頭傳來母親顫抖的聲音，她告訴我，繼父人在醫院，已經時日無多。當晚，我忙著取消接下來的行程，搭上最快的一班飛機回國；不到二十四小時，我人已在繼父的床畔。

　　我母親費莉絲和繼父丹，在我十二歲時相遇，而後的四十多年兩人一直恩愛如初。他們相依相伴，形影不離。母親和丹的生活非常簡樸，但喜悅與奉獻讓他們有如坐擁金山。丹和我有兩個非常重要的共通點：我們的生日都是三月四日，而且都深深愛著我母親，她是我認識的人當中最慈悲寬厚的。

　　繼父勇敢地對抗癌症多年，母親一直無條件地在一旁支持。一開始醫生說丹只能活幾個月，但十一年後他卻還好好活著；對他們來說，每一天都是禮物。

　　我已經好一陣子沒有看到丹了。當我坐在他身邊，握著他瘦弱的手，可以看出他骨瘦如柴的身體正在收縮，好讓靈魂能釋放出來。他身上打著控制疼痛的嗎啡點滴，但意識還很清醒，他以自己一貫體貼客氣的方式，為我必須提早

結束旅程而道歉。

　　我們都清楚這已是丹的最後一程，而躺在這張床上的他，唯一想談的是自己有多麼深愛我母親。他一遍又一遍地告訴我們，此生有母親相伴是多快樂的一件事，這輩子已了無遺憾。「我不怕死，」母親離開房間時他對我說：「我只是不想離開費莉絲。」

　　母親直到最後一刻都守著摯愛，他用冰塊潤濕他乾燥的嘴唇，輕撫在這麼多珍貴的時光裡給予她安穩懷抱的臂膀，這一幕實在令我心碎。母親做的正是她這一輩子都在做的，也是她一直教導我的事——**即便面臨如此巨大的痛苦，依然勇敢地展現動人的愛。**我知道她在想什麼：「明天醒來，我還能夠親吻他道早安嗎？我還能這樣握著他的手幾分鐘呢？我還有多少機會，能聽見他輕喚我的名字？」沒有一刻是渺小到不值得珍惜，也沒有一刻是平凡到可以浪費。

　　我離開幾個小時回家洗漱。回到病房時，母親一臉沮喪。「丹變得很奇怪，」她說：「他一直在床上激烈扭動，舉手跟人要杯子。我以為他想喝點什麼，但每次我拿給他，他就只是更生氣。」

　　「可能是嗎啡的關係，」我安撫她：「我來陪他，妳先去餐廳透透氣，妳隨時都可以回來。」我坐到丹的床邊，希望能弄清楚是怎麼一回事。

　　突然間他睜開眼睛，看見我後叫了我一聲。然後他舉起自己虛弱的手臂，一邊望向天花板，一邊念念有詞。我彎腰湊近他，想聽清楚他在說什麼。「你說什麼，丹？你想要什麼？」我問。

　　他又說了一次，這一次，我聽得一清二楚。「**我想上去；我想上去。**」

　　丹總說自己是個無神論者，在他生病前，我經常逗他說，哪天要是他離開自己的身體，發現意識去到彼岸，他一定會想起我，然後說：「原來芭芭拉是對的。」現在，這一刻已經到來，我知道他發生了什麼事——**他的靈魂已開始要離開他的身體。他已經感覺到「上去」的時候到了，或許他已實際看到，也想要上去，只是不知道該怎麼做。**

　　「是的，丹。」我輕聲安撫他：「沒錯，你會上去！只要你準備好，就可以啟程。心愛的丹，請別擔心，你不會是孤單一人——會有人來協助你。你可

以完美地辦到！你知道該怎麼做，因為這已經不是第一次了。你會上去的。」

　　我能感覺到丹的靈魂馬上放鬆了一些，他聽懂了我說的話。他放下手臂，身體也不再扭動，整個人變得很平靜。接著，出乎我意料的，他把手伸出病床欄杆，似乎想讓我知道，他很感謝我幫他為「上去」做好準備。我輕輕握著他細瘦的手指。那時的他已幾乎離開了。

　　即便在這麼沉重的情況下，我們還是能找到心頭一暖的時刻，甚至保有幽默感。我一邊等著母親回來，一邊忍不住微笑，因為我明白了為什麼她會如此困惑。我的母親重聽，又不喜歡戴助聽器，所以當丹喃喃說著「我想上去（I want to go up.）」，她一定以為他說的是「我想要杯子（I want a cup.）」。所以才會扯著嗓子說：「你要喝果汁嗎？」可憐的丹想必相當無助，只能不斷重複說著不被聽懂的話。

　　後來，護士告訴我，母親這幾天一直向她們要果汁。當然，丹一口都沒喝，因為他並不渴，他只是準備好要回家去了。

　　丹一度睡著。我陪著母親走到外面的走廊，她的眼淚馬上簌簌地從臉龐滑落。「我不想讓他看見我哭。」母親告訴我。

　　「為什麼，媽？」

　　「我想在他面前表現得很堅強，」她說：「我不要他被我嚇到。」

　　「他不需要你表現得堅強，他已經準備好踏上偉大的旅程，回到他的家。」我向母親解釋。我把剛才發生的事告訴她，包括丹說他想要「上去」的事。母親在我懷裡哭，終於明白了過去兩天丹究竟想告訴她什麼。

　　「妳覺得我是否要告訴他，他現在可以離開了？」她問。「我想我應該讓他知道，如果他想上去，那就上去吧！」

　　「只要妳準備好就可以，我相信丹已經準備好了。但是媽，不用假裝堅強，他需要的是完整的妳。如果妳壓下痛苦，愛也會被壓抑。不要自己忍下任何情緒，就獻出妳所有的愛，讓他能帶著上路。」

　　母親讓我和她一起回到病房。她躺上病床，小心地環抱著丹。她一邊流眼淚，一邊告訴他自己有多麼愛他、多麼以他為榮，丹給了她所有想要的一切。

她告訴丹，她不想再看他受苦，他可以上去了。「我不會有事的，寶貝。」她一直重複說著這句話，雖然我知道連她自己都不相信：「你可以放心地走。」

　　隔天早上，丹就離開了。

　　丹離開前的最後幾天，是我人生中最神聖的時刻。那些時光之所以神聖，是因為每一分每一秒都彌足珍貴；是因為我們每個人的體驗都如此真實；是因為我們有幸接收到丹給我們的告別禮物，同時也讓我見證他憶起的那一刻——他想起來自己應該「上去」了。尤其最重要的是，因為在最後的那段時光裡，除了愛，別無其他。

　　我在印度的期間，造訪了許多古廟和神殿，也有過多次靈性提升的體驗。原本我預計的最後一站，是去參觀最大最壯觀的一座廟宇，不過在聽到丹病重的消息後，我就取消了行程回國。於是，這趟旅程的最後一站，變成是在費城醫院的病房裡。

　　這個新的終點站沒有黃金或大理石雕像，也沒有華美的裝飾品，只有醫院消過毒的綠色素牆。那裡沒有熱帶花環的誘人香氣，也沒有氣味醉人的裊裊線香，空氣裡瀰漫著衰敗和死亡的氣息。我聽到的，不是婆羅門祭司如催眠般令人平靜的頌音，不是傳唱三千年的頌歌與真言，而是休息室電視大得突兀的比賽轉播，以及擴音器行禮如儀的醫院廣播，還有呼叫醫生的聲音。**即便如此，這依然是也會一直是我生命中最神聖的一趟朝聖之旅。**

　　現在回看這一切，我早該知道母親和繼父之間的愛不會因為時間和空間而阻隔。繼父走後不到十八個月，一向身體硬朗的母親就被確診出有高侵犯性的惡性腫瘤，短短幾個月後，她也「上去」了。她的離去令我心碎，到現在我還是非常想念她。在我寫下這些內容時，仍忍不住一邊哭一邊寫。這些眼淚是為我自己而流的，不是為了我母親。因為她已前往她最想去的地方，和她真正的愛長久相伴。

時間是你神聖的禮物

「現在開始好好生活，把每一天都當成一個新的人生。」

—— 塞內卡（Seneca），古羅馬哲學家

　　母親和丹的故事不只是一個關於愛的故事，更是一個可以幫助你針對時間的概念，進行靈魂轉化的故事。平均來說，每個人有限的一生差不多被賦予了兩萬八千個日子，以這副身軀活在這個地球上。換算下來，其中醒著的時間差不多有四十四萬八千個小時。我們擁有的這份時間禮物，一直快速地在消逝中。當我們年紀漸長，眼見著流逝的時間比尚未經歷的時間長，就會希望老天給的時間禮物能夠再長一點。

　　當你明白此一事實，就必須問問自己以下的問題：

靈魂轉化：幫你重新校準的幾個問題

- **我還有時間可以浪費嗎？**
- **我還有時間可以無知無覺地消耗嗎？**
- **我還有時間可以花在遺忘或否定上嗎？**

　　你的答案是什麼？假如，現在有某個神聖存在來到你面前，對你說：「聽好了，你必須放棄原本分配給你的日子，還剩下的幾千幾萬個小時有其他人更需要。我知道你原本應該有兩萬八千個日子，現在你必須讓出其中的九千個日子。你願意讓出來嗎？」想當然的，你一定會激動地說：「**不要！我才沒有時間可以浪費。我沒有時間可以無知無覺地消耗。我沒有時間可以花在遺忘或否定上。還有，我才不願意把任何一天，甚至任何一小時讓給別人！**」

　　然而真相是，我們許多人每天的生活方式都在虛耗時間——我們把有限又珍貴的時間禮物放任它們每一天、每一個小時、每一分鐘無聲流逝，就像時間永遠取之不盡用之不竭一樣。但，事實不是如此。

　　因此，我們應該時時刻刻憶起自己的高我：我有本錢可以浪費這一天嗎？我有本錢浪費這一個小時嗎？我有本錢浪費這一刻嗎？當然，這不表示我們永遠不能休息，不能做自己享受的事，不能上床睡覺。我們只是要時時記得以下這個事實：

當你把時間花在任何不支持高我的作為上，
就是在浪費時間。

　　我知道我給出的這個訊息很強勢，但是一旦我們開始思考何謂真正有意識地去過一個充實的生活，我就必須把這個觀念跟你分享。你曾經花了多少時間在生氣，或是像個受害者一樣埋怨老天不公平，或是故意怠工不做事？你曾經花了多少時間把自己封閉起來，把愛拒於門外，忽略自己內心真正的感受，讓自己受困在後悔、怨懟、批判或報復的情緒中？你曾經花了多少時間去追求虛榮、放縱享樂，在膚淺的事物中打轉？

　　浪擲這些時間，就像請別人進來家裡把所有積蓄偷走，還告訴自己說你不在乎。事實上，情況比這還慘，因為錢總能再賺，但時間可喚不回。時間比錢珍貴太多了。許多億萬富翁在將死之際，才意識到即便家財萬貫，仍然無法換得多一天和家人相處，甚至連一分鐘都不可多得。

以靈魂來說，我們最大的錯誤就是：
以為自己比實際擁有更多的時間，
以為有本錢可以揮霍這些時間，
以為可以任意對待時間。
把時間浪費在沒價值的事物上，

就像時間永遠揮霍不盡一樣。

　　我個人認為，不尊重時間，不只不尊重自己，也是對上帝、神靈或宇宙大智慧的不尊重。浪擲時間就是對賜予我們時間的神聖存在不敬，就像在說：「謝謝祢給我這條生命，還有這些時間，但對我來說這沒那麼重要耶，所以我不打算珍惜。」

永遠別告訴自己，什麼事情不重要。
因為一切都很重要。
活著的每一刻都是奇蹟，
每個當下都很重要。

　　就是現在，就在今天，世界上有許多人都被告知所剩時日無多。他們會願意傾盡所有，去換取你隨意揮霍的時間；**他們會毫不遲疑地接下你視如糞土的時間。**

　　如果你發現自己還有機會能與已離世的家人多相處一天，或許是你的父母、祖父母、孩子、兄弟姊妹或寵物——那一天難道不是珍貴無比嗎？那是無價的二十四小時，你絕對不想浪費其中的一分一秒。

　　現在，你就擁有那二十四小時；而且，上帝其實還給了你更多更多的二十四小時。所以，為這個奇蹟而欣喜吧！我在這兒，我還活著呢！讓這一天成為改變一切的日子，好好利用你的時間禮物，將它緊緊抱在懷裡，守護它，榮耀它。因為它是如此神聖。

從有限時間到無限福氣

「如果我們能清楚看見一朵花誕生的奇蹟，我們的人生將就此改變。」
　　　　　　　　——傑克‧康菲爾德（Jack Kornfield），禪修內觀大師

　　痛苦和失去帶給我們最大的回饋，就是讓我們正確去看待每件事，並提醒我們什麼才是真正重要的。繼父離開一年後，我母親就罹患癌症，只剩下幾個月可活。那時的我，便深深體會到這一點。我母親一直很懂得養生保健、精神也一向很好，甚至在患病當下也沒感覺到哪裡不舒服。我對丹的離世早有心理準備，但母親突如其來的死亡判決，完全嚇壞我了。

　　我們母女之間一直有著超越時空的靈魂連結。當她的身體越來越衰弱，我知道她的靈魂就快離開她的身體時，某件驚人且幾乎超乎現實的事情發生了。**我開始用她的角度在感知生命，我透過她的眼和她的心經歷了所有一切，就像她和我一起共用我的人生，並且以一個時日不多的角度把生活展示給我看。**

　　我還記得這種情形第一次發生的那一天。當天早上，我坐在露台上吃桃子。突然間，我想到幾個月後母親就會離世，再也吃不到這種鮮甜多汁的水果。那時我才體會到，現在我還能坐在這裡吃桃子，就是一件奇蹟。於是，所有一切馬上變得神聖起來。我流著眼淚，一方面因為活著而欣喜，一方面又因為知道母親即將離開而悲傷。

　　接下來的每一天，當我去嘗、去看、去感受和去聆聽時，每一次的經歷都像是透過我母親的角度在體驗。

　　我還記得有一天我走在海邊，陽光溫暖照在臉上，海風輕柔吹過髮梢。然後突然間，我想起了從小在海邊長大且深愛大海的母親，以後再也看不到海，再也聞不到空氣中海水鹹濕的氣味，再也聽不見海鷗的歌唱。

　　我望向花園，看見一朵朵美麗的花把後院點綴得像一件色彩繽紛、充滿生氣的珠寶首飾；然後我馬上又想到，從我有記憶以來就一直熱愛園藝的母親，將無法再感受親手觸碰大地的喜悅，無法再享受種下花球和種子、用她最愛的

舊水壺灌漑的樂趣。

　　傷透心的那幾個禮拜，每時每刻都變得不一樣了。一直以來，我對每一天都心懷感恩，但現在我發現，每一個微小的經驗都因為可能會失去而被放大了。所有一切都變得彌足珍貴，想到有可能再也無法體驗，就令人不安。

即便我們自認為極有覺知，

還是有許多事被視為理所當然。

我們會忽視日常的小確幸，

我們會忘了去注意小小的奇蹟，

因為它們彷彿無所不在。

如果你允許自己去體驗

這個星球在振動層次帶給你的所有影響，

你將會時刻心懷敬畏，活在神聖的狀態中。

　　我母親為人良善慷慨，沒有任何條件地愛我們所有人。在她即將離世的那段揪心日子，依然透過某種方式傾盡一切地照顧我。**雖然她的軀殼已遠離，但她心存敬畏的神聖狀態卻一直長伴我左右。那是她給我的最後一份禮物，我將永遠深藏在心底。**

　　在此，我要再提供你一個靈魂轉化的技巧，用以改善你與時間的關係。

靈魂轉化

轉化：從「有限的時間」
到「珍惜你所擁有的福氣」

想要真正全面去體驗人生，
就不能只是注意到某件事，而是要真正去體驗它；
不能只是去衡量事物的價值，而是要為它的美妙而讚嘆。
你必須允許自己心懷敬畏。

　　史丹佛大學的研究團隊，最近以一篇科學研究探討了敬畏（awe）的價值。他們發現，不管是在視覺上或概念上，敬畏都能夠擴展人們對時間的認知，以至於人們必須重新組織自己的意識才能消化理解。我非常喜歡他們的結論：時常心懷敬畏，可以改變我們。敬畏的影響會留在身體裡，在意識層次帶來實際的轉化，讓人保持謙卑、增加幸福感，以及更良善地對待別人。

基本上，這個研究的結論就是，
一旦我們允許自己去感知令人敬畏的事物，
就能創造出一種實際發生並可被測量的靈魂轉化。

　　感知指的是什麼？意思就是用我們的心而不只是大腦，去經驗某個事物。例如，你因為買到的水蜜桃很甜而慶幸感謝，但如果上升到「感知」，你就要徹底敞開自己，真正去「看見」這顆水蜜桃，體驗到它帶來的奇蹟。**愛的至高表現，就是去感知生命的奇蹟。**

　　如果要感知這種「敬畏」的情感，我們就必須練習我母親以死亡教會我的方式，去看待身邊的事物：睜開我們的眼睛，看見生命帶來的驚喜，而不是因

為習以為常而不以為意；把心打開，去感受周遭的所有奇蹟，而不是因為隨處可見而日漸麻木；打開靈魂的門戶，迎接在振動層次上征服我們、擁抱我們，讓我們為之顫慄的所有一切。

　　下面是一個靈魂轉化的校準練習，只需要幾分鐘，就能幫助你習慣去感知。

靈魂轉化練習：如何感知

現在或選一個你有空的時間，將一顆水果放在手掌心。接著請根據下列指示進行：

- 把意識完全集中在這顆水果上，不去想其他事情。
- 仔細觀察水果漂亮的顏色──橘色或紅色或紫色。瞧，這顏色多麼賞心悅目啊！
- 如果是咖啡色或灰色──瞧瞧，多麼與眾不同啊！
- 接著，盯著它看，讓顏色的振動能量穿透你的眼睛。
- 現在，想想看，這顆水果是怎麼出現在這世上的。一開始只是一顆埋藏在土地裡的小種子，裡頭蘊藏著能孕育出這顆美味水果的巨大智慧。
- 想像小種子帶有某種神祕的「柳橙精華」或「蘋果精華」，彷彿有一張振動能量的藍圖，已設定好種子在某一天長成你手中的水果。
- 現在，想像你看見由種子長成的果樹。一開始是一棵小樹苗，棕色的嫩枝上只有少少幾片葉子。看看你手中的水果，你清楚知道這株小樹苗即將孕育它出來。
- 感覺樹根正在吸取水分往上輸送到枝葉，滋潤正在長出的新葉與花苞。
- 想像花謝後，有小小的果實開始露臉。

- 感覺熱辣的陽光照射在小小的果實上，滋養它，讓它能繼續擴展。想像你可以從手中的水果感受到太陽的溫度與愛的振動。

- 現在，成熟的水果已垂掛枝頭，靜靜等待，因為它知道什麼時候是停止生長的最佳時機。試著去感受這顆水果是如何享受將臻圓滿的自己。

- 想像有個人在日出前起身，開車進到果園辛勤工作。他小心翼翼地為你摘下那顆水果。

- 你的水果現在被放進果籃裡，換過一台又一台卡車，千里迢迢送到你面前。感覺它一路經過司機、卸貨人員及上架人員的手，最終來到你手中。

- 以上你所想像及感受到的所有一切——從果樹在幾百年前被現在已不在世上的人親手種下，到意識的脈動經過生命藍圖顯化為一顆水果的樣貌，再到水果千里迢迢來到你面前的所有過程——這一切的最後目的，就是你拿到水果的這一刻。

- 最後，再仔細看看這顆水果，你可以咬一口或切下一片來品嘗。一邊吃，一邊從不可見的生命起源開始，重新再體驗一遍這趟旅程。然後你會明白，你正在吃的，其實是帶著水果外殼的意識。

當你允許自己去感知這所有一切，就會為生命的奇蹟鼓掌讚嘆……

真正神聖的，是現在這一刻。
真正神聖的，是你。

第 13 章

心懷感恩，
並迎接恩典到來

「據說，唯有發自內心意識到自己的寶藏時，我們才是真正活著。」
——桑頓・懷爾德（Thornton Wilder），美國劇作家

現在，認真想想有什麼人事物能真正讓你心懷感激？或許是你的孩子、另一半，或是你的住家、你從事的工作；或是你忠心耿耿的寵物、深愛著你的人；或者你幸運地康復出院，或是出現一個千載難逢的機會，或是為你生命帶來巨大改變的貴人；或是你在這世上有幸造訪的世外桃源，或是觸動你內心的某個神聖空間。

把你的覺知放在胸口接近心臟的位置，花點時間體會一下，當你心懷感激時，究竟是一種什麼樣的體驗？你覺得自己更開放了，或是更封閉了？答案應該是開放吧！你感覺自己更收縮了，還是更擴展了？答案應該是擴展吧！你感覺自己更不安，還是更平靜了？答案應該是平靜吧。

當我要求你去想一個感謝的對象時，不是要你去捕捉腦中閃過的想法，而是要你**去感受，當振動被調整到感激的頻率時，會為你帶來什麼影響：它會使你擴展、使你敞開，使你進入一個平和滿足的時刻。它能立刻把你帶回到高我。**

我常聽人說，要讓自己活得更有覺知，需要練習「懷抱著感恩的心」。我相信你應該也聽過這樣的說法，或者你也是這樣認為的。對多數人來說，這代表用樂觀正面的角度，去發現生命中的好事，並練習把感激宣之於口，以及用積極的態度去面對人生。

現在，正是時候做下面這個靈魂轉化了：把感激從看待事物的心理態度

（或是智性上的理解），轉變成一種動態的振動經驗。

靈魂轉化
轉化：從「試著懷抱感恩的心」
到「讓感恩成為自然而然，成為一種振動經驗」

　　簡單來說，感恩不是一種態度。它是內在的轉化行為，就像我在為靈魂轉化下定義時所說的；這是一種源自高我，和高我振動頻率一致的行為。感恩，就是在我們珍視的人事物面前，傾吐自己的心聲。

　　我們無法用大腦去表現感恩，因為大腦給我們的不是感受，而是單純的想法。真正的感恩，首先會出現在你心中，當我們選擇做對自己有益的靈魂轉化時，感恩的情感就是隨之而來的結果之一。

感恩不是理性思考後的態度。

而是內在充盈的一種經驗，

一種心被擴展，認知到愛、善意與恩典後，

自然會在心中升起的擴展狀態。

因此在這至高的形式裡，感恩不是一種練習。

而是意識擴展後的鮮活表現。

　　一旦清楚了感恩的振動機制，我們就會領悟，它是能讓我們瞬間體驗到靈魂轉化最簡單有效的方法之一。我們已經知道，在生活中練習讓振動能量「擴展」有多麼重要——擴展會在能量上讓我們更開放、重新校準頻率，使得我們能夠對準高我的振動。**感恩就像愛，是效果強大的擴展者。因此，當我們選擇進入感恩的情感狀態中，不只是因為我們相信這是好事或靈性的事，而是因為**

這是一個能瞬間將我們提升至高我頻率的靈魂轉化練習。

儀式性感恩 vs. 無條件感恩

　　我認識不少虔敬的人，都會定期做感恩練習，我把這稱為「與感恩有約」：「每天早上當我起床，我會說三句感恩的話。」或者「每天晚上睡覺之前，我會寫下五件值得我感謝的事。」或者「我和朋友每個月會辦一次感恩聚會，分享我們各自覺得感謝的事。」像這樣的感恩練習，可以為每一天帶來有意義的開始和結束，也會是很棒的朋友聚會。我也經常把這樣的感恩練習加進教學內容和工作坊中。

　　不過，問題在於，當我們告訴自己要做感恩練習時，就會把感恩想成是一種靈性功課或活動，而不是一種持續存在的意識狀態。我很喜歡推理作家賈桂琳‧溫絲皮爾（Jacqueline Winspear）對感恩的詮釋：「感恩禱告不是餐前匆匆念過的禱詞，而是生活態度。」

<blockquote>
感恩應該是一種習以為常的意識狀態，
而不只是「靈性功課」的練習。
感恩應該從富足圓融的角度出發，
而不該只是自我開發的作業，
只在特定場合或每天花幾分鐘去做。
我們應該時刻懷抱感恩的意識，
以特定的方式與所有人在振動層次上互動。
每分每秒，與振動場中的所有人連結，
創造出充滿愛和擴展的強大體驗。
</blockquote>

　　身為一個有靈性的成年人，時刻都會活在一種「無條件感恩」的狀態中。

靈魂轉化

轉化：從「有條件感恩」
到「無條件感恩」

我們許多人，都只在事情以樂見的方式發展時、在別人以我們喜歡的方式對待我們時，以及宇宙為我們帶來所渴望的事物時，才會心懷感恩。去感謝生命中那些被我們認可的事，當然很容易。但是，如果有人傷害我們呢？如果我們遭遇到痛苦的困境呢？如果發生我們無法理解或覺得不公不義的事情呢？

如果沒能時時刻刻都抱持著感恩的意識，想向靈性靠近的初衷就毫無意義了。如果感恩是有條件的，只要出一點小事就怨天怨地，感恩就毫無意義了；如果結果不如預期，就氣呼呼地責怪宇宙沒有站在你那邊，忘記每天還有許多蒙受祝福的際遇，那麼感恩也毫無意義了。

在不舒服的同時，也心懷感恩

「這個真相許多人從來不明白，幡然醒悟通常為時已晚。那就是：你越想免於受苦，就會越痛苦；你越是害怕受傷，各種微不足道的小事就足以折磨你。」
　　　　——多瑪斯‧牟敦（Thomas Merton），美國天主教修士

生而為人，我們的共通特質之一，就是厭惡痛苦、渴望快樂。想要舒服愉快是人的天性，同時也希望自己不要不舒服。從我們還是嬰兒的時候，遇到不舒服的情況，最自然也最本能的反應就是鬧脾氣。小嬰兒就是這樣做。

想像有個小寶寶躺在嬰兒床裡，他很開心、無憂無慮，可愛地發出咿咿呀呀的聲音。突然間有狀況了：可能是尿布裡多了便便；毯子滑掉了，好冷；餓

了，不舒服；或是哥哥把小鈴鐺拿走了。於是，寶寶開始尖叫：「嗚啊啊啊～我本來好開心、好舒服的，現在我不舒服了。我不喜歡不舒服！嗚啊啊啊～我要一直哭、一直叫，直到你幫我解決問題，讓我回到舒服的狀態！」

年幼的孩童，甚至是青少年，也同樣會在快樂來源被拿走後，例如不能多吃些冰淇淋、不能再繼續打電玩，或是不能在外面玩到凌晨三點才回家時，以同樣的行為模式做出回應。然而，**身為一個有意識的成年人，我們的日常反應不該受到痛苦或快樂的控制，而是根據自己的意識來決定。**

上面引述已故美國天主教作家多瑪斯・牟敦的一段話，足以振聾發聵。這段話告訴我們：越想免除痛苦，反而越容易為自己製造痛苦。而我的觀察是：越是害怕不舒服，越容易降低容忍度，於是只要有一點點不舒服或不快樂，我們就會變得難以忍受。

成癮的道理也是如此。如果你正在和自己的癮頭搏鬥，很可能你一直以來就被某種「舒服或不舒服」的心態糾纏著，於是你需要透過酒精、藥物或食物，來幫助你「麻木」那些不舒服的感覺。事實上，我的許多學生和客戶都曾經一勞永逸地幫自己戒掉了成癮的習慣。他們只不過是明白了一個道理：出現「不舒服」的感覺時，沒有必要馬上除之而後快。相反的，他們可以選擇去看見、去感受、去探究發生了什麼事，然後運用他們自認為能療癒自己、讓自己更有意識的方法去應對。

> **舒服或不舒服的感覺，**
> **不必然是衡量靈性道路最準確的標準。**
> **有時候，不舒服的感覺可能對我們有利，**
> **而舒服的感覺卻對我們有害。**

不要忘記，「非黑即白」的二元思考方式，會讓我們變得僵化、不知變通：「我現在好難受，人生真是糟透了！」或「一切都很順利，我感恩也更信任這個宇宙了。」如果換掉這種看待方式，而是練習用靈魂轉化的技巧，以更

開闊的角度來重新看待呢？

> **不順遂的時候，依然心懷感恩。**
> **你可以承認不適、不快樂，**
> **但也允許意識去留意並感謝那些好事，**
> **包括你正在學習的人生課題、一直支持你的朋友，**
> **以及隨著困頓和難題而來的祝福。**

　　想像你不小心割傷了手，一塊玻璃碎片陷進肉裡，血流不止。你跑到急診室，值班醫師告訴你，需要先把碎片取出來，才能清洗並縫合傷口。他拿了一把鋒利的手術刀，準備把碎玻璃取出來。於是，他開始為你做術前準備。

　　醫生做手術時，病床上的你會同時出現兩種矛盾的感覺：一方面，這真的真的好痛，你快痛死了！另一方面，你又真的真的很感激。此刻你腦袋裡的念頭，大概是像這樣：「感謝老天爺讓我來到這裡，找到一個知道怎麼處理的醫生。噢，好痛啊！感謝老天爺，讓我遇到這個能幫我解決問題的醫生。噢，痛死我了！感謝我的朋友陪著我來，還幫我找到這家醫院。天啊，醫生真想弄死我啊！」

　　所以，正在發生的這一切是好事或是壞事呢？找到一個能幫你把碎片取出來的醫生是好事，但顯然這個過程讓你很不好受。取出碎片的過程讓你痛得要命，但你又為此深深感激。

靈魂轉化

轉化：從「遭遇困難而不可能感恩的你」 到「明白你可以在不順遂時，也心懷感恩」

　　上面這個靈魂轉化技巧，能讓我們用更深刻、更擴展的方式來進行感謝。它將創造出你從未見過的可能性——提供一種方法，讓你能扭轉面對挑戰時的收縮能量，方法就是把感謝的擴展能量加進來。

別因為一時的不快或不適，就失去感恩的心。

即便是受苦、害怕或痛苦的時刻，也不能丟失。

因為，那正是你最需要它的時候。

不只要為擁有而感謝，還要因為沒有而感謝

「人生中最棒的好事，不僅不用花你一毛錢，大部分還看不見。」

——賽迪斯・葛拉斯（Thaddeus Golas），美國靈性作家

　　我們都聽過一些老掉牙的話，要我們別為「小事」生氣；但我確定你一定知道，這話說得簡單，做起來卻不容易。感恩帶給我們最大的祝福就是——**時刻心懷感激之情，能幫助我們從最真實的角度看待事物。**

　　小是一種相對於大的概念。舉例來說，在你見識到朋友的豪宅之前，你一直覺得自己從小長大的家大小適中。但因為有了比較，你的家突然顯得又小又擠。因此，我們需要把自己的注意力放在更大的事情上，才能讓其他事顯得不那麼重要。

　　這就是感恩發揮作用的地方。我們都知道，心懷感恩能創造出擴展的振動能量，幫助我們提升頻率，使我們超越想把我們往下拽的沉重感。當我們的心時刻被感恩情緒充滿，自然就能從適當的角度去看待發生的事。

　　當我們練習把注意力放在令我們感恩的大事上，那些微不足道的事、惱人的事和令人失望的事，就不會那麼容易把我們壓垮。我們會記得，自己時時刻刻都蒙受著祝福，因此就不會那麼容易陷入雞毛蒜皮的小事中，讓它們抽乾心

中的喜悅，更不會害得身邊的人跟著一起受苦。

感恩是一種祝福。
它能使你夠開放，去容納更多可能性。
它能實際擴展你周遭的振動空間。
當你在更寬闊的空間生活時，
會有更多東西流淌入你的生命。

　　大約在我剛開始寫這本書的時候，有一天，我聽見外頭傳來吵鬧的聲音。鑽孔的聲音、砸碎東西的聲音、卡車啟動引擎的聲音、人們的吼叫聲，從我的窗戶一股腦傾洩進來。我走到外頭看看發生了什麼事，一見嚇壞了：我家對面的某一戶住戶正在大規模修整，現在房子前面堆著電鑽、水泥攪拌器，以及其他各種施工器械。

　　「天啊，千萬不要挑在這個時候啊！」我在心裡吶喊著。在家時，我會一直開著工作室的窗戶（這裡是暖和的加州），從這裡看出去的百家景色，一派安謐靜好。也因此，這條街道發生了什麼事，我都聽得見。當時我正一天十二個小時高強度的埋首寫作，一個安靜的環境比什麼都重要。

　　對面住戶冗長的工程持續了一週又一週，甚至週末也不放過。一大早就聽到一輛輛卡車魚貫而至，我總會心頭一緊。寫作時，我習慣聽一些能提升振動頻率的特別音樂；因此，我回應的新做法就是把音樂開得非常大聲，好蓋過對街震耳欲聾的噪音。我相信那戶人家和施工工人一定會想這是怎麼回事，莫非對面突然遷來了一家奇怪的道場？我才不管他們怎麼想，我一心希望這些噪音趕快消失。

　　有一天，我一如往常地坐下來寫作，過了一會兒後我才注意到不對勁。然後我發現：今天好安靜！我馬上衝到外面，果真一輛卡車也沒有，改建工程完

工了。整個街區再次迎回了平靜，我的工作室也是。

　　那天，伴隨著寫作的喜悅，我感受到一股股感恩情緒不斷湧現：「外面真安靜，上帝，謝謝祢。」我不斷說著。「我竟然聽得見鳥兒在唱歌，上帝，謝謝祢。我能如此安靜地寫作，上帝，謝謝祢。」

　　我的感恩情緒來自那些沒有發生的事，我把這稱為「感謝不存在的事物」。

　　感謝沒有發生的事，重要性不亞於感謝已發生的事。我們總是習慣從自身的處境、生命中出現的人或擁有的事物中，去尋找感謝的對象。但是，你也可以練習有意識地去感謝那些沒有出現的人事物，例如因為你的意志或老天的安排，從你生命中消失的不堪境遇或人。

靈魂轉化

轉化：從「只感謝出現的人事物」到「也感謝那些消失的人事物」

想一想一個原本存在於你生命中，但現在已消失的狀況或處境。

感受一下，因為它不再出現，讓你有多感激。

　　舉例來說，你花了好幾個月做一個大企畫，趕在截止日之前完成，你的壓力很大。日日夜夜，你掛心的就只有這個案子。最後，你終於如期完成了。你或許會對這樣的成果心懷感謝，但這樣的狀態只會持續一天；等到了第二天，你就開始去忙別的事了。現在換個方式，你要感謝的是不再存在的期限壓力。每天早上一睡醒，你可以慶幸自己不再背負壓力：「今天的我，不用沒日沒夜的趕進度！」

　　再舉個例子，開了多年的舊車後，你終於不再掙扎，為自己買下一部新車。開新車的那幾天，你興沖沖地試了很多新功能，但新鮮感很快就沒了。現在換個方式，你要感謝的是不存在的事物，讓感恩的擴展能量延長下去：你感

謝煞車時不再出現刺耳的聲音，感謝關車門時不再卡住，感謝擋泥板上沒有凹痕，感謝車身沒有刮傷，感謝座椅不再破舊……

不存在的事物，往往能為我們帶來莫大的祝福。
與其只從存在的事物中尋找感謝對象，
不如從不存在者中，尋找值得感謝的對象。

以下這個美好的靈魂轉化練習，稱為：「**禮讚不存在的人事物**」。
每天，花點心思去留意有哪些沒有發生或不存在的人事物成了你的禮物。
舉例來說：

- 從病中康復的你，疼痛已不復存在。
- 鄰居搬走後，不必再一天到晚被迫聽到狗叫聲。
- 不再和某個同事共事後，他帶給你的壓力消失了。
- 太陽出來了，終於不下雨了，天氣也不再冷颼颼。
- 今天開車回家時，一路暢通無阻，高速公路沒有塞車。
- 今天廚房竟然沒有出現螞蟻大軍。
- 你終於洗好了碗，水槽裡不再堆滿髒兮兮的碗盤。
- 孩子總算學會自己使用便盆，終於跟尿布說再見了！
- 衣服洗好、摺好，不再有堆得滿滿的髒衣服。
- 搬進公寓後，你終於不用再打理草坪了。
- 感冒好了，你不再鼻塞，可以順暢呼吸了。
- 終於把衣櫃整理好，沒有亂糟糟的樣子了。
- 你和另一半在親吻後和好，緊張的氣氛不見了。

禮讚不存在的人事物，不要偶一為之。仔細留意周遭的世界，你可以讓這個行為成為一種深入意識的習慣。例如，雖然我鄰居家的裝潢工程已經完工了

好幾個月，我仍會每天數度去感受安靜無噪音的寂靜之美。

施與受，都是恩典

「我們正深深被愛著，一直都是如此。那無關美德或成就，因為神性的愛從未離開。你只需鬆開握緊的拳頭，就能對它敞開。」

——珍妮特・伯森（Jeanette Berson）

　　談到感謝，我們就不能不轉變對**接受**的固有理解。我認識許多自認為活得有意識、靈魂進化的人，他們經常會把感謝掛嘴邊，但對於接受卻敬謝不敏。

　　接受是一種行為表現，讓我們可以經驗完整的感謝。或許我們會把感謝放在心裡，但這樣的情感無法被他人看見或感受到，因為心態是看不見的。然而，當我們練習去接受，透過這樣的動作，感謝才能成為一種鮮活的經驗，讓給予的人能夠見證並感覺到能量的振動狀態。

靈魂轉化

轉化：從「知道你正在接受」
到「體驗你正在接受的振動」

不管你接受的是什麼，

可能是讚美、愛、智慧、幫助或禮物，

都是表達感謝的作為之一，

同時也代表我們重視對方所給予的。

當我們允許自己的情感受到給予者的影響，

並讓對方的振動狀態穿透我們時，
真正的感謝才大功告成。

　　或許有些人對以上的說法會大感訝異，因為這讓他們發現自己似乎大半輩子都沒有真正接受過。當你察覺到有人想給予你什麼時，你可能會開口謝謝對方的好意。然而，**也僅止於此了，你並沒有允許在振動層次上，去全然領受這份好意**。認可他人的給予，不等於對方能夠看到並領受到你的接受，這是不同的兩回事。

　　至今為止，我人生最大的三份禮物是曾經陪在我身邊的伴侶動物：貓咪盧娜，以及比糾和香緹這兩隻比熊犬。牠們都是我深愛的寶貝，全裹著一身毛絨絨的白毛，現在都已化為天使去了另一個國度。

　　年紀最小的是香緹，牠是頑皮的小女生，有許多有趣又可愛的怪癖。每次餵牠狗餅乾等小零食時，從來都不會直接在我面前吃掉。一開始，牠會撇頭看向別處，假裝自己吃不吃都無所謂。接著，牠會迅速用嘴巴叼起餅乾，衝到屋子裡的其他地方，把餅乾藏好，再偷偷躲起來獨自享用。香緹從來不會讓人看到牠一臉滿足吃東西的樣子。

　　另一隻狗狗比糾，內裡則裝著一個相當進化的靈魂，總是活在當下。牠會平靜地看著香緹執拗的行為，然後親吻我遞出零食的手，表達牠的感謝。接著，牠會美美地在我面前把餅乾吃掉，讓我看看牠對有零食吃是多麼高興。

　　我很感謝這些動物老師們，讓我懂了「接受」這道課題。很多人的做法都像香緹——當有人遞給我們愛、智慧或喜悅的小點心時，我們會「叼起餅乾快速逃開」。當然，我只是譬喻，不是指你真的做出這樣的動作，但在能量層次上卻是這樣沒錯。**我們偷偷「品嘗」自己收到的好意，心裡也確實覺得感動，卻不會讓對方看到我們有多麼受用**。或許你身邊就有這樣的親朋好友、同事或伴侶，他們在接收到你的好意時不會情緒外露，明顯表現出自己被感動的樣子，也不會讓人看到或領受到他們有多麼珍惜。

　　假設你送花給某個人——「嘿，」你說：「因為很愛你，所以帶了一束花

給你。」想像對方連手都沒抬，只是對你說：「謝啦！那就擱桌上吧。」既沒有湊近聞聞花香，也沒有稱讚花束很美，也沒有親自把花插進花瓶裡。

這時候的你有什麼感覺？你當然覺得自己付出去的，對方並沒有收下，即便那束花已經放在對方的桌子上。理智上來說，對方看到花了，也對你說了謝謝，但你卻覺得心意沒有被接收，因為對方沒有給你相對的回應。看起來，對方並沒有多喜歡你給的「小零食」！

所以，沒有把「接受」具體表現出來，給予者就會產生這樣的感覺。這就像別人給你的情感包裹，你一直沒打開，你只是在囤積情感貨物。或許某部分的你覺得，我才不要讓人看見他們對我的影響。這是振動層次上的抗拒，抗拒來到你面前的愛、智慧與協助。但事實上，這些愛、智慧與協助，正是神聖的能量之流想傳遞給你的。不接受，只是對情感的慳吝而已。

你是哪一種接受者？

- 你會把宇宙給你的小零食藏起來，躲在一旁自個兒享用，還是會讓身邊的人看見你對他們給予的愛喜不自勝呢？
- 你會在另一半面前，明明白白地表現被他的行為所感動嗎？
- 你會讓伴侶動物看見你有多麼喜歡牠們的陪伴嗎？
- 當孩子對你表露情感或做些甜蜜的小動作時，你會讓他們感受到你因此被融化了嗎？
- 你能夠每一天都被小小的心意感動嗎？
- 懷抱著慷慨與感恩的心活著，人生就應該如此。

現在，我想邀請你成為一個「親切的接受者」。

靈魂轉化

轉化：從「不情願或抗拒的接受者」
到「親切的接受者」

　　學著做一個親切的接受者，不是要你嘴巴甜或說些討好的話，而是在振動能量上允許自己去接收他人的愛，並讓愛自由地在心底迴盪。當你全然接受，對方一定知道，因為他的內心能夠感受到你傳遞出來的振動頻率。

懂得接受，就能帶來富足

「如果謝謝是你唯一的祝禱詞，那完全夠了。」

──艾克哈特大師，德國神學家

　　提到富足二字，人們多半會把它和欲望聯想在一起，例如：我想要一棟豪宅，還要許多財物；我想要有更多的客戶；我想要很多錢；我想要有人愛我。但是，「想要」的念頭只是創造富足的第一步。第二步是讓你的渴望具體顯化出來，而第三步或許也是最重要的一步，就是去接受它。

多數人可以做個很好的「索求者」，
卻不見得是個好的「接受者」。

　　我們做過許多「想要」的練習，然而，當渴望得到的事物終於到來時，我們卻經常不知道如何收下，就好像我們從來不曾得到一樣。

　　感謝是富足的一種形式，接受也是富足的一種形式。擅長接受，宇宙就會

想給你更多。

　　想像你正為你所愛的人按摩雙腳，對方安靜坐著，沒出聲。你問：「還好嗎？」他只回答：「還好。」然後，你忽然覺得手開始痠，想馬上停下來。

　　相反的，如果對方的回答是：「天啊，以前我做過的按摩都沒有這麼棒。簡直舒服得上天堂了！」如此熱切的回應可能讓你想再多按十五分鐘。**對方全然接受的回饋，會在你的心底創造出想要付出更多的欲望，這是人類的天性，彷彿我們真的在對方身上產生了影響。**

　　關上接受的大門，就是把能量阻擋在外，會在你內部製造出龐大的緊縮壓力。你應該看過家長拿著湯匙餵孩子吃藥的情形，不想吃藥的孩子會緊皺著臉、用力閉上眼睛、死咬著嘴唇，希望自己永遠不用吃下味道恐怖的藥水。當他們的嘴巴因為反抗而緊閉時，他們的能量場同樣也是封閉的。

　　接受卻恰恰相反：它能使你擴展，使你敞開。想想你平常的接受動作──把手打開、把嘴巴張開，或是把家門打開。打開就是一種擴展行為，把我們的心打開也是同樣的道理。

當我們把接受變成習慣，
就等於在培養敞開的習慣。
我們在振動層次上越是開放，
就越有空間去接受一切事物。

　　幾年前的某一天，我去住家附近的商店買東西。那天，我剛結束一場研討會，心中有滿滿的感動，除了來自學生的感謝、身為老師與有榮焉的感覺，還有（我清楚地知道）活動現場所有人帶來的強大療癒能量。

　　排隊等結帳時，我看到前面有個女人為了買一罐汽水，從髒兮兮的塑膠袋裡湊著零錢。她衣著古怪，看起來像是經常流連在停車場的街友。

　　結完帳後，我火速衝到外頭，希望找到人把我錢包裡剩下的二十塊錢給她，讓她好好吃頓飯。我開車找了幾個街區，終於看到她推著推車走在路旁，推車上堆著她全部的家當。

　　我拿著鈔票下車走近她。「剛才我在店裡看到妳了。」我說：「無意冒犯，我想妳或許需要點錢吃飯，所以請妳收下這點心意，希望能幫得上妳。」

　　接下來發生的事，讓我至今難忘。

　　女人瞪大眼睛看著我，再看看我手中的鈔票，對我大吼：「二十塊！二十塊！二十塊算什麼東西？妳怎麼不拿張富蘭克林（意指百元鈔票）讓我看看，誰稀罕妳那 $$##&& ＊＊的二十塊！」我驚訝地說不出話來，而她已經轉身走人了。

　　我坐上駕駛座時，雙手還在發抖，為剛剛的事難過。一個禮拜後，我又在同一家商店的門口見到那個女人，這次我絕對不會再給她錢了。光是想到要走近她，就讓我的能量嚴重緊縮。當天我還碰到一個我經常會給點小錢的老人，我走過去給了他二十美元，他不停地跟我點頭道謝。

　　去停車場的路上，我還在為那個可憐的女人遺憾。我記得當時我還想過，**不懂得接受**會不會就是她的人生迷失方向的原因。誰知道她為自己那驕傲的自尊心付出了多少代價？我還從自己下意識的反應獲得更多啟發：當我的給予不被對方接受時，我就不會也不必再拿熱臉去貼冷屁股。

　　這是一次後座力很強的經歷，讓我有機會去思考接受和感恩之間的巧妙關係。據我的觀察，**吝於表達感謝、不願意坦然接受宇宙的贈予時，宇宙也會開始對我們小氣。就像我親身的經驗，宇宙也會把禮物轉送給他人。**這好比水流，一旦被阻隔就會改變方向，繞道而流。

　　你是一個親切的接受者嗎？別人把一百元放在你面前，你會覺得自己真有福氣，還是氣他給的不是一千塊？有好機會來敲門，你是心懷感激，還是嫌機會來得太晚而抱怨連連？

　　不接受，就像從給予者的身上偷東西：

- 不接受，就是把他人拒於門外，讓恩典無法回流到對方身上。
- 不接受，就是把他人拒於門外，讓智慧無法回流到對方身上。
- 不接受，就是不讓對方感受到他自己的價值。
- 不接受，就是不讓對方有機會改變他自己。
- 不接受，就是不讓對方成為你的英雄。

　　每個人都有必要學做一個親切友善的接受者。然而，並不是說「那好，我現在決定做個好的接受者了。所以，我只要坐等機會上門，專心去接受就行了。」不是這樣的。

　　就像所有的靈魂轉化技巧，接受不是你如何去做，而是機會來到面前時，你要怎麼避免去做某些事。**當你在振動層次上，把阻礙你全心接受的心態和模式都清除掉以後，接受自然就會發生。**

把心打開，接受自然會發生。
只要心態夠開放、心夠柔軟，
能完全感受他人的好意，或給你的感動和影響，
接受自然就會發生。

是祝福，還是負擔？

「我們等待上帝賜予祝福，而上帝也等著我們接受祝福。」
——貝茜·湯普森（Betsy Otter Thompson），美國作家

　　當我跟其他人說起那個女街友的故事，大家的反應都很類似：「搞不懂她為什麼會這麼負面，做人就應該要懂得適可而止地接受，怎麼能對想幫她的人破口大罵呢？」這樣的反應並不奇怪，但我接下來的回應卻可能出乎你的意料：

每天，我們都會遇到一些好事，
但我們卻莫名地把它們視為負擔。

「我很確定，我不會這樣。」你可能會這麼想。但是，請接著看下去……

「我剛下班回到家，孩子們急著跟我分享今天在學校發生的事。但是，我真的好累。好吧，我還是花點時間陪陪他們。或許我可以打開電視，轉移他們的注意力。當他們自得其樂時，我就可以滑 iPad 了。」**這是值得祝福的好事，還是負擔？**

「冰箱裡什麼都沒有。好不容易到了週末，為什麼我就不能好好休息？還得出門去採買，真的好討厭，好好的一個週末！週末人又超多的。」**這是值得祝福的好事，還是負擔？**

「看看這個衣櫃，簡直像剛打完仗！衣服亂塞，什麼都找不到。那裡還有一堆衣服要送洗。算了，我還是先把地上這幾件衣服撿起來再說吧！」**這是值得祝福的好事，還是負擔？**

「我媽昨晚又打電話來了，問我這次的報告表現得如何。這樣的對話真是讓人沮喪，她對我的工作根本不了解，卻堅持每次有重要會議的時候都要告訴她，然後安慰我一定會做得很好。我又不是十歲小孩！」**這是值得祝福的好事，還是負擔？**

「什麼？狗狗又要出去？今天晚上已經第二次了耶。拜託，露西，妳就不能等到明天早上再帶牠出去嗎？天啊，養狗真是麻煩。我已經一整年沒有好好睡過覺了。」**這是值得祝福的好事，還是負擔？**

我們經常看不見值得珍惜的人事物，就像眼睛蒙上了一層遺忘的紗簾。

擁有愛你的家人是**值得祝福的好事**，不是負擔。

能夠隨心所欲地採買想要的食物，並且知道自己有能力買到新鮮、健康的食物，不怕短缺匱乏，這是**值得祝福的好事**，不是負擔。

擁有一個塞滿漂亮衣服的衣櫃，是**值得祝福的好事**，不是負擔。

擁有一個身體健康、每天關心你過得好不好，並且以你為榮的母親，是**值**

得祝福的好事，不是負擔。

有一隻忍受著年邁的不適，只為了在你身邊多待一會，無條件愛你的伴侶動物，是**值得祝福的好事**，不是負擔。

靈魂轉化

轉化：從「視為負擔而喃喃埋怨」 到「視為祝福而懂得珍惜」

不管是人或東西，光是存在本身就值得我們珍惜。然而，我們的珍惜與感謝，很容易就會被牢騷、抱怨、哭訴等收縮的習慣所吞噬。曾經失去孩子的父母，絕對不可能把陪孩子的時間當成負擔；他們願意傾盡所有，只為了再一次在疲憊的一天後，還能回家和孩子在一起。而對一個捱餓、吃不飽的人來說，絕對不會抱怨要在人潮擁擠的超市裡大排長龍等著結帳，他們甚至會覺得自己就像在天堂一樣。

窮得沒幾件衣服可以穿的人，面對衣服堆到滿出來的衣櫥，也會開心到無法言語，宛如美夢成真。像我一樣失去母親或父親（或父母雙亡）的人，無論父母電話打得有多勤、內容有多無聊，都會甘之如飴，甚至為了想再聽一遍父母充滿愛、讚賞和驕傲的話語，而懇求上天再給一次機會。經歷過寵物離世的人，只要有機會能再照顧自己親手送走的毛小孩，就算只有一晚，也會因彌足珍貴而開心地流下眼淚。

視之為負擔，
所有的恩典和喜悅都會流走。
視之為祝福，
就無懼辛苦與疲累，還能擴展能量。

同樣一個任務或經歷，可能是提升，也可能是耗損，
全憑我們所抱持的心態而定。

你能轉變自己的看法，把你覺得是沉重負擔的事看成是祝福嗎？

你的這一生，可能是負擔累累，也可能福氣滿溢。在狹隘的小我眼裡只看得到負擔，在高我的眼裡卻總能從中看見祝福。

每分每秒，你都能自由做選擇——選負擔，還是選祝福？

僅僅是這樣的靈魂轉化，就足以改變你的一生。

偉大的奇蹟正環繞著你，你就是這奇蹟的一部分。
光是這個真相，就值得你歡喜。
敞開你自己，迎接恩典到來。

第 14 章

你為何在這裡？
從振動層次做改變

「在這個和諧、完整、名實相符的大宇宙中，你若認為，只有人類是隨機出現，只有人的命運是毫無意義的，這想法實在很嚇人。」
—— 默西亞・埃里亞德（Mircea Eliade），羅馬尼亞宗教史學家

　　我的祖父母和曾祖父母，是二十世紀初從世界各地來到美國的數百萬移民之一。他們擠在超載的小船上，經過長途飄搖的海上旅程，才來到新大陸的埃利斯島（Ellis Island）。他們身上只有一張潮濕軟爛的紙條，上面寫了一個從沒聽過的城市、一個怪裡怪氣的地址，還有一個遠親或是朋友的朋友的名字。這就是帶著他們向前的唯一指引。

　　那張紙條是無價之寶，是門票也是希望，是自由也是無限的可能性，通往一個未知的新生活。我清楚知道，包括我在內的許多北美居民，都是因為這張珍貴的小紙條，以及懷抱著勇氣和遠見、祈禱能在此地重獲新生的先輩們，才有如今在此生活的我們。

　　我相信，此時正在讀著這些文字的你，也是帶著目的及未竟的志業，因緣際會出現在這個星球上。你的心裡也有一張隱形的小紙條，帶著你通往屬於你的目的地。

　　或許你一直隱隱約約地知道紙條上寫著什麼，也沒有質疑或猶豫過你背負的任務。對於放在靈魂中的這條訊息，你或許一直以來都試著想要找到答案，想知道自己此生的任務是什麼。或許你不小心把宇宙的小紙條弄丟了，遍尋不著的你，因為少了它的指引，而在人生的道路上腳步踉蹌，或是一度迷失；或

許你多年前早就看過這條訊息，也孜孜不倦地朝著它的指示去努力，最近卻發現原來紙條的另一面還寫著其他訊息，人生因而出現了一百八十度的大轉彎。

「我該如何改變這個世界？我要如何發現這一世攜帶的目標？我要如何做，才能改變自己？」這些都是任何一個真情實意的追尋者，發自內心的疑問。我完全能理解，因為在我剛開始走上靈性道路時，同樣也有過這些疑問。「接下來我要做什麼？我該怎麼做？」這些問題就像從不熄滅的火焰，在我心中熊熊燃燒著，讓我無法忽視。

就在這些大哉問中，藏著一把通往下個靈魂轉化技巧的鑰匙。關鍵就在於「做」這個字，因為唯有真正去做、去創造、去發揮影響、去修正調整、去進行療癒，才能扭轉這個世界固有的信念，並引進新信念。

現在的你已經明白，你是一個時刻都在振動的能量體，你對周遭的人事物和環境，都能在振動層次上帶來深遠的影響。由此可知，其實你早就在做著改變世界的大事。

改變，不是去找到某個目標，

或成功地完成某個計畫。

改變，是你的意識狀態在每個瞬間引致的必然結果。

你的振動頻率一直都在改變。

問題在於：你做出了什麼樣子的改變？

靈魂轉化

轉化：從「苦苦思索該如何改變」
到「明白你早就一直在改變」

無論你是否知道，事實上，每一天每一刻，你都在改變。當你和家人朋友

在一起時，當你外出到某個地方時，當你在街上或在商店裡和陌生人擦肩而過時，你的振動狀態都在改變，你不想改變都不行。當你**每次和人互動、每次腦中出現念頭、每次做選擇、每次用心交會時，都是在做出改變。**

你不是一覺醒來，才發覺自己做好準備了，

然後才開始改變。

你早就一直在改變，

程度遠遠超乎你的想像。

事實上，你不可能一直都沒有改變。

這是一個非常基本的靈魂轉化，能夠有效轉變你對自己、對人生和對自我實現的體驗。許多人往往以為要讓改變發生，必須先做出決定。例如，我決定不要成為這個世界的無名小子，我希望擁有某種程度的知名度（不管是美名或惡名）；或者是我決定要賺到很多錢，成為讓人羨慕的人物。假如我們能得到外在世界的認可，就會覺得自己確實改變了。

設定一個可以被衡量的目標，然後試著去達成，這是好事。朝著願景一步步邁進，並逐漸為他人所認可，可以帶來很大的成就感。但即便如此，你也不需要為了改變而這麼做。

這個靈魂轉化的技巧提醒我們，對這個世界而言，其實我們的改變由不得我們選擇要或不要。身為一個無時無刻都在跟周圍的人事物以振動方式互動的能量體，我們本來就無可避免地一直在改變。想不改變都不行。就算我們決定再也不要改變了，也不可能做到！

你的存在，就是振動的禮物

「他將亮光普照在自己的周圍；又用水遮蓋海底。」

—— 《約伯記》36:30

　　你希望自己對身旁的人有什麼影響？你希望你每次出現，會讓別人有什麼感受呢？我自己的答案是：我希望當自己出現時，別人都能感受到我的心、我的愛、我的光，以及我的高我；我希望能幫助他們提升。我的出現，能讓別人感覺更好、狀態更高、心情更愉快，難道這不是大家都想要的嗎？

　　提升二字想必你經常聽到，讓我們花點時間來思考它的意思：「提升；提起、升高」。我們都希望自己成為有能力提升別人的人，也就是擁有「將他們提起、升高」的能力。你的出現，不僅會在能量上對別人帶來影響，也能實際為他們帶來作用、改變他們、校準他們。

　　這就是所有偉大的治療師都在做的事——透過自己的振動方式，去提高整個世界的振動頻率。我們生來就注定要成為一個偉大的存在，因此，我們本來就是這個世界的「提升者」。

我們真正要做的，是把自己的振動提升到高頻狀態，

成為本來如是的自己。

這樣的我們每次出現，都能帶動其他人提升。

當我們把自己重新校準到高我的頻率，

就是在為所有人獻上一份來自高我的禮物。

還有什麼是比提升他人更好的服務方式？

一旦我們明白這個道理，就會欣喜地發現，

我們無時無刻都在以高我的目標活著。

靈魂轉化

轉化：從「尋找人生目標，或被迫延後實現目標」到「現在就開始，每個瞬間都與你的人生目標同行」

這不只是勵志格言，也不只是鼓勵你重新思考人生目標。**我相信每個人都有一個崇高的人生目的，那就是成為光的管道、愛的大使，並盡可能在每個當下付出最多的愛。**當你開始知道自己是傳遞光、傳遞愛、傳遞慈悲心、傳遞神、傳遞基督意識、傳遞神性能量或任何至高無上者的管道後，你就會發現，原來這就是你此生的終極目標。

在這奇妙的頓悟出現之後，緊接著可能只需要一秒鐘，就會有一個更令你驚喜的啟示出現：**如果你生命的真正目的是成為一個提升者，透過提高自己的振動頻率來提升這個世界，那麼其實你現在就已經跟你的人生目標比肩同行了！**當然，在真實世界為自己擬定並一步步實現切實可行的人生目標，也是同樣重要的事。不過，你不需要等到拿到學位、等公司擴展到多大的規模，或等你寫出一本書、架好自己的網站，或完成任何你認為必須達到的階段性目標之後，才能為這個世界創造一些價值。踏上靈魂轉化之旅，並開始重新校準振動頻率的你，早就已經在改變這個世界了，因為就振動層次來說，你已化身為愛的燈塔。

當你進入自己的高我狀態，就會自然而然成為他人在振動層次上的燈塔，你的上升能量會鼓舞對方去盡力提高本身的狀態。當你以愛的振動能量活著，就等於化身成會行走的祝福，使用一種神祕不可見的方式去造福他人。

我常常需要跟人解釋，身為靈性老師，我都在做些什麼。簡單來說，就是

持續敞開我的心，就是我給這個世界的無私服務；以高我的頻率振動，就是我給這個世界的無私服務；活在一個充滿愛的振動空間，讓我能邀請他人加入，就是我給這個世界的無私服務。這是我唯一真正的職責、使命及畢生志業。事實上，我個人相信，不管你做什麼工作，這同樣也是你的終身志業。

什麼是你的高我每天的目標？
就是在每個片刻、每個情境裡，
盡可能以最多的愛來振動。
無論你做什麼營生、教育程度為何、人生際遇如何，
沒有什麼比用一顆開闊、充滿愛的心在這個世界闖蕩，
更能為他人帶來療癒和提振的力量了。

你不需要帶著名片，解釋自己是老師或領導者，或是宣稱你的目標是改變世界，你的收入多少也不重要，不論你是造型師、園丁、護士、律師、業務員、瑜伽老師或廚師，只要盡你所能保持在高我狀態，你就擁有了第二個身分：成為傳遞高我的振動大使！

你的新作業：給出祝福

「盡你所能去做好事，用盡所有手段，想遍所有辦法，在所有地方、所有時候、對所有人這麼做，直到再也做不下去為止。」
　　　　　　　　——約翰・衛斯理（John Wesley），衛理公會創辦人

在這個星球上，有許多偉大的人透過創造正面的高升頻率，將自己的人生無私奉獻出去。例如，在印度、中國、西藏、緬甸、不丹和尼泊爾，有許多婆羅門教及吠陀教的祭司、瑜伽士、印度僧人、西藏僧人和喇嘛，遠離凡塵俗

世，長久居住在偏遠的靜修院和修道院裡，一生都沒有離開過。每一天，他們都在為全人類的和平安好，靜坐冥想、誦念真言、舉辦各種神聖儀式，貢獻出自己的人生。

除此之外，還有分布全球各地的修士及修女，同樣過著與世無爭的生活，一心為全人類禱告。沒有人知道他們的名字，他們也不會因此得到分毫報酬。他們名下沒有任何財產，全身心投入聖職，透過振動來改變及支持這個世界。

就在此時此刻，有人正在為了獲得這些祝福而懇切禱告，他們渴望一線生機、渴望蒙受慈悲，渴望自己不是孤單一人。就在此時此刻，也有人正在祈求光明、祈求恩寵，祈求自己的禱告能被聽見。

不管是在洞穴和廟宇中靜思冥想的聖者，或是在寺院裡虔誠禱告的僧人、修道士和禪師，他們每天都在為全世界祈福；而你，同樣也能成為給他人祝福的人。

幾年前在我深度冥想時，突然湧現了一個非常迫切的想法——我想創作一首祝禱詞，讓世界變得更好。我希望透過學生廣為傳播出去，讓念誦這首祝禱詞的人能夠提升自己的振動頻率，發掘自己本具的慈悲及愛的能量。當天結束冥想後，一句句的美好禱詞就自動冒了出來，當下我只做了一件事：拿紙筆寫下來。看著這段從宇宙接收而來的禱詞，我感到前所未有的謙卑。

這首「獻給這個星球的靈魂轉化祝禱詞」，是威力強大的練習，你可以將之迴向給全世界的所有生靈。一旦**你給出這個祝福，你的自我認同將會轉移到高我，振動狀態也會提升到目前所能到達的最高頻率。**

以下是我的幾個建議，能幫你體驗這個祝禱詞的力量：

· **你可以自己先默念一遍，不發出聲音。**當你讀著每一個字句時，請讓自己感受其中的含意並隨之振動，請帶著意圖去感受。

· **接著，念出聲音，讓能量從你的內心往外流動，此時能量已化身為語言從你口中傳遞出去。**誦念時態度要恭敬，不要只是用大腦讀過文字，還要用心。誠心誦念能在你送出祝福時，也同時在接收。

- **我建議你把念誦的速度盡量放慢拉長。**請記得，這些祝禱詞不只是我編寫出來的字句，而是帶著強大振動頻率的載體。用你的愛來澆灌地球，澆灌你所提到的每個存在。你要知道，當你擁有這樣的意念，並且無私交付出去時，這一切就會發生。

- **你可以一邊念誦，一邊對內容觀想。**例如，當你口中念誦「願受苦者得到解脫」這句話時，要讓自己去感受那些人的感覺，去觀想世界各地受苦者的模樣，去看看他們受苦的情境。想像你把愛和療癒之光澆淋在他們身上，就像從空中灑落的太陽光線一樣。

- **在你念誦這個祝禱詞時，手邊若有一個代表地球的實體物件，對觀想會很有幫助。**我的學生曾用過一顆小玻璃球來代表地球，你可以上網找找類似的東西；或者直接用一張從外太空拍下來的地球照片。把小玻璃球或照片拿在手上，仔細看過後，再把它貼近心臟，就像把最珍愛的孩子擁進懷中一樣。以我來說，我會想像自己正溫柔地懷抱著地球，把我愛的能量灌注進去。

- **有些人喜歡在做這個祝禱儀式時點蠟燭，用溫柔的燭光代表所召喚的神聖之光。**

- **你也可以為這個祝禱儀式設定一個專屬的時間，例如每天早上或睡前，**或是把它納為你靜坐冥想的一部分。有些人喜歡在戶外做這個祝禱儀式，有些人會在發生世界大事時做這個祝禱儀式幫全人類祈福。

- **幾個人一起做這個祝禱儀式，威力會更強大；因為振動迴路的規模加大了，福氣就可傳播到更遠的地方。**我的學生和讀者在網路上有一個社群，來自世界各地的社群成員每天會在太平洋標準時間的正中午加入線上電話會議，大家一起用五分鐘來做這個禱告。歡迎你選在同一時間跟著全球上萬人一起做，成為全球療癒網絡的一員。

- **我許多學生會把這當成家庭儀式，帶著自己的小孩一起做這個祝禱儀式。**比如說，他們會在用餐前或睡前誦念這份祝禱詞。孩子們都很喜歡「送愛給地球」的練習，這讓他們感覺自己正在帶著地球一起改變，禱告時他們也喜歡輪流拿著小玻璃球或地球的照片。

獻給這個星球的靈魂轉化祝禱詞

住在這個身體裡的我，將祝福獻給我的大家園──地球。

願恩典降臨這個世界，使世界回復和平。

願受苦者得到解脫和療癒。

願被壓迫者獲得解放，找回自己的尊嚴。

願因遺忘而迷失者從熟睡中覺醒，憶起自己。

願所有生靈在完美的和諧中共生共處。

願所有靈魂都與高我同頻。

願所有靈魂都找到回歸愛的道途。

願愛成為所有一切。

願唯一的、完美的光，以可見或不可見的方式，

戰勝存在於所有人和所有地方的黑暗。

願唯一的、完美的光，時時刻刻主導。

願平安。

願平安。

願平安。

每當你誦念祝禱詞，你就是治療師、提升者，也是祝福。不管你那天做了什麼事，你都已活出自己的生命目的。

當你敞開自己，進入這趟靈魂轉化之旅，不管你知道與否，你都已做出改變，造福了這個世界。

　　當你允許自己的心被淨化，不管你知道與否，你都已做出改變，造福了這個世界。

　　當你選擇光，而不是選擇黑暗，不管你知道與否，你都已做出改變，造福了這個世界。

就在此刻，

請明白你是勇敢的光之工作者。

就在此刻，

請知道你正在並隨時可以成為帶來恩典的人。

就在此刻，

請記得你來到這個星球的目的——

成為會呼吸走動的祝福。

這就是你最偉大的靈魂成就。

第 15 章

播下愛的種子，
留下愛的餘蔭

「那些明白所有生命皆是一體的人，無論身在何處都有賓至如歸的安適感，在所有生靈身上，都能看見自己。」

——《鷓鴣氏奧義書》（*Taittreya Upanishad*）

當我們把自己視為學生，就會終其一生不斷尋找能夠教導我們的老師；並在過程中逐漸明白，老師能以許多想像不到的形式出現。舉例來說，最近一次去印度時，我就在許多想像不到的地方遇到很棒的老師，其中很多人大概永遠都不會知道，竟然會為我的人生帶來寶貴的一課。

有天下午，在結束參訪寺廟的行程後，我們一行人路過一個以製作磚塊為主的村落。司機把車停下來，讓我們下去看看包括男人、女人和孩子在內的工作隊伍。其中，幾個年長的女人負責的是相當粗重的體力活，她們把某種特製的混和泥漿撈起來倒進模子裡，然後再小心地將多出來的泥漿刮掉，之後把模子拿開時，就會得出一個個形狀完整的軟磚塊。這些磚塊會放在太陽下曝曬幾天，然後再由其他人繼續下一個製作流程。

人群中，有個女人特別引起我的注意。她看起來快七十歲，但我想實際年齡應該五十多歲，身上穿著破舊的棉質紗麗，原本的鮮黃色已洗成了飽經風霜的暗沙色。我知道她一輩子都在做這個工作，日復一日，年復一年，在烈日下彎著腰，把泥漿變成磚塊。每做好一千個磚塊，她就能為家人賺到大約五美元的酬勞。

這就是她的命。業力讓她生在貧窮的印度，終其一生為那些她一輩子都不

會親眼見到的、在遙遠地球彼端有著空調設備的大房子製作磚塊。她必須也只會這麼做，才能讓自己和孩子免於捱餓，並且有房子遮風避雨。這就是她的成就。相較於自己的生活，我知道自己有多麼幸福，運氣有多麼好，我的心因此謙卑，也充滿感謝。我為這位印度姊妹獻上祝福，願她來生能過得舒適一些。

　　除此之外，我還發現另一件更重要的事。看著這個女人的時候，我發現，儘管她的處境艱難，儘管她的工作單調又辛苦，她看起來卻很滿足。我聽到她輕聲誦念悉多（Sita）女神的名諱，她是英雄羅摩神（Rama）忠誠的妻子。我看到她拿著一塊破布，仔細擦去多餘的泥漿。她為自己做出來的磚塊感到驕傲。那些是她的磚塊，她親手做出來的磚塊。

　　或許你我和這個女人在許多地方都有很大的差異，但是，從某些角度來看，我們和她也沒什麼不同。**我們每個人，都在自己謎一般的道路上，頂著烈日辛勤製磚——我們做的是智慧之磚、自我發現之磚、慈悲之磚和愛之磚。這份工作很辛苦，一點都不舒服，把我們弄得腰痠背痛。但是，我們卻和她一樣，即便辛苦，依然日復一日地堅持下去，因為我們知道，這些勞動正在我們的內心建造一條通往自由的道路。**

　　每當我遇到挑戰，常常會想起這個在遙遠南印度不知名小鎮裡的女人。我能看到她因疲憊而滿布皺紋的臉、被太陽曬得黝黑的皮膚、長著老繭的雙手和駝得變形的後背——同時，我也看到了她滿足的笑臉對著自己做好的磚塊，不焦不躁，安之若素。每每在這樣的時刻，我都會感謝她在不知情的狀況下成為我的老師，在關鍵時刻提醒我。而現在，我同樣要用這些訊息來提醒你——**每一次艱難的靈魂轉化，每一次鼓足勇氣的療癒，每一次大膽揭示的啟發，每一次痛苦卻必要的放手，每一次心懷謙卑的寬恕——這些經驗，都是一塊塊勝利之磚、自由之磚和揚升之磚，當它們堆疊在一起，就能造出安住著你覺醒意識的全新殿堂。**

在本書開頭，我曾經和你們分享那個看起來像是牆，但實際上是一扇門的夢境，以及夢裡的我如何找到通往另一端的鑰匙。同樣的，這本書看起來不過是萬千書海中的一本，但實際上它也是一扇門。我希望這扇門能成為或已經成為一條振動通道，帶著你通往想像不到的圓滿殿堂。

我衷心希望，你能實際去練習我在書中為這趟靈魂之旅所準備的一切。請實際運用那些靈魂校準的技巧、實際去操作所有練習、持續書寫日記，並再次翻到前言去重新閱讀如何使用本書的建議。現在重新回看，你會發現讀起來更有感覺了，而那些文字也會在你重新閱讀、消化書中智慧時，為你提供方向。

我在書中列出的靈魂轉化技巧，都是我認為最能反映宇宙靈性真理及振動原則的技巧。它們就像地圖，引領我去到從沒想過的境地，帶著我找到智慧、療癒、自由和覺醒。屬於你的靈魂轉化技巧，也會以神奇的方式出現在你面前。請隨時留意，在它們出現的時候認出它們。把它們寫下來，深深地思考、體會；然後，別忘了為你的洞見按讚。

宇宙一直都在努力用愛來轉化我們。
祂透過一朵花、一首歌、一朵雲的形狀，
一句來自他人的話語、一則電視播出的新聞，
來對我們說話；
祂不斷傳達訊息，透過我們所愛的人，
以及我們內心的低語。
你聽……

「當你種下愛的種子，開出的花就是你自己。」

——瑪加雅（Ma Jaya Sati Bhagavati），美國靈性導師

　　接下來我要說的這個故事，與另一種形式的老師有關。讓我們從印度的製磚工人，轉往加州的一棵樹。

　　一八七六年，有個水手剛從遙遠的澳大利亞航行歸來，停靠在美國的聖塔芭芭拉港口。此行眾多的紀念品中，有一樣是他在旅途間發現的種子。他不知道這顆種子來自什麼植物，也不知道會長成什麼樣子，他只是一直帶著這顆種子，沒把它扔掉。

　　有許多年輕的孩子聚集在碼頭，興奮地想看看快速帆船歸來的樣子。水手注意到身旁一個長相甜美的女孩，他一時興起，決定把這顆種子當禮物送給女孩。「我該拿它做什麼呢？」女孩看著這個已經長出幾片葉片的奇怪種子，不知該如何是好。水手回答：「種種看，看會長出什麼。」

　　女孩回家後，把種子種在院子裡。過沒多久，她就搬家了。在她離開前，她把這株小樹苗送給一個好朋友，而朋友把它移植到離海岸幾個街區的地方。

　　所以，那顆種子究竟長成什麼了？答案是：加州摩頓灣（Moreton Bay）那棵遠近聞名的無花果樹，也是北美地區同品種植物中長得最高大的，將近八十英尺高，枝葉冠幅寬達兩百英尺，相當於三分之二個足球場。這棵巨大的無花果樹為當地帶來兩萬一千平方英尺的遮蔭面積，地底下的樹根延伸近一畝地。根據估計，這棵樹的樹蔭下可以站滿一萬個人。只是看著它，都會令人覺得神奇到不可思議。

　　這棵樹的生命旅程，是從一個一時興起的禮物開始的。水手看到好奇的小女孩，知道她可能這輩子都沒有機會像他一樣前往地球的另一端，於是出於好意，把旅途中帶回的一個小東西送給了她。數十年後，當初那個其貌不揚的小禮物，卻為百萬人帶來快樂、驚奇和喜悅。人們會和所愛的人一起坐在樹下，或在風雨來襲時到樹下暫時躲雨，或在樹蔭下快樂野餐。這棵樹也是人們初吻、訂婚、結婚、舉辦追悼會、聚會和約會的熱門地點。

　　成千上萬隻鳥兒都曾在它茂盛的枝葉裡棲息，在綠葉間鳴唱過的歌曲超過百萬；一代又一代的松鼠和花栗鼠在這裡歡快玩耍。**這所有的愛、生命和禮讚，都開始於一個人的愛，把從澳大利亞遠渡重洋帶回國的一顆小種子，送給了另一個人。**

　　當初收到禮物的小女孩，或許只覺得有趣，雖然這個禮物看起來不怎麼樣──只不過是長了幾片葉子的一顆小種子而已。她大概怎麼也想不到，這顆種子日後竟然長成如此巨大的一棵樹。至於那名水手，我篤定他絕對沒想到在一百五十年後，世界各地的人竟然會在一本書中讀到這份小禮物。

　　在這本書的尾聲，我把摩頓灣無花果樹當成了一個好老師，因為它提醒我們：**收到一份有智慧的禮物時，我們或許覺得自己清楚那代表什麼；但事實上，它帶來的可能性或許是我們料想不到的。**

　　我們或許覺得已經徹底搞懂了人類的大腦、心和靈魂；然而，其中還有數不盡的驚奇國度等著我們去探索。一旦你發現它們，將再度為之震撼。

　　我們或許覺得已經知道知識或真理的種子以後會長成什麼樣子。但是，它的規模、將為我們帶來的際遇和變化，是我們萬萬也揣想不來的。

　　有時候，我們收到的啟示看起來不足為奇，我們的一念之轉或許只是一時興起，但你想不到的是，你的人生可能會因此大轉彎。就像園丁用愛心種下的種子，知道假以時日後它將開花結果，長成令人驚嘆的大自然奇蹟。如今，我也把這顆靈魂轉化的種子送給你，看看它能在你人生中開出怎樣的花朵，形成怎樣的風景。種種看，看它會長出什麼。

把你收集到的真理種子、療癒種子、勇氣種子，
都栽種在你的意識深處。
以沉思、承諾、勇氣及歡喜澆灌，
然後耐心等待。
即便在此刻，也有奇蹟在發生。
種子的啟蒙之根正在往下探，

而恩典在幫它們茁壯長大。
那一天，即將到來，
你會坐在以愛、智慧為果實的奇蹟之樹下，
讓它繁茂壯麗的枝葉為你遮蔭。

留下愛的遺產

「奔走於世，獻出愛，獻出愛⋯⋯」

——哈菲茲（Hafiz），波斯詩人[1]

　　無論我們待在這世間的時間是十八年或八十年，都對這趟從生到死的人生旅程有各自的詮釋。我們的靈魂深處不斷吶喊著，發出質疑困惑的聲音，誘使我們去尋找答案：我們活得怎麼樣？我們是如何愛人的？我們學到了什麼？我們對周遭的世界有什麼貢獻？當我們跨過這一世的門檻前往彼岸，將會留下什麼？我們身後會留下什麼遺產？

　　母親臨終時，我想了很多與這方面有關的事。我和母親的關係，一直都不只是傳統的母女關係。從一開始，我們就能用難以言喻的方式為對方提供力量。我們兩人就像靈魂早已熟識的老朋友，不需言明，就只是完全信任對方。

　　在我充滿困惑的童年，費莉絲一直是我最安全的避風港。在我之前，她曾經兩度流產，因此懷上我之後，她大部分的時間都得獨自臥床安胎。從我出生後，她給了我無條件的愛，我還記得被親吻、擁抱的那些溫馨時光，是深刻、甜蜜又細瑣的記憶。她會一再地告訴我，我有多麼特別，而我全然相信她。

　　我還是個小女孩時，就能清楚感覺到自己是母親生命中的光，在她因父親

1　節錄自詩集《禮物》（*The Gift*）的〈當腳步落下〉（If the Falling of a Hoof）一詩。英文版　由丹尼爾・拉丁斯基（Daniel Ladinsky）翻譯。

的背叛和一次次的失望而感到心灰意冷的黑暗時刻，為她帶來光明。母親一生多次面臨許多女人至今都不知道如何勇敢面對的殘忍處境，而當時的她卻能帶著尊嚴堅強挺住。**我從她身上學到的最重要一課，就是絕對、絕對不要因為自己的不幸，讓心變得冷酷無情。如果你能從我的字裡行間感受到愛，那都是因為我母親。**

當我的事業小有成就後，我盡一切所能補償幼年困頓的生活經驗。我反過來寵溺母親，讓她過得更舒適、更歡心。不過，有一樣是我沒能給她的，就是孫子女。不生孩子是我有意為之，因為這樣我才能將人生完全奉獻給我的教學工作。母親以她一貫愛我的方式，理解並接受我的決定，從來沒有讓我覺得自己錯了。

直到她突然無預警地要離開我，知道她時日無多，我一路飛奔回費城。她一直撐著虛弱的病體，意識清楚地等著見我一面。我暗自下決定，有一件事我一定要做到——我要告訴她，她留在世間的遺產不是孫子女，而是愛。我請學生和朋友寫信給我母親，告訴她我的工作如何讓他們改變人生，而這一切都是因為我的母親。那些信件最後集結成一本厚厚的書，我把它命名為《愛的遺產》，獻給了我母親。

在我必須趕回加州工作之前，我在老家和母親一起度過了幾個珍貴卻令人心碎的日子。臨別前一晚，我坐在她身邊，雙手環抱著她瘦弱的肩膀，把那本書拿給她看。當時她剛做完放療，沒有什麼體力，她一句話也沒說，只在我把信件內容念給她聽時，流下了眼淚。我和她分享那些故事，因為她才是這些改變的源頭，那是她留給世人的遺產。

一個月後，我摯愛的母親離開了我。下面這封信，是我在她臨終那晚為她讀的信，也是我在追思會上親口念出的悼詞：

我最親愛的媽媽：

　　普天之下的父母都希望能從兒孫身上看到自己留給這個世界的遺產，希望從孩子身上感覺到已把最好的自己傳給了下一代。於是，他

們欣慰地說，我的生命永久地延續下去了，即便他們的肉體已消失。

　　我親愛的媽媽，我知道在妳人生旅程的這個時刻，妳的經歷我們沒人能真正了解，只能不得不接受；我也知道，妳正深深審視自己，回顧過去的一生。

　　身為妳的女兒，以及妳女性血統的繼承者，妳知道我依著自己的意志選擇不要有孩子，也因此，妳的女性血統將在我身上畫下句點。然而，我受到了召喚，要為全人類服務，我清楚知道，我的人生目的是盡可能去教導人們，讓更多的人覺醒。這樣的承諾需要我做出許多犧牲，而我是如此快樂並深感榮幸地做出選擇。

　　因此，雖然我不能為妳留下名為孫兒的遺產，也失去了代代傳續的可能性，但我仍然有一個遺產要獻給妳。對我來說，那是最高級的遺產——名為愛的遺產。

　　因為，我從妳身上學到什麼叫做無條件的愛、無私的服務，以及用純粹的心和慷慨的精神活著。這是妳留給我的真正遺產，通過上帝的恩典，我已將這份愛的遺產傳遞給了成千上萬的人。

　　這本書集結了我的學生和朋友寫給妳的信，娓娓道來妳是如何透過祝福來影響他們，影響他們的家庭，還有整個人生。

　　在妳正經歷蛻變的此刻，我將他們的話語獻給妳。願這些文字在妳回顧此生時，為妳帶來平靜和圓滿。願妳在前往光的路上，帶著它們前行。願妳永遠永遠都知道，無論時間空間如何變換，我都會一直愛著妳。我們本是一體。

愛妳的女兒芭芭拉

　　我把這封信當成我偉大的靈魂成就之一，我確定母親清楚地知道自己留下了一筆超脫凡俗的遺產，而我也知道，這在生死交關之際，這能為她帶來平靜。

在你的人生中，終有一天也會有人陸續離開你，我希望你能在他們離世之前告訴他們，他們留下了多麼美好的遺產給你。

樹欲靜而風不止，子欲養而親不待，
感謝的話要即時說出口，現在就告訴他們，
無論他們有多大歲數。
我們永遠不知道人生的旅程，
何時會畫下句點。

你為世人留下的遺產又是什麼呢？**我們每天要做的一個最深刻的靈魂轉化，就是去思考我們要留下什麼遺產。我指的不是離開這個世界時留下的遺產，而是我們現在——今天、明天或後天——正在製造的遺產。**這就是我們進行靈魂轉化的真正意義：了解我們每天都為這個世界留下遺產，並清楚知道，選擇自己留下什麼樣的遺產，既是我們的自由，也是責任。

下面是這本書最後一個靈魂轉化技巧。

靈魂轉化
轉化：從「思考你身後要留下什麼遺產」 到「思考你今天留下什麼遺產」

每天早上，問問自己：

一天就要過完了，
我今天會留下哪些東西給這個世界？
這個世界會因為我的選擇和行動，發生什麼改變？

　　一整天都把這個念頭放在心上，注意力別放在你完成或未完成的工作或任務上，而是如同我們前面所說的，去關注你留給周遭人事物的振動痕跡。

　　什麼是最棒的遺產？現在你應該知道我的答案了：就是愛。當我們身在愛裡，我們就成為世上最巨大也最強大的力量。當我們傳遞出愛的振動，便會成為最強大的自己。世間萬物，沒有比愛更強大的了。

別尋求禮物，你要成為禮物。

別尋求希望，你要成為希望。

別尋求光明，你要成為光明。

別尋求奇蹟，你要成為奇蹟。

別尋求祝福，你要成為祝福。

別尋求愛，你要成為愛。

「愛說：『我是一切。』智慧說：『我什麼都不是。』我的生命在這兩者之間流動。」

——尼薩加達塔‧馬哈拉吉（Nisargadatta Maharaj），印度哲學家

　　於是，我親愛的讀者，現在我們已經來到這趟朝聖之旅的尾聲，但我希望，這不是你朝聖之旅的終點。你在這趟旅程中感覺如何？你能感覺自己內在獲得重組、轉化、調整、重新校準、擴展、敞開，而且變得更圓融溫柔了嗎？你是否開始感覺到有某些關於憶起的神祕能量，正在你內心擾動著？你是否在發現自己已然覺醒之後，感受到某種生動、新奇的喜悅，並決定踏上偉大的返鄉之路，回歸到你的完整？

　　真正的靈性朝聖之旅，無法訴諸於言語與文字。它寂靜無聲、隱而不見，而文字和語言只能用來說明我們大腦對事物的理解。至於那些最深邃、最神奇

的經驗，總是發生在內在聖殿當中，那是我們的心之聖殿。在這個神聖的空間裡，人生旅程甘甜如蜜的成果將被神奇地帶到你的面前，它超越感官，也非言語所能表達。飲下甘甜如蜜的這道佳釀，品嘗敬畏、虔誠與平和。

　　我在十八歲初嘗了一口神性滋味，就讓我渴望上了終極的自由，並讓我正式踏上了終其一生都不曾歇止的靈性旅程。神性的滋味一路帶領著我，來到現在這個與你相遇的時刻。**這道佳釀的真正本質，就是恩典，一旦我們體驗過，就會想要更多，而且最後必定與高我站在一起。因此，在路途上的我們不斷被驅策著前進，沒有什麼能阻擋我們回家。**

　　我一直對此深信不疑。在即將完成這本書的現在，我依然如此相信著。

從我心到你心

「我心中有愛的浪潮高漲滿溢，於是我流向你。」

——哈菲茲[1]

　　我只能用臣服於愛，來描述為你撰寫這本書的經驗。比起我的其他著作，這本書特別需要我放下一切，騰出空間去裝載等待即將到來的愛。**這樣的愛沒有針對性，而是包容所有一切。**

　　這樣的愛，不是當我們心中想到愛時，洋溢著幸福和喜悅的感受。在這樣的愛中，有快樂也有痛苦，有背叛也有悲憫，有放手也有償還，有謙卑也有勝利。它是圓滿的，因為它包含了所有一切，所有人性都無一遺漏，而後爆發成為一種我只能以極致（sublime）來形容的樣貌。這樣的愛要呈獻給人性的不完美，因為它要讓我們知道，即便人性不完美，即便我們會受到人性驅使，也

---

1 節錄自詩集《禮物》（*The Gift*）的〈你懷中的嬰兒〉（An Infant in Your Arms）一詩。英文版由丹尼爾・拉丁斯基（Daniel Ladinsky）翻譯。

絕不代表我們失去了擁有神性的資格。

不完美當中，
依然包含了完美。

　　我就像是一只謙卑而發著抖的聖杯，透過這樣的方式來接收豐沛的愛、慈悲和恩典，並將之轉贈給你。有好幾次，我都因灌注在我身上的洶湧能量而流下眼淚。很多時候，我必須去感受世界的痛苦、我的痛苦、我們的痛苦，去感受我們和自身黑暗面的纏鬥，以及對光明的渴望，否則淚水停不下來。很多時候，我感覺得到有許多美麗卻膽怯的靈魂，帶著沉重而傷痕累累的心，試圖從被遺忘的細繭中破繭而出。「再撐一下！」我想對他們說：「撐下去！你不是孤單一人。我們可以一起做到。」

　　更重要的是，我不停禱求，即便有無情的暴風幾乎撼動了我生命的根本，但我仍堅定祈願，裝載著這個靈魂的容器足夠堅強、足夠穩定，也足夠無所畏懼，使得所有本應傳遞給你的一切，不至於有任何珍貴的一丁點被潑灑出去。

　　如果你已接收到我的文字，也跟蘊含其中愛與智慧產生共鳴，你就能感受到我，就像我現在正感受著你一樣，而且我也會一直感受著你。你是我不知面容、不具姓名的愛；你是我的靈感，是我一直服事著，卻不知曉身分的對象——然而一切是如此神奇，在我寫下這些字句的此刻，你正和我一同坐在我內心深處的殿堂中，你的靈魂一直陪伴著我的靈魂，不離不棄。這就是這個工作最奧祕的地方。

「我們就只是陪伴著彼此回家。」

——拉姆・達斯（Ram Dass），心靈作家

　　意義深遠的事正在發生，而你就是其中的一環，你和一起住在這個星球上的人，都是其中的一部分。我們之間有著玄妙不可說的振動關係，能量連通彼此內心最深處的殿堂，那是靈性之心的所在。

這是最終極的靈魂轉化：

憶起我們內在的高我及最真實的自我，

並和彼此相遇。

當每個人都能敞開自己，所有人也都敞開了。

當每個人都能療癒自己，所有人也都得到療癒了。

當每個人都能轉化自己，所有人也都成功轉化了。

當每個人都能揚升，所有人也都揚升了。

當每個人都走進愛的振動，所有人也都以愛的方式在振動。

如此一來，透過心與心的真實相遇，我們就能療癒這個世界。

　　以下是我能給予你的最高祝福。請收下，讓它們從我的心去到你的心：

　　願你憶起自己真正的靈魂樣貌，以及你此生在此時以這副軀體來到地球的真正目的。

　　願你對自由、療癒和解放的誠摯呼求，能被恩典接受並應允。

　　願出現在你內外的所有阻礙都能被消除，讓光明到來。

　　願你勇敢地轉化自己，回到通往合一的道路。

　　願你不再受苦。願你一切平安。

　　願你無論身在何處、做著什麼事，都能無時無刻為這個世界和周遭所有人帶來祝福。

　　願人們因為有你而感謝上天。

　　願你成為禮物、希望、奇蹟及祝福，願你成為家人朋友和這個世界的愛，並以這樣的方式活著。

　　願你的高我之光如太陽永恆閃耀，那光芒是如此耀眼，令你睜不開眼睛。

　　願你明白自己就是那道光。願你憶起，一直以來你都是那道光。不可能是其他，唯有光。

　　　　　　願你覺醒。願你覺醒。願你覺醒。

　　謝謝你依約前來，給予我無價的榮幸，讓我透過文字和你分享我的愛。

**　　　　　　　我一直在你身邊。**
**　　　　　超越情境、超越因果，**
**　　　　　　超越時間與空間。**
**　　　　永遠充滿愛，也唯有愛。**

你所有的靈魂轉化都在這裡

從「尋求」到「敞開」

從「追尋」到「看見」

從「看見你想看見的」到「看見完整的一切」

從「尋找」到「憶起」

從「想要轉變」到「活出轉變」

從「試圖掌控外在世界」到「由內而外地轉變自己」

從「管理」到「駕馭」

從「前進」到「內探」；從「遠處」到「深處」

從「正面思考」到「正向振動」

從「認為自己是一個情緒性／理性的存在」

到「了解自己是一個振動性的存在」

從「認為你和他人的關係是一種情緒上的互動」

到「了解到你和他人的所有互動，都是一種振動關係」

從「把過去視為一系列的情緒事件」

到「了解它們都是振動性事件，會在振動層次影響你」

從「只說真話」到「真實的振動」

從問自己：「別人喜歡我嗎？」到「我的振動狀況如何？」

從「在表現中求精進」到「在存在中求精進」

從「選擇只在某些時候有意識」到「記得每件事都要在意」

從「全有或全無」的想法到「明白每一件事都很重要」

從「試著讓自己看起來很棒」到「培養裡外一致的振動信用」

從「把精進看成是一種心態及企圖」到「把精進化為實際的練習與習慣」

從「追求卓越」到「為卓越做好準備」

從「收縮」到「擴展」培植擴展狀態，削弱收縮狀態

從「試圖抗拒或移除某種情緒模式或不想要的能量狀態」

到「創造出擴展的情境，讓這些能量在振動層次鬆脫及消解」

從「被動觀看哪個陣營能取勝」到「站在擴展陣營加油打氣」

從「評判情境和事件的好或壞」到「評估它們在振動層次帶來的影響」

從「注意到發生什麼事」到「有意識地在每個當下做選擇」

從「注意到什麼需要改變」到「有意識地選擇去做出改變」

從「發現及揭示問題」到「選擇轉化」

從問自己：「我為什麼不能？」到問自己：「我為什麼沒有這麼做？」

從「試著改變一切」到「選擇先做點什麼」

從「想像高我」到「像高我一樣振動」

從「只是試著讓自己處於高我狀態」

到「注意到自己在何時、以何種方式、因為什麼原因而偏離了高我」

從「等著被提升」到「自己提升自己」

從「只關注外在世界的目標和成就」到「榮耀你的靈魂成就」

從「總是向外尋求更多、要求自己更努力」到「向內看」

從「尋找能從哪裡獲得愛」到「看看能在哪裡付出愛」

從「有限的時間」到「珍惜你所擁有的福氣」

從「試著懷抱感恩的心」到「讓感恩成為自然而然，成為一種振動經驗」

從「有條件感恩」到「無條件感恩」

從「遭遇困難而不可能感恩的你」到「明白你可以在不順遂時，也心懷感恩」

從「只感謝出現的人事物」到「也感謝那些消失的人事物」

從「知道你正在接受」到「體驗你正在接受的振動」

從「不情願或抗拒的接受者」到「親切的接受者」

從「視為負擔而喃喃埋怨」到「視為祝福而懂得珍惜」

從「苦苦思索該如何改變」到「明白你早就一直在改變」

從「尋找人生目標，或被迫延後實現目標」

到「現在就開始，每個瞬間都與你的人生目標同行」

從「思考你身後要留下什麼遺產」到「思考你今天留下什麼遺產」

靈魂轉化真言

今天，我要去看見能看見的，
去感受能感受的，
去知曉能知曉的。

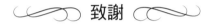

致謝

　　我很榮幸能在此感謝那些愛著我、指引我、訓練我、啟發我、支持我，並且在我撰寫此書期間支撐著我的人。

　　我要將最深最誠摯的感謝，獻給我靈性道路上的老師、指引者和守護者。無論他們是無形的神靈或具有人的形體；無論他們是身在這個世界，或已超越這個次元：

　　感謝我敬愛的聖者瑪哈禮希・瑪赫西・優濟（His Holiness Maharishi Mahesh Yogi），以及古魯瑪依・契瓦拉沙南達（Gurumayi Chidvilasananda）。謝謝他們給了我一直期盼的無價之寶——覺醒、解放與無盡的恩典。若沒有這些禮物，我將難以在此生完整實現我的承諾。

　　感謝我深愛的母親，費莉絲・葛許曼（Phyllis Garshman），以及我的繼父丹・葛許曼（Dan Garshman）。謝謝你們，即便離開了肉體的軀殼，仍然教會我這麼多，並且每日都從另一個彼岸以無條件的愛擁抱著我。

　　謝謝我在天堂的動物夥伴比糾（Bijou）、香緹（Shanti）和盧娜（Luna），謝謝你們一如既往地做為我的小天使陪伴著我。

　　謝謝我的前夫道格・亨寧（Doug Henning），謝謝你神奇的示現，讓我知道你一直在天堂看顧著我，並且再一次協助我經歷蛻變的過程。

　　感謝所有看不見的神靈，雖然我不知道如何稱呼祢們，但卻一直能感受到祢們的存在。能夠身為一個管道，傳遞祢們造福世人的智慧，我備感榮幸。

　　我將最深的感謝，獻給以下這些我所尊敬的幫助者、療癒者、支持者，以及暖心的家人：

　　謝謝莉娜和亞倫・華格納（Lenna and Alan Wagner）。謝謝永恆不變的連

結和超越時間的友誼；謝謝你們一直在我身邊，儘管我擁有各種詭祕難懂的面貌，依然深愛著這樣的我。

謝謝我古老的靈魂好友和導師瑪麗莎‧摩林（Marisa Morin），謝謝妳成為我和我的高我之間的橋梁，謝謝妳總是指引我回家的路。

謝謝沙志剛博士（Dr. and Master Zhi Gang Sha）帶給我的靈魂療癒與奇蹟。還要感謝以下這些人：Dr. Sat Kaur Khalsa、Chakrapani Ullal、Mark Lerner、Dr. Neil Kobrin、Chantal Evrard、Rashani Rea、Mahinanani Laughlin 及 Brent Bahr，給予我充滿慈悲、指引且及時的療癒。

謝謝 Alison Betts 在這將近二十年的時間裡，無論遭遇何種境況，都給予我無可比擬的支持和忠誠；以及神聖空間（The Sacred Space）的 Rose and Jack Herschorn。謝謝我們在最好的時間相遇，也謝謝你們成為我在聖塔芭芭拉珍惜的家人。

感謝 Gail Kingsbury 在我孕育這新的擴展成果時給予協助，並且一直在我身邊。以及 Jim Kwik 的聰明才智和啟發。

感謝 Bill Gladstone 及水岸製作公司（Waterside Productions）認出真正的我，並了解本書真正的需要，把我帶領到正確的方向。感謝賀氏書屋（Hay House）美好的夥伴們，謝謝你們願意獻身服務這個世界，並和我分享你們的專業。尤其謝謝 Louise Hay 為後人鋪好前路；謝謝 Reid Tracy 再一次給我機會，讓我能透過這本書將訊息傳遞給這麼多的讀者；謝謝 Patty Gift 如此看重我的文字和智慧；也謝謝 Margarete Nielsen 令我銘感於心的支持和熱情。

感謝勤奮辛苦的 T. Harv Eker、Brendon Burchard、Rick Frishman、Mark Victor Hansen、Craig Duswalt、Debbie Allen 以及 Demian Lichtenstein，在過去九年來，你們慷慨地幫助我透過講台和影片，向許許多多的新朋友分享我要傳遞的訊息。

感謝在我的夏克提傳播公司（Shakti Communications）工作的所有同仁，以及所有協力單位。謝謝你們成為我穩固的支柱，讓我這麼多年來，透過你們的協助安心地提供服務。

　　最後要謝謝從過去到現在，來自世界各地，令我深深愛著的學生們。謝謝你們依著約定再次找到我，就像我依約找到你們一樣。謝謝你們記得我，你們是我最珍惜的祝福。

靈覺醒，不是為了要成為什麼、
得到什麼或獲取什麼，
單純是為了超越自己的限制，
療癒那些讓你忘了自己是誰的緊縮狀態，
想起自己就是偉大的光與愛。

————芭芭拉·安吉麗思

國家圖書館出版品預行編目資料

靈覺醒：活出生命質感的高振動訊息 / 芭芭拉·安
吉麗思作 . -- 初版 . -- 臺北市：三采文化，2019.02
-- 面；公分 . --（Spirit；17）
譯 自：Soul Shifts：Transformative Wisdom
for Creating a Life of Authentic Awakening,
Emotional Freedom & Practical Spirituality

ISBN 978-957-658-092-5（平裝）
1. 心理勵志 2. 宗教命理

192.1   107019228

◎封面圖片提供：
Klavdiya Krinichnaya／Shutterstock.com

Spirit 17

靈覺醒

活出生命質感的高振動訊息

作者｜芭芭拉·安吉麗思 Barbara De Angelis   譯者｜鄭百雅

企劃主編｜張芳瑜   特約執行主編｜莊雪珠

美術主編｜藍秀婷   封面設計｜張惠綺   內頁排版｜曾綺惠

行銷經理｜張育珊   行銷企劃｜蔣羽筑

發行人｜ 張輝明   總編輯｜ 曾雅青   發行所｜ 三采文化股份有限公司

地址｜ 台北市內湖區瑞光路 513 巷 33 號 8 樓

傳訊｜ TEL:8797-1234 FAX:8797-1688   網址｜ www.suncolor.com.tw

郵政劃撥｜ 帳號：14319060   戶名：三采文化股份有限公司

初版發行｜ 2019 年 2 月 1 日   定價｜ NT$450

　10 刷｜ 2024 年 3 月 30 日